trans
positionen

Maurice Blanchot

Das Neutrale
Schriften und Fragmente zur Philosophie

Herausgegeben von Marcus Coelen
Mit einem Vorwort von Jean-Luc Nancy

diaphanes

Für die Originaltexte
© Editions Gallimard, Paris

© diaphanes, Zürich-Berlin 2010
ISBN 978-3-03734-019-6
www.diaphanes.net
Alle Rechte vorbehalten

Satz und Layout: 2edit, Zürich
Druck: Pustet, Regensburg

Inhalt

Jean-Luc Nancy
Das Neutrale, die Neutralisierung des Neutralen — 7

René Char und das Denken des Neutralen — 15

Einklammerungen — 23

Pascals Hand — 31

Die Literatur und das Recht auf den Tod — 47

Die wesentliche Einsamkeit — 93

Das analytische Sprechen — 111

Die tiefste Frage — 123

Vergessen, Irrsinn — 147

Das Denken und die Forderung der Diskontinuität — 159

Unterbrechung — 171

Nietzsche und die fragmentarische Schrift — 179

Der »philosophische Diskurs« — 207

Wer? — 215

Dank (sei gesagt) an Jacques Derrida — 219

Marcus Coelen
Nachbemerkungen und Hinweise — 227

Jean-Luc Nancy

Das Neutrale, die Neutralisierung des Neutralen

Ohne Zweifel nimmt das Motiv des Neutralen eine entscheidende Stelle im Denken Blanchots ein. Es wäre keine Übertreibung anzunehmen, dass sich alles in diesem Denken auf das »Neutrale« wie auf den einen Punkt bezieht, an dem es seine höchste Verdichtung erfährt, auf einen Punkt, der zugleich das innere Zentrum seiner Glut und seinen Fluchtpunkt bildet.

Mit Blanchot muss man beim Schreiben beginnen: bei der Literatur, insofern sie ein immer aufs Neue in Gang gesetztes Spiel, aber auch das unentwegte Wiedervornehmen und -wenden des »zwingenden Anspruchs zu schreiben«[1] darstellt. Dieser Anspruch, diese Forderung verlangt, dass wiederholt werde, was nicht statt gehabt hat,[2] das heißt, dass der Nichtort, die Unstatt oder die Nichtpräsenz jedes Ursprungs, jeder Substanz, jedes Subjekts, auf die einzige Weise bejaht, behauptet und bekräftigt, also affirmiert wird, die möglich ist: nämlich in einer *nomadischen* Affirmation.[3] Dieser Term darf nicht allein als die unentwegte Verschiebung der Affirmation, die sich niemals auf einer für »voll« oder »lebendig« gehaltenen Anwesenheit niederlassen kann, begriffen werden, sondern man muss ihn zudem (jedenfalls ist dies die Glosse, die ich hinzuzufügen für notwendig halte) als die Ordnung der (literarischen, schriftlichen) Affirmation selbst verstehen: Sie bejaht in nomadischer Weise, d.h. sie affirmiert, ohne (sich) in ihrer Affirmation – oder, wenn man das vorzieht, ohne sich in dem Affirmierten der Affirmation – niederzulassen, als würde sie dessen Wahrheit in einem Sinn, der erworben wird, versiegeln können. Die nomadische Affirmation affirmiert, dass das, was sie affirmiert, weder die Form des »Erworbenen« noch des »Errichteten« noch auch des »Grundlegenden« hat.

Insgesamt ist die nomadische Affirmation diejenige, für die es zu keiner Vollendung des Sinns kommen kann und deren gesamte Be-

---

1 Maurice Blanchot, *Le pas au-delà*, Paris 1973, S. 48.
2 Ebd.
3 Ebd.

hauptung stets dieser anderen Behauptung unterliegt: »Gott ist tot«, das heißt, dass »Gott« ein »*Wort zu viel*« ist, ein Wort, das aus dem Status des Wortes, des Signifikanten verschoben wurde, ein für und durch die Sprache verlorenes Wort. Ein Wort, das zudem verloren gegangen ist, »ohne dass ein anderes sich ankündigen würde: *absoluter Lapsus*.«[4]

So zielt Blanchots größte Sorge darauf, uneingeschränkt und umweglos der Notwendigkeit entgegenzutreten, dass ein »Wort zu viel« statt haben kann – sowie mehrere Versionen, Figuren oder mehrere Namen dieses »Wortes zu viel«: Was heißt, dass es gilt, eine Schließung der Bedeutung zur Kenntnis zu nehmen und daraus die Konsequenzen zu ziehen. Ob man Gott, Mensch oder Geschichte eine regulative Idee nennt, man sagt zu viel – man sagt genau das, was sich nicht sagen, was sich aber *schreiben* lässt, in dem Sinne, den er diesem Wort gibt.

***

Blanchots Anspruch, seine Forderung liegt im Wesentlichen darin, das Jenseits des Sinns rückhaltlos zu seinem Recht kommen zu lassen – dieses Jenseits, das eben gerade *nicht jenseits* ist, sondern auch der Schritt jenseits, welcher zugleich nicht ist, der Übergang hier und jetzt, in jedem Augenblick und überall, hin auf den Nicht-Ort oder den Außerhalb-Ort (diesen Übergang, den er auch »das Sterben« nennt, der aber dieses Bild gar nicht braucht, um zu verstehen zu geben, dass es sich schlicht um den Zustand der Sterblichkeit, d.h. der Singularität handelt, d.h. den Zustand des Ausgesetztseins, durch die Endlichkeit, in die Unendlichkeit der Singularität, die in nichts aufgenommen werden kann).

Schreiben widmet sich dem unendlichen Umgehen und Umreißen dieses Übergangs, der nicht vorübergeht. Der vielmehr vorübergeht, ohne vorbeizugehen, und ohne Übergang übergeht. Der, wenn auch nicht *zu* (und noch weniger *bis zu*), so wenigstens *hin auf* den Nicht- und Außerhalb-Ort dieses »Außen« übergeht, in dem man fraglos nie ankommt, sondern der zu uns kommt, uns zustößt. In diesem

---

4 Ebd.

Sinne gehorcht das Schreiben der fundamentalen ethischen Forderung: Sprich nicht unwahr über dieses »Kommen«!

Das Problem des Todes Gottes – und des »Nihilismus« – ist damit sehr klar in den Blick genommen: kein Wort zuviel, jedoch die Bewegung, die die Öffnung jenseits der Worte aufrecht erhält.

Das Neutrale ist der Name dessen, woran sich diese Bewegung ausrichtet: Er qualifiziert seine Bestimmung als *ne uter*, als weder das eine noch das andere – und, wie Blanchot sofort sagt, um es genauer zu fassen, »weder das eine noch das andere, nichts Genaueres.« Was heißt: Weder eines, was immer es sei, noch »einer«, wer immer er sei, noch das Andere, noch ein Anderer als der Erste, wer immer er sei. In der Analyse, auf die er sich an diesem Punkt einlässt (und die wir hier im Detail nicht nachverfolgen werden), sagt Blanchot mit Nachdruck: Der Effekt des Neutralen wird nicht so sehr als die Absetzung des »Einen« aus seiner Macht und Stellung gebildet als vielmehr von der Verschiebung des »Anderen«. Da es nicht das Andere von Einem sein kann, wie zum Beispiel das Negative des Positiven, ist dem Anderen auch weder die Möglichkeit des »einen« Anderen noch die »Des Anderen« gegeben. Die Hervorhebung des »Anderen des Anderen, des Nicht-Bekannten des Anderen« macht das Neutrale aus.[5]

Nun entfernt diese, es selbst entfernende Andersheit des Anderen – die zudem jedes »Eine«, gleichgültig, ob es ein Selbes oder anderes ist, entfernt –, auch den Nicht-Ort jedweder Möglichkeit, sie, und sei es negativ, zu lokalisieren. Der Nicht-Ort oder Außerhalb-Ort, auf den hin der Anspruch des Schreibens sich bewegt, ist kein Ort, nichts, *woraufhin* man eine Bewegung ausrichten könnte.

Wenn es also legitim ist, zu sagen, dass »schreiben« bedeutet, sich ohne Unterlass der Grenze der Rede anzunähern, dieser Grenze, die einzig die Rede bezeichnet und deren Bezeichnung uns entgrenzt, uns, die Redenden, die somit jenseits unserer selbst und des Sinns geöffnet sind, dann ist es nicht weniger notwendig – strikt notwendig –, zugleich daran zu erinnern, dass keinerlei »Annäherung« Sinn hat, wenn die Nähe des Jenseits nicht die Nähe des absolut Fernen ist. »Das Nahe verspricht, was es niemals halten wird. Lob der Annä-

---

5 Ebd., S. 105

herung für das, was entflieht: der nah bevorstehende Tod, die Ferne des nahe bevorstehenden Todes.«[6]

So kann es keine Annäherung an das Neutrale geben – oder aber es kann sie nur unter der Bedingung einer unendlichen Entfernung geben, die in die Annäherung selbst eingeschrieben ist. Deshalb ist das Neutrale, nach dem Muster von »Gott«,[7] ein Wort zu viel. »*Das Neutrale: Dieses Wort* zu viel, *das sich abzieht…*«.[8] Es zieht sich in der Sprache von ihr ab, »spricht fast nicht«,[9] es ist »namenloses Nomen«.[10]

***

Niemand kannte die extreme Schwierigkeit der dadurch beschriebenen Situation besser als Blanchot: Wenn das Neutrale namenloses Nomen ist, wie kann es dann benannt werden? Und dennoch wird es benannt, muss es benannt sein, da es nicht möglich ist, Verzicht darauf zu erklären, sich der Grenze – in angemessenem Sich-Entfernen – anzunähern, auf die hin wir geöffnet, welcher wir ausgesetzt sind. Es muss benannt sein, so sehr, dass Blanchot es manchmal groß schreibt, wie zum Beispiel in diesem Satz: »Das Neutrale besitzt nicht die alten mythologischen Titel, die jede Nacht mit sich führt.«

Dieser Satz bedeutet, dass die Nacht, jede Nacht, ihre mythologischen Titel ablegt, wenn sie selbst – sie, die eine Öffnung ist oder schafft – durch das Neutrale geöffnet und somit als Macht der Nacht neutralisiert ist (wie zum Beispiel Victor Hugos »schreckliche schwarze Sonne, von der die Nacht erstrahlt«). Das Neutrale vertreibt die Mächte des Mythos, das heißt diejenigen Mächte, die in der Lage waren, eine Nähe der in der Ferne stehenden Mächte zu versichern.

Jedoch verschärft sich die Schwierigkeit, wenn man der Mächtigkeit gewahr wird, die trotz allem diese Vertreibung voraussetzt. Solange »das Neutrale« oder »Neutrales« in einem Diskurs seine Funk-

---

6   Ebd., S. 99
7   Sowie noch weitere Worte: »Furcht«, »Wahnsinn«, ebd., S. 85.
8   Maurice Blanchot, *L'Entretien infini*, Paris 1969, S. 458.
9   Blanchot, *Le pas au-delà*, a.a.O., S. 105.
10 Ebd., S. 162.

tion hat, der ihm seine Prädikate verleiht und es beschreibt, muss man den Verdacht hegen, dass es eine geheime Zuflucht zu einer übernominalen Macht gibt. Wie steht es zum Beispiel damit, dass das Neutrale auf gewisse Weise eine »Erfahrung« eben desjenigen erlaubt, dessen Annäherung Entfernung ist? Blanchot schreibt:

> »Schreiben sperrt das Denken durch einen Schnitt, wenn es sich als unmittelbare Nähe gibt, sowie jede *empirische* Erfahrung der Welt. In diesem Sinn ist Schreiben auch Bruch mit jedem gegenwärtigen Bewusstsein, dass es immer schon in die Erfahrung des Nicht-Manifesten oder des Unbekannten (im Neutrum verstanden) eingebunden ist.«[11]

Wie ist Schreiben in diese nicht-empirische Erfahrung »eingebunden« – in diese Erfahrung, die gemäß der gesamten philosophischen Tradition eine Erfahrung ist, die entweder an die Notwendigkeit des Transzendentalen (d.h. einem reinen Subjekt zugehörig) oder diejenige des Transzendenten (Erfahrung des Jenseits selbst) gebunden ist? Es kann »eingebunden« nur auf eine Weise sein, die es zugleich von jeder transzendentalen oder transzendenten Konstitution der Erfahrung, die es macht oder ist, entbindet.

Deshalb muss der Rückgriff auf die begriffliche Instrumentierung, die der Verwendung des Wortes »empirisch« unterliegt, genauso auf Abstand gebracht werden wie der Rückgriff auf die – ebenfalls transzendentale oder transzendente – Benennung eines »Namens zu viel«, wie es »Das Neutrale« ist. Weder als Bedingung a priori eines Subjekts noch als göttliche Instanz verpflichtet es sich, sich aus dem Diskurs, der von ihm aus oder über es gebildet wird, zu löschen. Es verpflichtet buchstäblich dazu.

Wird das übrigens im oben zitierten Satz nicht schon durch seine adverbiale Verwendung getan? Die Wendung »im Neutrum« verschiebt die Benennung *des* Neutralen. *Das* Neutrale findet sich hier neutralisiert.

---

11 Blanchot, *L'Entretien infini*, a.a.O., S. 391 (Streng genommen müsste man die Daten der herangezogenen Texte in Betracht ziehen, sowie die Verschiebungen und Modifikationen des Denkens Blanchots genauer abwägen; aber darum geht es hier nicht.)

Diese Formulierung hätte Blanchot selbst nicht gewählt, und er hätte darin die Gefahr einer dialektischen Verdrehung vermutet. Tatsächlich schreibt er selbst, dass das »Neutrale [...] neutralisiert, (sich) neutralisiert, und so die Bewegung der Aufhebung evoziert (nicht mehr tut, als sie zu evozieren).«[12] Wenn es nicht mehr tut, als die Hegel'sche Negation der Negation und mit ihr die Mächtigkeit des Negativen zu evozieren, dann gerade deshalb, weil es nicht *sich* selbst neutralisiert oder dies nur zu tun scheint (was die Klammern um das »sich« anzeigen). Das Hegel'sche Negative negiert sich selbst: Es trägt in sich bereits die Mächtigkeit, sich zu vollziehen. Das ist genau die Potenz, die Blanchot dem Neutralen abspricht. Er kann dies jedoch nur, indem er im Vorübergehen eine beunruhigende Nähe zur Aufhebung anzeigt – also mit der Mächtigkeit, die erlaubt, außerhalb seiner zu bestehen.

Was ist es, das in Wahrheit die Unmöglichkeit einschreibt, bei dieser Nähe innezuhalten? Was trägt dem Rechnung, dass »das Neutrale« sich weder *in* dem »Außen« oder der »Nacht«, deren tiefe Unmöglichkeit, angeeignet zu werden, es bezeichnet, noch *als* diese bestehen bleibt?

Es ist möglich, an diesem Punkt mit Blanchot ein wenig weiter zu gehen – oder ein wenig auf Abstand zu dem, was er selbst ausspricht (ohne jedoch zu behaupten, damit die derartig komplex und dicht geflochtenen Fäden seines Denkens entwirrt zu haben).

Denn Blanchot lässt nicht ab, dasjenige zu bezeichnen, was der (nicht autarken) Neutralisierung des Neutralen Rechnung trägt (wenn man das sagen kann). Anders gesagt, dessen, was sich den »Unschritt jenseits« einbindet: Und das ist Schreiben, das ist Literatur. Jedoch nennt die Literatur gerade nicht »das Neutrale«, genauso wenig wie »Gott« oder »den Wahnsinn« oder welches Wort zu viel auch immer man nennen mag. Die Literatur bedient sich keines Wortes zu viel: Sie besteht vielmehr darin, alle Worte in Bewegung zu setzen, all ihre Ressourcen, ihre »mythologischen Titel«, bis hin zu ihren Bedeutungslosigkeiten, in der Überzeugung – für die sie aufkommt –, dass es gar nicht zu viele Worte geben kann und auch kein Wort zu viel.

---

12 Blanchot, *Le pas au-delà*, a.a.O., S. 105.

Aus diesem Grund erzählt sie Geschichten, sagt her, fabuliert, schafft Fiktionen: Die Fiktion – die man in einem weiten Sinn verstehen kann, um darin die Dichtung zu fassen, die Erzählung, die Berichterstattung in ihrem Vortrag, die Wiedergabe... sogar die Wiedergabe des Rezitativs – kann als die einzige wirkliche Neutralisierung jeder Instanz des »Einen/Anderen«, jeder Anwesenheit/Abwesenheit, die als gegeben, stabil, substanziell und nahbar vorgestellt wird, begriffen werden. Die literarische Fiktion besteht genau darin, die mutmaßlich beständig gebildete oder bildbare Wahrheit zu entfernen und sich durch diese Entfernung tatsächlich an diese »Erfahrung« des »nicht das eine und auch nicht das andere« zu »binden« – nicht, auch nicht, keinerlei Name, sondern das Unendliche, Endnichtlose, das nicht nachlassend allen Namen vorhergeht und ihnen folgt.

Jean-Luc Nancy, Juni 2008

René Char und das Denken des Neutralen

Ich werde mit einer Bemerkung beginnen, die nur ein Detail zu betreffen scheint. Einige Worte, die in der Sprache René Chars wichtig sind, stehen im grammatischen Neutrum oder kommen dem Neutralen nahe. »*Das Vorhersehbare, aber noch nicht Formulierte*«, »*das unauslöschliche Absolute*«, »*das Unmöglich-Lebendige*«, »*das Stöhnen der Lust*«, »*Erstarren Lassen*«, »*Angrenzendes*«, »*das in weiter Ferne nicht Formulierte (das Unverhofft-Lebendige)*«, »*das Verständlich-Wesentliche*«, »*das Halboffene*«, »*das Unpersönlich-Unendliche*«, »*das Dunkle*«, »*Scheiden*«. Wenn ich dies in Erinnerung rufe, möchte ich nichts beweisen, einzig die Aufmerksamkeit ausrichten. Eine technische Analyse würde im Übrigen die unterschiedliche, beinahe jedes Mal andere Funktion dieser verschiedenen Ausdrücke zeigen. Das ist unwichtig. Das Neutrale ist nicht allein eine Frage des Vokabulars. Wenn René Char »le passant« schreibt – und selbst, wenn er es nicht schreibt, spüren wir oft, dass dieses Wort ihn bewohnt – »passant raviné«, »Passant mit zerfurchtem Gesicht«, auf intransitive, ziellose Weise, und wir uns damit begnügten, es: »der Mensch, der vorübergeht«, oder: »derjenige, der vorübergeht« zu übersetzen, würden wir die neutrale Bezeichnung, die dieses Wort der Sprache übertragen soll, verdrehen. Ebenso, wenn René Char »der Stern des Bestimmten« oder »die Geräusche des Feindseligen« schreibt. Was aber ist das Neutrale?

Ich zitiere weiter und entnehme dem »Argument« aus *Das pulverisierte Gedicht* diese Frage, an die sich jeder erinnern wird: »Wie leben, ohne Unbekanntes vor sich?« Auch das Wort »unbekannt« ist in der Sprache der Gedichte stets gegenwärtig, ob es ausgedrückt wird oder nicht. Wahrhaft unbekannt, auch wenn es selten allein erscheint: »das Unbekannt-Ausgleichende«, »das Unbekannte, das aushöhlt«, so ist es doch das Unbekannte. Fragen wir uns jetzt: Warum diese Forderung nach einem Verhältnis mit dem Unbekannten? Zunächst verbindet eine Antwort beide Fragen. Das Unbekannte ist als Wort ein Neutrum. Die Zurückhaltung der französischen Sprache, die nicht über das Geschlecht des Neutrums verfügt, ist unpraktisch, aber schließlich nicht ohne Tugend, denn was dem Neutralen zugehört, ist kein drittes Geschlecht, das sich den beiden anderen entgegensetzen und eine bestimmte Klasse vernunftbegabter Existenzen oder Wesen bilden würde. Das Neutrale ist das, was sich auf kein Geschlecht verteilt: das Nicht-Allgemeine, das Oberbegriffslose, das Nicht-Besondere. Es verweigert die Zugehörigkeit zur Kategorie des Objekts ebenso wie zu der des Subjekts. Doch das bedeutet nicht, dass es noch unbestimmt wäre und gleichsam unentschlossen dazwischen stünde, es bedeutet, dass es eine andere Beziehung voraussetzt, weder von den objektiven Bedingungen noch von den subjektiven Verfügungen abhängig.

Gehen wir noch etwas weiter. Das Unbekannte wird stets im Neutrum gedacht. Das Denken des Neutralen stellt eine Bedrohung und einen Skandal für das Denken dar. Indes erinnern wir uns mit Hilfe des Buchs von Clémence Ramnoux, dass einer der ersten Züge einer der ersten Sprachen des abendländischen Denkens, derjenigen Heraklits, darin liegt, im Singular des Neutrums zu sprechen: »Das-Eine-das-Weise«, »das Unerwartbare«, »das Nichtzuerlangende«, »das Unzugängliche«, »das Gemeinsame«. Jedoch muss man sich sofort ins Bewusstsein rufen, dass diese Worte Heraklits, »das Weise«, »das Gemeine« (oder auch: »dieses-das-Weise«, »dieses-das-Eine«, »dieses-das-Gemeinsame«) keine Begriffe im Sinne der aristotelischen oder der Hegel'schen Logik sind und zudem weder Ideen im platonistischen noch, um es unverblümt zu sagen, in irgendeinem sonstigen Sinne. Diese neutrale Benennung, die die französische Übersetzung nicht in direkter Weise empfangen kann, gibt uns etwas zu sagen auf, aber unsere Art zu abstrahieren und zu verallgemeinern erweist sich als unbrauchbar dafür, Zeichen für es hervorzubringen.

Und wieder befinden wir uns vor der Frage, was uns angetragen wird, wenn das Unbekannte diese neutrale Wendung nimmt, d.h. wenn wir spüren, dass die Erfahrung des Neutralen jedem Verhältnis zum Unbekannten innewohnt. Aber ich öffne hiermit noch eine Parenthese. Durch eine offensichtlich überzogene Vereinfachung kann man in der gesamten Geschichte der Philosophie eine Anstrengung erkennen, die entweder auf eine Einbürgerung und Zähmung des »Neutralen« abzielt, indem man es durch das Gesetz des Unpersönlichen und die Herrschaft des Universellen ersetzt, oder auf eine Zurückweisung des Neutralen, indem man die ethische Vorrangstellung des Ich-Subjekts, das mystische Streben nach dem einzigen Einen, behauptet. Ständig wird das Neutrale so aus unseren Sprachen und

Wahrheiten fortgestoßen. Eine Verdrängung, die Freud auf exemplarische Weise ans Licht gebracht hat, der seinerseits das Neutrale mit den Begriffen des Triebs und des Instinkts deutet, um es schließlich in einer Perspektive, die immer noch anthropologisch ist, aufzufassen,[1] bevor Jung es unter dem Namen Archetyp einer wohlmeinenden Spiritualität eingliedert. Die Philosophie Heideggers könnte als Antwort auf die Fragen des Neutralen und als Versuch verstanden werden, sich ihm auf eine nicht begriffliche Weise anzunähern. Aber man muss sie auch als neuerlichen Rückzug vor dem begreifen, was das Denken offenbar nur durch Sublimierung aufzunehmen in der Lage ist.[2] Und wenn Sartre das verdammt, was er das »Praktisch-Träge« nennt (wovon er spricht wie die Theologen vom Bösen), indem er darin – im Übrigen zu Recht – kein Moment der Dialektik, sondern eines der Erfahrung erkennt, welches in der Lage ist, die gesamte Dialektik zum Scheitern zu bringen, dann nähert sich das Denken wieder dem Neutralen an, diesmal indem es seinen Wert gering schätzt, d.h. sich geradezu weigert, es als Neutrales zu denken.

»Wie leben, ohne Unbekanntes vor sich?« Mit der Evidenz dieser Frage-Behauptung tritt uns etwas als Mahnung entgegen; eine Schwierigkeit nimmt uns ins Visier, die sich jedoch zugleich auf beinahe beruhigende Weise entzieht. Man muss sie suchen. Das Unbekannte ist ein Neutrum. Das Unbekannte ist weder Objekt noch Subjekt. Das Unbekannte zu denken heißt also keineswegs, sich »das noch nicht

---

1 Natürlich ist das voreilig und ungerecht gesagt.
2 Die Reflexion über die Differenz zwischen Sein und Seiendem, über eine Differenz, die nicht die theologische Differenz von Transzendentem und Endlichem ist (zugleich weniger absolut und ursprünglicher als diese), die auch ganz anders ist als die Differenz des Existierenden und seiner Existenzweise, scheint das Denken und die Sprache dazu aufzurufen, im *Sein* ein grundlegendes Wort für das Neutrale anzuerkennen, d.h. eines, das im Neutrum zu denken ist. Aber man muss sich alsbald berichtigen und sagen, dass die Würde, die dem Sein in dem Zuruf an uns, den wir in ihm hören mögen, zugeschrieben wird, dass alles, was auf zweifelhafte Weise das Sein dem Göttlichen annähert, dass die Entsprechungen zwischen *Sein* und *Dasein*, die wundersame Tatsache, dass Sein und Seinsverständnis zusammenkommen, das Verständnis des Seins als das, was sich erhellt, sich öffnet und zum Geschick des Seienden wird, das zur Lichtung wird, dass also dieses Verhältnis zwischen *Sein* und Wahrheit, die sich uns in der Gegenwart des *Lichts* entbergende Verbergung nicht zur Suche des Neutralen bringen, wie sie das Unbekannte beinhaltet.

Bekannte« vorzunehmen, das Gegenstand eines jeden noch kommenden Wissens ist, aber genauso wenig, es im »absolut Unerkennbaren« zu überschreiten, Subjekt reiner Transzendenz, sich jeder Erkenntnis- und Ausdrucksweise verweigernd. Setzen wir im Gegenteil (vielleicht willkürlich), dass die Suche – diejenige, in der sich Dichtung und Denken in ihrem gemeinsamen Raum behaupten und bejahen, getrennt, untrennbar – das Unbekannte zum Einsatz hat, dies allerdings unter folgender Bedingung: Die Suche gibt Rapport vom Unbekannten als Unbekanntem. Ein immerhin beunruhigender Satz, da er vorschlägt, vom Unbekannten als solchem, d.h. als Unbekanntem zu »berichten«. Anders gesagt, wir nehmen eine Beziehung an, in der das Unbekannte bejaht wäre, sichtbar gemacht, sogar ausgestellt: entdeckt – und in welcher Erscheinungsform? Kurz gesagt, in einer, die das Unbekannte enthält. Das Unbekannte würde sich in diesem Verhältnis in dem entdecken, was es verdeckt hält. Ist das ein Widerspruch? In der Tat. Um sein Gewicht zu spüren, versuchen wir ihn anders zu formulieren. Die Suche – die Dichtung, das Denken – berichtet vom Unbekannten als Unbekanntem. Dieser Rapport deckt das Unbekannte auf, aber in einer Entdeckung, die es verdeckt hält; es gibt die »Gegenwart« des Unbekannten durch dieses Verhältnis; das Unbekannte ist gegenwärtig gemacht in dieser »Gegenwärtigkeit«, aber immer als Unbekanntes. Dieses Verhältnis muss das, was es trägt, intakt – unberührt – lassen, sowie das, was es entdeckt, als nicht enthüllt erhalten. Es wird kein Verhältnis von Enthüllung sein. Das Unbekannte wird nicht offenbart, sondern angezeigt werden.

(Um Missverständnisse zu vermeiden, sei präzisiert, dass dieses Verhältnis zum Unbekannten nicht nur die objektive Erkenntnis ausschließt, sondern auch die intuitive Erkenntnis und die Erkenntnis durch mystische Vereinigung. Das Unbekannte als Neutrales setzt ein *Verhältnis*, das jeder Forderung nach Identität und Einheit, sogar nach Gegenwärtigkeit, fremd ist.)

Nehmen wir unsere Überlegung wieder auf und verstärken wir sie noch. Sich in einer Beziehung von Nicht-Gegenwärtigkeit, die keine Entdeckung wäre, zum Unbekannten verhalten, ohne es zu enthüllen: das bedeutet genau, dass das Unbekannte im Neutrum nicht dem Licht angehört, sondern einem Bereich, der einer Entdeckung fremd ist, die sich im Licht und durch das Licht vollzieht. Das Unbekannte gerät nicht in den Blick, ohne zugleich vor dem Blick verborgen zu sein: weder sichtbar noch unsichtbar, oder genauer, sich von allem Sichtbaren und Unsichtbaren abwendend.

Diese Aussagen laufen Gefahr, keinerlei Sinn zu ergeben, es sei denn, sie erreichen ihr Ziel, nämlich das Postulat, unter dem das gesamte abendländische Denken steht, in Frage zu stellen. Dieses Postulat, ich rufe es noch einmal in Erinnerung, besteht darin, dass die Erkenntnis des Sichtbaren-Unsichtbaren die Erkenntnis selbst ist; das heißt, das Licht und seine Lichtabwesenheit müssen sämtliche Metaphern bereitstellen, mit denen das Denken, sich auf diese beziehend, zu demjenigen wird, was es sich zu denken vorstellt; dass wir nur anvisieren können (auch dies ein Bild optischer Erfahrung), was uns in der *Lichtung* erscheint, und dass wir stets genötigt sind, da jede Sicht die Sicht einer Gesamtheit ist und die Erfahrung des Sehens die Erfahrung der Kontinuität eines Panoramas, nicht allein das Begreifen und die Erkenntnis, sondern jede Form des Verhältnisses einer Perspektive der *Gesamtheit* unterzuordnen.

*

»Wenn aber das Unbekannte als Unbekanntes weder sichtbar noch unsichtbar ist, welcher Bezug zu ihm (kein mystischer und kein intuitiver) lässt sich noch zeigen, als Rapport, von dem wir angenommen haben, dass er in der Dichtung selbst im Spiel ist?«

»Ja, welcher Bezug? Der am wenigsten außergewöhnliche, derjenige, den die Dichtung zu tragen hat, die Dichtung, d.h. auch das einfachste Sprechen, wenn Sprechen tatsächlich die Bezugnahme ist, in der sich das Unbekannte in einem anderem Verhältnis als dem seiner Erhellung zeigt.«

»Im Sprechen – in dem Intervall, das das Sprechen ist – würde sich uns das Unbekannte also zeigen, ohne aufzuhören, das Unbekannte zu sein, d.h. so wie es ist: abgetrennt, fremd?«

»Ja, im Sprechen, aber in dem Maße, in dem es dem Raum antwortet, der ihm eigen ist. ›Wie leben, ohne Unbekanntes vor sich?‹ Das Unbekannte schließt jede Perspektive aus, es fällt nicht in den Gesichtskreis, es kann nicht Teil einer Gesamtheit sein. In diesem Sinn schließt es auch die Dimension des ›Voraus‹ aus. Das Unbekannte der Zukunft, zu dem wir eine prospektive Beziehung haben, ist nicht das Unbekannte, das zu uns als Unbekanntes spricht, welches im

Gegenteil jede Zukunftshoffnung nur zum Scheitern bringen und ruinieren kann.«

»Muss man also sagen, dass sich der Erfahrung des Unbekannten anzubieten, bedeuten würde, sich der Prüfung des Negativen oder der radikalen Abwesenheit auszuliefern?«

»Nein, das kann man wohl nicht sagen. Im Denken des Neutralen entweicht das Unbekannte sowohl der Negation als auch der Position. Weder negativ noch positiv fügt es dem, was es behaupten würde, weder etwas hinzu noch entzieht es ihm etwas. Das Unbekannte, ob es ist oder nicht ist, findet nicht dort seine Bestimmung, sondern allein darin, dass das Verhältnis zum Unbekannten eines ist, das vom Licht nicht erschlossen, das von der Lichtabwesenheit nicht verschlossen wird. Neutrales Verhältnis. Was bedeutet, dass Denken oder Sprechen im Neutrum Denken oder Sprechen im Abstand alles Sichtbaren und alles Unsichtbaren ist, d.h. in Begriffen, die nicht der Möglichkeit unterliegen. ›Wie leben, ohne Unbekanntes vor sich?‹ Die Dringlichkeit dieser Frage rührt also daher, dass 1.) leben notwendigerweise sich voraus leben bedeutet und dass 2.) ›eigentlich‹, ›dichterisch‹ leben bedeutet, im Verhältnis zum Unbekannten als Unbekanntem zu sein und somit Dieses-das Unbekannte, das sich nicht voraus leben lässt und das zudem dem Leben jeden Mittelpunkt entzieht, in den Mittelpunkt seines Lebens zu stellen.«

»Sicherlich ist das ›Unbekannte‹, von dem René Char spricht, nicht das einfache Unbekannte der Zukunft: Denn dieses ist uns immer schon gegeben und es ist nur ein ›noch nicht Bekanntes‹. Jedes individuelle Leben, selbst in einer völlig banalisierten Welt, besitzt diese Zukunft.«

»Das Unbekannte, dasjenige, das die Dichtung für uns erwachen lässt, ist viel unvorhersehbarer, als es die Zukunft sein kann, selbst die ›nicht vorhergesagte Zukunft‹, da sie sich wie der Tod jedem Zugriff entzieht.«

»Außer jenem Zugriff, der das Sprechen ist.«

»Außer dem Sprechen, aber insofern dieses kein Zugriff ist, keine Erfassung. Das ist das Wesentliche. Das Unbekannte sprechen, es im Sprechen empfangen, während man es das Unbekannte sein lässt, bedeutet gerade nicht, es zu ergreifen, es zu begreifen, sondern bedeutet, sich zu weigern, es zu identifizieren, und sei es durch diese ›objektive‹ Erfassung, die das Sehen ist, welches, wenngleich auf Distanz, erfasst. Mit dem Unbekannten vor sich leben (was auch heißt, vor dem Unbekannten zu leben und vor sich als Unbekanntes), bedeutet, in jene Verantwortung des Sprechens einzutreten, welches spricht, ohne irgendeine Form der Macht auszuüben, selbst diejenige Macht, die sich vollzieht, wenn wir blicken, da wir, wenn wir blicken, dasjenige und denjenigen, der sich vor uns befindet, innerhalb unseres Horizonts und unseres Sichtkreises – in der Dimension des Sichtbar-Unsichtbaren – halten. Holen wir eine frühere Behauptung René Chars in die Gegenwart, die all das, was wir zu sagen versucht haben, darbieten wird: ›Sein, das man nicht kennt, ist unendliches Sein, das, wenn es auftritt, in der Lage ist, unsere Angst und unsere Bürde in eine Morgenröte zu verwandeln.‹ Das Unbekannte als Unbekanntes ist dieses Unendliche, und das Sprechen, das es spricht, ist Unendlichkeitssprechen.«

»In diesem Sinne dürfen wir wohl sagen: Sprechen ist, ohne Band sich ans Unbekannte zu binden.«

»Sprechen, Schreiben.«

*

Ich breche hier mit diesen anfänglichen Überlegungen ab. Sie behaupten nicht, einen Kommentar zu René Char abzugeben, sind kaum ein Stück des bislang vernachlässigten Weges, um sich einem Teil seines Werkes anzunähern. Dieser Teil wird vielleicht wachsen. Was einst am Rand geschrieben wurde, ist nicht mehr nur randständig. Von daher – so scheint es mir jedenfalls – rührt diese Verkennung und die Art von Gewalt, mit der »zu dieser Stunde einbrechender Dunkelheit« gewisse Kritiker versuchen, sich gegen dieses Werk zu rüsten und anstreben, es zum Stillstand zu bringen, ihm Grenzen zu setzen und es auf ihr eigenes unbewegliches Maß zu bringen. »*Ich werde sprechen und ich verstehe zu sagen, aber was ist das feindliche Echo, das mich unterbricht?*«

Einklammerungen

± ± »*Das Neutrale: Was unter diesem Wort verstehen?*« – »*Nun, es gibt da vielleicht gar nichts zu verstehen.*« – »*Zunächst also diejenigen Formen ausschließen, die aus der Tradition heraus am meisten dazu verführen, sich ihm anzunähern: die Objektivität einer Erkenntnis; Homogenität eines Milieus; die Austauschbarkeit von Elementen; oder auch die grundlegende Indifferenz, dort, wo die Abwesenheit eines Hinter- oder Untergrundes und die Abwesenheit von Differenz miteinander einhergehen.*« – »*Wo also wäre der Punkt, an dem man ein solches Wort verwenden könnte?*«

± ± »*Fahren wir fort, auszuschließen und durchzustreichen. Neutrales kommt in die Sprache durch die Sprache. Dennoch ist es nicht allein eine grammatische Kategorie – oder es richtet uns als Geschlecht oder Kategorie auf anderes aus, auf das* aliquid, *das seine Markierung trägt. Nennen wir als ein erstes Beispiel, dass neutral derjenige wäre, der in das, was er sagt, nicht eingreift; ebenso kann dann auch das Sprechen für ein Neutrales gehalten werden, wenn es im Sprechen sich selbst oder den, der es spricht, nicht beachtet; wenn es im Sprechen nicht spräche, wenn es das sprechen ließe, was in dem, was gesagt wird, nicht gesagt werden kann.*« – »*Neutrales würde uns also auf bemerkenswerte Weise auf die Transparenz zurückverweisen, deren doppeldeutiger und nicht unschuldiger Status eben dadurch markiert wäre: Hier gäbe es eine Undurchdringlichkeit der Transparenz oder etwas, das selbst noch undurchdringlicher als die Undurchdringlichkeit wäre, da das, was sie reduziert, nicht den Grund auf Transparenz reduziert, den Grund, der sie als Abwesenheit trägt und sie sein lässt.*« – »*Genau, sein Sein: Das Sein der Transparenz.*« – »*Genau das würde ich nicht sagen, sondern eher: das Neutrale dessen, was wir Sein nennen, und das Neutrale, das es bereits in Klammern gesetzt hat, ihm auf bestimmte Weise vorhergeht und es immer schon neutralisiert hat, weniger mittels einer Funktion, die es auf Null reduziert, als durch eine Funktion außer Funktion.*« – »*Sagen wir also noch, dass zwar die Transparenz als Zug das Neutrale besitzt, doch das Neutrale nicht der Transparenz untersteht.*« – »*Halten wir fest, dass Neutrales in einer Position der Quasi-Abwesenheit gegeben wäre,*

Effekt des Nicht-Effekts – (vielleicht) jener angenommenen Position analog, die jedes Radikal eines Wortes oder einer Reihe von Wörtern in derselben Sprachfamilie oder durch verschiedene Flexionen hindurch behält, ein ›fiktives‹ Radikal, auf gewisse Weise der Sinn, der durchscheint, ohne sich je gegenwärtig zu machen, ohne aber auch zu verschwinden, dadurch undurchdringlich und gleichsam unantastbar und in jedem Fall bar jedes eigentlichen Sinns, da es Sinn nur durch die Modalitäten erhält, die allein ihm einen Wert, eine Wirklichkeit, einen ›Sinn‹ geben.« – »Dann wäre der Sinn des Sinns Neutrales?« – »Nehmen wir es für den Moment an: Neutrales, unter der Bedingung, dass sogar die Affirmation oder die Negation es in seiner Sinn-Position unberührt lassen (sagen wir besser, dass der Sinn nicht gesetzt wird, weder positiv noch negativ, sondern außerhalb jeder Affirmation und Negation affirmiert ist; da läge die Kraft und die Nichtigkeit des ontologischen Arguments: Gott, ob er ist oder nicht, bleibt Gott; Gott, Souveränität des Neutralen, immer Exzess im Verhältnis zum Sein, leer von Sinn, durch diese Leere und auf absolute Weise von jedem Sinn und Nicht-Sinn getrennt).« – »Neutrales auch, wenn der Sinn durch eine Rückzugsbewegung, die in gewisser Weise ohne Ende ist, funktionieren oder tätig sein würde, in einer Einklammerungsforderung und einer ironischen Überbietung der Epochè: Es ist in der Tat nicht allein die natürliche Einstellung, nicht einmal die Existenzsetzung, die einzuklammern wäre, damit in seinem reinen funktionslosen Licht der Sinn erscheinen könnte; es wäre der Sinn selbst, der Sinn nur tragen würde, wenn er eingeklammert wäre, in Anführungszeichen stünde, und dies durch eine unendliche Reduktion, der Sinn, der wie ein Phantom ist, stets vom hellen Licht verscheucht, ohne dass es jedoch jemals an ihm mangeln würde, dass seine Marke der Mangel selbst ist.« – »Der Sinn: er wäre also allein durch das Neutrale.« – »Insofern aber das Neutrale dem Sinn fremd bleibt – ich will vor allem sagen: Neutrales in Bezug auf den Sinn, nicht indifferent, aber die Möglichkeit des Sinns und Nicht-Sinns durch den unsichtbaren Abstand einer Differenz heimsuchend.« – »Woraus man schließen würde, dass die Phänomenologie bereits in Richtung des Neutralen treiben würde.« – »Wie auch all das, was man Literatur nennt, da eines ihrer Charakteristika darin liegt, auf unendliche Weise die Epochè zu verfolgen, die strenge Aufgabe, in Schwebe zu halten und sich in Schwebe zu halten, ohne dass diese Bewegung der Negativität *zugerechnet werden könnte.«* – *»Neutrales wäre der literarische Akt, der weder Affirmation noch Negation ist und der (in einem ersten Schritt) den Sinn als Phantom, Heimsuchung, Sinn-Simulakrum freisetzt, als ob das Eigentliche der Literatur darin läge, Gespenstisches zu sein, nicht heimgesucht von sich selbst, sondern weil sie dieses Vorgängige allen Sinns, das ihre Heimsuchung wäre, in sich trüge, oder, einfacher, weil sie darauf reduziert wäre, sich um nichts anderes zu kümmern als darum, die* Reduktion der Reduktion *zu simulieren, ob diese nun phänomenologisch wäre oder nicht, um sie, fern davon, sie zu annullieren (selbst wenn sie sich manchmal diesen Anschein gibt), vielmehr in unendlichem Maße anwachsen zu lassen und sie um all das zu erweitern, was sie aushöhlt und mit ihr bricht.«*

± ± *Das Neutrale würde mit dem im Verhältnis stehen, was in der Schriftsprache bestimmte Worte »hervorhebt«, indem sie diese eben gerade nicht hervorhebt, sondern zwischen Klammern oder Anführungszeichen setzt und auf eine einzigartige Weise tilgt, die umso wirkungsvoller ist, als sie nicht angezeigt wird – verdeckte, subtrahierte Subtraktion, ohne dass eine Verdoppelung daraus resultieren würde. Das Kursive, das bei den Surrealisten als Zeichen der Autorität und der Entscheidung in Gebrauch war, wäre in Bezug auf das Neutrale besonders fehl am Platze, wenn auch die Einklammerung oder die Setzung in Gedankenstriche oder unter das allzu sichtbare Andreaskreuz, allein mit mehr Scheinheiligkeit, vielleicht keinen anderen Effekt hat. Sagen wir also, dass die Operation der Einklammerung nicht derart ist, dass Neutrales hierin vollzogen würde, sondern vielmehr einem der Tricks des Neutralen entspräche, seiner »Ironie«.*

± ± *Neutrales, dieses scheinbar geschlossene, aber zerrissene Wort, qualitativ ohne Qualität, erhoben (gemäß einem der Gebräuche der Zeit) in den Rang des Substantivs ohne Subsistenz oder Substanz, eine Beendigungsmarke, in die, ohne sich dort zu platzieren, das nicht zu Beendende fallen würde: das Neutrale, das ein* Problem *ohne* Antwort *trägt, hat den Abschluss eines* aliquid, *dem keine Frage entsprechen würde. Denn kann man das Neutrale befragen? Kann man schreiben: das Neutrale? Was ist das Neutrale? Wann handelt es sich um das Neutrale? Sicher kann man. Aber das Fragen schneidet das Neutrale nicht an, lässt es und lässt es nicht unberührt, durchquert es ganz und gar oder, wahrscheinlicher, es lässt sich von ihm neutralisieren, befrieden oder passiv machen (die Passivität des Neutralen: das Passive jenseits und stets jenseits alles Passiven, seine eigene Passion, die eine eigene Aktion umhüllt, Aktion der Nicht-Aktion, Effekt des Nicht-Effekts).*

± ± Da, wo einer Passivitätsaktion das direkte Verhältnis zu einem sie ausübenden Subjekt fehlen würde, glaubt man bereits, vom Neutralen sprechen zu können: Es spricht, es wünscht; man stirbt. Sicher, auch der Rätseltrieb, den Freud, ohne ihn fixieren zu können, ohne Unterlass benennt, indem er ihm den Namen des Unbewussten verlieh (und indem er sich des in gewissem Sinne stummen Wortes wie als einem der Punkte oder Marken, die in der Lage sind, es zu begrenzen, bediente, des es, dessen Fremdheit das französische ça noch besser, zugleich grob und raffiniert, markiert – als ob sich von der »vulgären« Straße her das Geräusch einer nicht zu beherrschenden Affirmation wie ein Schrei aus der Unterwelt erheben würde), auch dieser Trieb versteht sich zunächst vom Neutralen her und führt in jedem Fall dazu, sich darauf zu beschränken, das Neutrale als das Drängen dieses Rätsels zu verstehen. Aber einer der Züge des Neutralen (vielleicht hält das Neutrale im Übrigen das Es durch diese Wendung in dieser problematischen Position, die es abhält Subjekt oder Objekt zu sein) liegt darin, indem es sich der Affirmation wie der Negation entzieht, ohne sie zu präsentieren, die Spitze einer Frage oder einer Befragung zu bergen, und dies nicht in Form einer Antwort, sondern in Form eines Entzugs in Hinsicht auf alles, was in dieser Antwort dazu käme zu antworten. Das Neutrale befragt: Es befragt nicht auf die gemeine Weise, indem es Fragen stellt; während es von der Aufmerksamkeit, die sich auf es richtet, nichts zurückzuhalten scheint, während es sich selbst von jeder Macht des Fragens, indem es sie neutralisiert, durchqueren lässt, schiebt es die Grenze immer weiter hinaus, an der diese Macht noch ausgeübt werden könnte, wenn das Zeichen der Befragung selbst erlischt und es der Affirmation nicht mehr das Recht, die Macht lässt, zu antworten.

± ± Das Neutrale: das, was die Differenz bis in die Indifferenz trägt, genauer, was die Indifferenz nicht seiner endgültigen Gleichgültigkeit überlässt. Das Neutrale, stets vom Neutralen durchs Neutrale ge-

trennt, weit entfernt davon, sich durch das Identische zu erklären, bleibt der nicht identifizierbare Überschuss. Das Neutrale: Oberfläche und Tiefe, mit der Tiefe im Verbund, wenn die Oberfläche zu herrschen scheint, mit der Oberfläche, wenn die Tiefe dominieren will (ein Wert wird, der dominiert), indem es sie oberflächlich macht, indem es sie vertieft. Das Neutrale ist stets anderswo als da, wo man es verortet, nicht nur stets jenseits und stets diesseits des Neutralen, nicht nur ohne jeden eigentlichen Sinn und selbst ohne jede Form der Positivität und Negativität, sondern es ist auch stets auf eine Weise, die nicht zulässt, ob im Modus der Anwesenheit oder dem der Abwesenheit, mit Sicherheit einer Erfahrung, welche auch immer es sei, und sei es die des Denkens, zugewiesen zu werden. Indes ist jede Begegnung, *jene, wo das überraschende Hervortreten des Anderen das Denken zwingt, sich selbst zu verlassen, und das Ich zwingt, auf die Schwäche zu treffen, die es bildet und gegen die es sich schützt, bereits vom Neutralen markiert, zerfranst.*

[…]

± ± *Das Neutrale verführt nicht, zieht nicht an: Das ist der Schwindel seiner Anziehung, vor der nichts schützt. Und schreiben bedeutet, diese Anziehung ohne Anziehung ins Spiel zu bringen, die Sprache dem auszusetzen, sie durch eine Gewalt davon freizusetzen, die sie ihm aufs Neue aussetzt, bis zu jenem Fragmentsprechen: Leiden der leeren Zerstückelung.*

± ± *»Aber ist das Neutrale nicht das, was dem Anderen am nächsten kommt?« – »Aber auch am fernsten bleibt.« – »Dem Anderen kommt das Neutrum zu, selbst dem Anderen als Nebenmenschen, der zu uns spricht, der dann also durch die Fremdheit spricht, die nicht zulässt, ihn zu verorten und ihn stets dem, was ihn identifizieren würde, äußerlich macht.« – »Muss man nicht zugestehen, dass mit dem* neuter *das* heteron *verbunden ist, nicht wie das Positive mit dem Negativen oder die Oberseite mit der Unterseite, sondern dass es sich hierin stets verdeckt findet, hierin die Unscheinbarkeit seines eigenen Abstands findet und die Täuschung, die die Unendlichkeit des Verhältnisses, in dem es steht, entzieht?« – »Aber würde das nicht auch bedeuten, dass das Andere, stets unter der Bedrohung des Neutralen und sogar* *vom Neutralen markiert, dasjenige wäre, was in einem noch nicht beherrschten Wechselverhältnis auf absolute Weise seinen Abstand von ihm markieren würde?« – »Sagen wir zunächst, dass das Andere und das Neutrale mit dem und durch das im Verhältnis stehen, was verbieten würde, sie jemals zusammen zu denken, wenn es möglich wäre – und es wäre niemals vollständig möglich – zu behaupten, dass das Andere und das Neutrale, notwendig, doch auf unterschiedliche Weise, nicht unter den Rechtsanspruch des Einen fallen und sich auch nicht der gleichwohl unvermeidlichen Zugehörigkeit zum Sein zurechnen lassen.« – »Auf unterschiedliche Weise: das eine durch Exzess; das andere durch Ermangelung?« – »Vielleicht, allerdings wenn man sich auch daran erinnert, dass Exzess, Ermangelung, diese Differenz, die einen Gegensatz bilden will, fast nicht trägt, weil man sie nicht fixieren kann: die Ermangelung ist, in einem Fall, exzessiv, so wie auch der Exzess sich auf die Maßlosigkeit eines Mangels gründet.« – »Wir können uns auch nicht und nicht so einfach mit der Ablehnung des Einen zufrieden geben: umso mehr, als eine solche Ablehnung nur verfehlt sein kann, wenn sie bloß negativ vollzogen wird und sie – vielleicht – nicht allein durch den Rückgriff auf den Übergang zum ›Grenzfall‹ durchgeführt werden kann.« – »Sie wird auf jeden Fall verfehlt sein, davon können wir überzeugt sein.« – »Aber würde der Tod nicht diese Rolle spielen? Er kommt als Anderes, hat den falschen Anschein des Neutralen, lässt sich nicht einheitlich erfassen, betrifft in dem Maße, in dem er unzugänglich bleibt (wodurch er das, was er betrifft, unzugänglich macht), berührt indes nur, was er immer schon berührt hat, verfügt über keine Weise, zeitgemäß zu sein, und lässt eine Begegnung mit dem ›Ich‹, das er heimsucht, nur zu, wenn es, Ersatzname des Anderen, nichts mehr ist als dessen* fiktiver Partner, *bereits zerbrochen, dem Anderen, ihn als Gabe erhaltend, von sich selbst gegeben.«*

± ± *Schreibe also deinen Tod in einen Bereich ein, in dem er nicht als Mangel markiert wäre, einen Bereich, der so weit von den anderen Bereichen der Rede getrennt wäre, dass sie diese Trennung nicht zu erfassen wüssten, selbst um sie als solche zu bezeichnen und in der Bezeichnung abzuschreiben. Für die Rede im Allgemeinen wird der Mangel, der durch den Tod markiert ist, in dem Bereich, in den sich der Tod in der Weise einer Null des Sinns (subtrahierte Subtrak-*

tion) einschreibt, es nicht daran ermangeln lassen, an den Begriff der »Wahrheit«, und ebenso an den Begriff des »Subjekts« und der »Einheit« – sie dabei intakt lassend – zu rühren, die er aus ihrer Vorrangstellung absetzt. In jedem Fall behält die Rede dadurch, und in diesem Moment selbst, die Illusion des Wahren und die Illusion des Subjekts aufrecht, Illusionen, mit denen sie ihr Spiel treibt, damit das unfassbar Wahre und das stets als entfremdet angenommene Subjekt sie noch ihres immerwährenden Versagens versichern.

± ± Ich suche die Distanz ohne Begriff, damit sich darin der Tod ohne Wahrheit einschreibe – was tendenziell sagen will, dass Sterben, eher als Scheitern zu bedeuten, einen Bereich umgrenzen könnte, in dem der Effekt der Wahrheit noch nicht einmal als Mangel markiert wäre. Nähmen wir nun die Wissenschaft als genaue Schreibung an, die keinen Mangel kennt, weil sie nichts verfehlt, dann würden wir sie als fähig – und einzig als fähig – setzen, zu präzisieren, an welchem Ort Schreiben und Sterben sich miteinander verbinden und einander überlagern würden. Aber »die« Wissenschaft: Wie könnte sie selbst diese einfache Einheit zulassen, die sie in idealer Weise totalisiert und sie erneut als »Ideologie« errichtet?

± ± In der Rede, durch die Rede und im Abstand zur Rede wird unsichtbar die Demarkationslinie gezogen, die, indem sie der Rede jede Totalitätsmacht entzieht, sie vielfachen Bereichen zuschreibt, eine Mehrzahl, die nicht zur Einheit strebt (und wäre es auch vergeblich) und die sich nicht im Verhältnis zur Einheit bildet, sei es diesseits ihrer, sei es jenseits ihrer, sondern sie immer schon beiseite gelassen hat. Die Wissenschaftlichkeit der Wissenschaft besteht nicht in ihrer Reflexion über eine Wesenseinheit, sondern im Gegenteil in einer Schreibmöglichkeit, *die, auf je unterschiedliche Weise, das Wort Wissenschaft von jedem zuvor eingerichteten Wesen und Sinn freisetzt.*

Es bleibt, dass die »Literatur«, durch die es Sprechen nur als immer fürs Schreiben bestimmtes gibt, sich zur Wissenschaft zugleich durch ihre eigene Ideologie (deren Absetzung sie nur auf illusionäre Weise, die in Wahrheit ihre Verstärkung darstellt, betreiben kann) in Abstand bringt, und vor allem – und da liegt ihre stets entscheidende Bedeutung –, indem sie den Glauben als *ideologisch* anzeigt, den die Wissenschaft durch einen unerbittlichen Schwur zwecks ihres eige-

nen Heils, für die Identität und Beständigkeit der Zeichen hegt. Täuschung, untadelige Täuschung.

± ± *Auf diese Weise ist – vielleicht – die Provokation des Neutralen besser bezeichnet. Das Neutrale: dieses Wort* zu viel, *das sich entzieht, entweder indem es sich einen Platz ausspart, an dem es stets mangelt, während es sich dort markiert, oder indem es eine platzlose Platzverschiebung provoziert, oder auch indem es sich auf mehrfache Weise in einem Platzzusatz verteilt.*

Das Wort zu viel: es käme vom Anderen, ohne je vom Ich aufgenommen zu werden, vom einzig möglichen Hörer, da es für ihn bestimmt ist, weniger um ihn zu zerstreuen oder ihn zu brechen als um dem Bruch und der Zerstreuung zu erwidern, die das »ich« entzieht, indem es sich in dieser Entzugsbewegung, die wie das Schlagen eines leeren Herzens scheint, zu mir macht. Da, wo ein Wort zu viel statthat, da, wo es statthaben könnte, findet die Kränkung und die Offenbarung des Todes statt.

± ± *Akzeptierst du es – du als ich –, dich für problematisch, für fiktiv zu halten, indes auf diese Weise notwendiger, als wenn du zur Schließung kommen könntest, wie der Zirkel, der um ein sicheres Zentrum seinen Kreis zieht? Nun akzeptierst du schreibend vielleicht diese voreilige, wenngleich späte Schlussfolgerung im Einklang mit dem Vergessen:* Dass andere an *meinem* Platz schreiben, an diesem Platz, den niemand besetzt, der meine einzige Identität ist, das macht einen Augenblick den Tod freudig, rein zufällig.

Pascals Hand

In seinem schönen Essay fragt sich Marcel Arland, was der *Apologie* einen so erschütternden Klang verleiht. Das rührt wohl daher, dass »der Mensch dieser *Gedanken* stets vor unseren Augen gegenwärtig ist. […] Pascal, der Unruhige, der Brennende, der auf das Absolute Begierige […]. Wir befinden uns mit ihm in der Zelle, wo Pascal das Kruzifix betrachtet, betet, leidet, eine Zeile niederschreibt, mit derselben Leidenschaft eine Anklage gegen die menschliche Natur ausruft, mit der er sich die Nägel eines Gürtels in die Lenden drückt. Ist es Nacht? Das Geräusch der vom Kreuz herabfallenden Tropfen hindert ihn am Schlaf. Jesus liegt bis ans Ende der Welt in seinem Todeskampf. Man sieht nichts anderes mehr als dieses Kreuz, man hört nur noch das Blut und die Seufzer.« Ein Ausdruck voller Pathos, des Pathos, das Pascal eigen ist, des Pathos eines Menschen, zu dem wir in Leidenschaft entbrennen, da er selbst Leidenschaft ist.

Jedoch zeigt Albert Béguin in einer Studie mit dem Titel »Die Seelenruhe Pascals«, dass die *Gedanken* zwar den Zweck verfolgen, uns zu erschüttern, aber dass dieses Erschüttern vorbereitet ist und mit Methode von einem Geist provoziert wird, der Herr seiner selbst ist, von einer sehr sicheren Seele, die in allem standhaft und gebieterisch ist. Joubert hatte bereits davon geschrieben, und Béguin zitiert ihn: »Hinter dem Denken Pascals erkennt man die Haltung des sicheren Geistes, der von den Leidenschaften ausgenommen ist. Das vor allem macht ihn so bedeutend.«

Das aber ist kein Paradox. Muss man daran erinnern, dass die *Gedanken* die Überreste einer methodischen Abhandlung und die Momente einer Beweisführung sind und dass sie eine bestimmte Absicht verfolgen, die darin besteht, einen Leser, der der Gleichgültigkeit gegenüber gleichgültig ist, dazu zu bringen, sich um die Dinge der Religion zu sorgen, ihn der Sorglosigkeit zu berauben, um ihn mittels der Unruhe von der falschen Sicherheit des Wissens und der eitlen Ruhe des Geistes zur wahren Sicherheit des Glaubens zu führen? Marcel Arland sagt uns, dass die *Gedanken* nur Klagelaute, Anrufe, Drohungen, Gebete seien. Jedoch kennt der Mensch, an den sie sich wenden, diese Qualen nicht, denn er ist mit seiner Vernunft zufrieden, wenn es sich um einen Gelehrten, und zufrieden mit seinem Leben, wenn es sich um einen Freigeist handelt. Und auch der Mensch, der schreibt, kennt sich nicht besser, da er »betäubt« wurde, und jetzt ist er erwacht, und die Unruhe, der Schrecken vor dem leeren Universum können für ihn nicht mehr sein als ein Rest von Gottlosigkeit, ein Vergessen der Gegenwart Gottes.

Béguin schreibt: »Die *Gedanken* sind keineswegs angelegt, um auf einen Schrecken zu reagieren, wie man es zu oft angenommen hat, sondern vielmehr, um einen Frieden zu erschüttern, der der Seele gefährlich ist. [...] Pascal arbeitet also vor allem darauf hin, in seinem Gegenüber Befürchtungen einer ganz neuen Art auszulösen, indem er ihm zeigt, dass, wenn man sich auf die Anmaßungen des Verstandes verlässt, alles absurd ist, unverständlich, grotesk, oder aber alles schrecklich, voller Bedrohung wird. ›Ich werde nicht ertragen, dass er Ruhe findet.‹ Genau in diesem Moment verfasst er mit der Sorgfalt eines Schriftstellers, der seine Worte abwägt und die Effekte seiner Rhythmen berechnet, die berühmten *Gedanken*, die vom Beben der Angst durchzogen sind: ewige Stille, Reiche, denen wir unbekannt sind, der letzte blutige Akt, wir stürzen in den Abgrund... Es handelt sich hierbei nicht, wie man so oft anzunehmen scheint, um Tagebuchaufzeichnungen, in denen die Erinnerung an Augenblicke voller Angst noch nachzittern würde. Es sind vielmehr Rufe zur Ordnung, die sich an den Nebenmenschen wenden und die inmitten eines Gesprächs in genau der Sekunde platziert werden müssen, wenn der Moment für eine Erschütterung falscher Gewissheiten am günstigsten ist. Ein herrlicher Kampf beginnt, in dem Pascal, der im Gefecht der Provinzialen die Waffen übte, seine Antäuschungen setzt und seine Treffer landet.«

Hieraus ergibt sich nun, dass die Angst und das Beben, welche aus den *Gedanken* ein Buch machen, das fast kein Buch ist, dass diese Schreie, dieses Schaudern, diese schrecklichen Bilder von einem Schriftsteller gefertigt sind, der weder erschrocken noch verstört ist, der auch nicht stammelt, sondern auf bewundernswürdige Weise bedacht ist, der Sprache mächtig und sich in äußerstem Maße derjenigen Worte bewusst ist, die am ehesten geeignet sind, die Wirkungen, auf die er aus ist, entstehen zu lassen; ein Mensch, der über seine Worte meditierte, über ihre Anordnung, der sie aus freien Stücken in Hinblick auf ihre Wirkungen wählte und der andere zutiefst verstören kann, der auf souveräne Weise Herr seiner selbst ist. Diese Rechnung ist aufgegangen, Jahrhunderte quälten sich in Angst.

Das ist kein Paradox. Und dennoch trifft diese so wahrscheinliche, so vernunftgemäße Sichtweise, die so sehr dem Geist der Zeit und dem Geiste Pascals entspricht, dessen gebieterischer Zug unter allen der sichtbarste ist, in uns auf ein Widerstreben, das nicht nachlassen will. Liegt es an der Beharrlichkeit des romantischen Bildes, an der Autorität einer Tradition? Es geht hierbei sicher um anderes: Es scheint, dass wir uns getäuscht fühlen, wenn ein Buch, das uns bewegen will, uns auch tatsächlich bewegt; unsere Empfindungen scheinen alle Wahrheit zu verlieren, wenn die Worte, die sie auslösen, in Hinblick auf diese Empfindungen gewählt wurden und nicht unter dem Zwang dieser Empfindungen selbst; wenn sie gewählt wurden, damit diese erlebt werden und nicht ausgehend von ihrem Erleben. Damit die Sprache der *Gedanken* als eine Sprache der Unruhe und der Angst gelesen werden kann, müssen die *Gedanken* selbst in einem angstvollen Herzen, das einzig die Angst zum Sprechen brachte, gewachsen sein.

Eine Forderung, die in gewisser Hinsicht überraschend und dennoch allmächtig ist, selbst bei denjenigen, die sie zurückweisen. Tausendfach hat man an die harschen Urteile Valérys über Pascal erinnert, an den Vorwurf, den er ihm macht, auf zu perfekte Weise verzweifelt zu sein und auf zu perfekte Weise dieser Verzweiflung Ausdruck zu verleihen. Befremdliche Vorwürfe und, zumal von Valéry vorgebracht, unverständlich, zudem widersprüchlich. Denn wenn Pascal wirklich dieser Schriftsteller ist, der sich »seiner umfangreichen Mittel« bedient, den »Gewalten seiner Logik«, den »bewunderswürdigen Kräften seiner Sprache«, um den Menschen das Gefühl einer absoluten Verzweiflung zu geben, um sie mit einem Nichts zu erschrecken, wo ihnen weder Logik noch Sprache noch auch irgendwelche Mittel beistehen können, wenn einzig die Kunst Pascals eines solchen Effektes, des größten und konstantesten unserer Tradition, fähig ist, dann ist es geradezu unbegreiflich, dass Valéry ihn nicht neben Poe, Mallarmé und Leonardo zu seinem Helden gemacht hat. Er wirft ihm die Freiheit seines Geistes vor, seine Kunst, seine Fertigkeit, die Sicherheit seiner Hand, also all das, was ihm den Autor des »Raben«, den Autor des »Würfelwurfs«, und vielleicht den Autor der »Jungen Parze« bewunderswürdig erscheinen lässt. Pascal ist der Schriftsteller, der aus der Klarheit Verstörung gezogen hat, der sich einer perfekt angeordneten und beherrschten Sprache bedient hat, um den Menschen den Zustand ihrer Verlorenheit und ihrer Ausweglosigkeit zu spüren zu geben, der wusste, sie nach Gutdünken verzweifeln zu lassen, sie zu erschrecken, sie zu erniedrigen, sie dann über sie selbst zu erhöhen, der unter ihren Schritten einen Abgrund öffnete und aus diesem Abgrund einen Thron zu ihrem Ruhme machte – und all das allein mit den Mitteln einer Kunst, von der niemandem entgangen ist, dass sie alles vermag, vor allem, sich auf eine Weise abwesend zu machen, dass ein jeder sie vergisst und, ohne ihre Natur zu erkennen, der Bewegung nachgibt, die sie auslöst.

Pascal ist das Modell, das Valéry für exemplarisch hätte halten müssen. Und dennoch nimmt er ihm diese ihn führende Hand übel, die er sieht, die allein er sieht, als ob er allein für Pascal Bewusstlosigkeit und Blindheit vorgezogen hätte. Und nachdem er ihm diese Beherrschung zum Vorwurf gemacht hat, klagt er ihn für seine Knechtschaft als gehetzter Mensch an – und so, indem er ihm mal seinen Untergang, mal seine Unfähigkeit zum Untergang vorwirft, bald die Niedrigkeit seiner Schreie, bald ihre zu reine Harmonie, findet er sich in all die Widersprüche verwickelt, mit denen sein Autor die Menschen spalten konnte, um ihnen das Bedauern um die verlorene Einheit umso stärker spürbar zu machen.

Die Haltung Valérys ist lehrreich. Sie unterrichtet uns darüber, dass in der Kunst die Wirkungen zu ihren Ursachen zurückstreben und fordern, mit diesen nichts als ein einziges Ganzes zu bilden, eine einzige Welt mit zwei Polen. Wenn Valéry das Buch der *Gedanken* öffnet, verkennt er nicht, dass sie darauf abzielen, eine Beweisführung zu bilden. Er weiß, dass sie erschüttern, verzweifelt machen sollen, um den Seelen das Gefühl ihrer Leere zu geben und sie zu lehren, in diesem Mangel die Fülle zu erkennen. Diese Absicht, die ihn im Übrigen schockiert, lässt ihn sicher sein, dass Pascal weder schreibt, um sich Ausdruck zu verleihen, noch um sich zu offenbaren, sondern weil er überreden wollte, und dass dieses seufzende und zitternde Buch eines ist, dessen Seufzer geplant und dessen Empfindungen kalkuliert sind. Nun sieht aber er, der selbst vorgibt, jede Kunst auf ein Kalkül und jede Dichtung auf eine ausgeführte Reflexion über ihre Mittel zu reduzieren, in diesem reflektierten Einsatz der Überredungskunst nichts als Lüge und Unart. Und mehr noch: Er kann nicht glauben, dass der Schriftsteller von der Angst ausgenommen ist, die er willentlich bei anderen zu erzeugen weiß. Pascal müsste vor der Leere des Himmels gezittert haben, da es sein Wunsch war, uns vor der Leere des Himmels erzittern zu lassen, auch wenn für Pascal selbst die Himmel von Gott erfüllt sind und unaufhörlich seinen Ruhm verkünden.

Bereitet die Form der *Gedanken* einen solchen Irrtum vor? Reiht sich ein Autor, der schreibt: »Die ewige Stille dieser unendlichen Räume lässt mich erschaudern«, unter diejenigen ein, denen er dieses Schaudern mitteilen will? Das ist möglich. Aber selbst wenn man in dieser Form keine Fiktion sieht, die zur Kunst gehört, sich denjenigen, an die man sich wendet, gleichzumachen, so deutet doch alles darauf hin, dass das Ich hier das unpersönliche Ich ist, das über sich selbst in abstrakter Weise schlussfolgert: »Warum ist meine Kenntnis begrenzt? Warum meine Größe? Warum meine Lebensdauer auf hundert Jahre und nicht vielmehr auf tausend?«, und dessen Schrecken und Überwältigung unmittelbar in ein möglichst allgemeines Räsonieren eingehen, in eine Rede, deren Pathos sich allem Anschein nach auf Beredtheit stützt: »Wenn ich meine kurze Lebensdauer, die in den vorgängigen und nachfolgenden Ewigkeiten aufgeht, betrachte, den geringen Raum, den ich ausfülle, und selbst wenn ich die in die grenzenlose Unendlichkeit geworfenen Räume sehe, die ich nicht kenne und die nichts von mir wissen, bin ich überwältigt davon, mich hier vielmehr als dort zu sehen, denn es gibt keinen Grund dafür«. Wer würde nicht die ganze Autorität dieses Schauderns und die machtvolle Stimme dieser Überwältigung vernehmen, deren gesamte Daseinsberechtigung darin liegt, seine Behauptungen in Verbindung mit Folgerungen auszusprechen, sowie darin, Anspruch auf einen lösenden Schluss zu erheben? Man kann angesichts der Strenge in Erregung geraten, die in einem Gedanken dieser Art aufscheint: »Es ist nicht gerecht, dass man sich an mich bindet, auch wenn man es mit Vergnügen und aus freien Stücken tut. Ich werde diejenigen, in denen ich das Verlangen danach wecke, täuschen […].« Aber man lese weiter. Diese pathetische Weigerung einer Seele, die keine Empfindungen annimmt, weder diejenigen, die zu ihr kommen, noch diejenigen, die von ihr ausgehen, ist nichts als der Beginn einer wohlgeordneten Argumentation, die mit einem

»Also« endet und in der das Geständnis sich in den abstrakten Moment eines ganz allgemeinen Beweises verwandelt.

In den *Gedanken* findet sich alles, was nötig ist, um ein Bild Pascals zurechtzurücken, der in seinem menschlichen Schicksal alles findet, um den Boden unter den Füßen und den Verstand zu verlieren, zu beseitigen. Wir haben es hier mit Begründungen, mit Bildern, mit Worten, mit Wendungen zu tun, deren Wirkung auf uns einzig von diesen Begründungen und diesen Worten abhängt und nicht vom besonderen Zustand desjenigen, der sie verfasst hat. Das Buch existiert, und es ist dazu bestimmt, eine Empfindung auszulösen und eine bestimmte Situation zu schaffen, und dies nicht aufgrund einer Autorität, sondern einzig durch unser Einverständnis mit uns selbst. Gehen wir noch weiter. Es könnte sein, dass Pascal sowohl dem Geist als auch dem Glauben des uns dargebotenen Werkes gegenüber ein Fremder gewesen ist. Es könnte sein, dass es sich bloß um das Meisterwerk eines Menschen handelt, der auf Bestellung schreibt, wie Valéry gesagt hat, und der ebenso wenig an das glaubt, was er von uns zu glauben fordert, wie er über die Ursachen des Erschreckens erschrickt, über die er uns täuscht. Warum sollte uns dieses Werk nun weniger berühren, weniger überzeugen? Es ist dieselbe Schrift, keine Zeile daran ist geändert, genauso unabgeschlossen wie irgendeine andere, denn auch die Schriftsteller der reinen Rhetorik scheiden irgendwann einmal aus dem Leben. Es ist dieselbe Schrift, aber offensichtlich deren Gegenteil.

Warum hören das »Mich überkommt das Entsetzen« und das Entsetzen, in das es uns verwickelt, auf, wahr zu sein, wenn wir entdecken, dass es jenseits der Anlässe und der Sprache für dieses Entsetzen, die uns allein schon hinreichend beeindrucken, einen unerschütterlichen Geist gibt, eine Seele, die sich davon befreit hat? Weil die Sprache, um sich in einem Werk, das aus Worten besteht, auch nur unvollkommen zu erfüllen, in Wahrheit das Dasein als Stütze braucht; und so stellt sich das Dasein ein, um die Sprache aus einer Art Unfall hervorzuheben und zu versuchen, ihre unbezwingbare Unzuverlässigkeit abzusichern. Brice Parain erinnert in einem seiner Essays daran, dass die Wahrheit der Kunst die Lüge ist, und er sagt zudem, dass die Kunst wie der Tod selbst erscheint, dessen

Bild er unter uns einführt.[1] Es wäre schwierig, über den Sinn dieser Behauptungen zu viel nachzudenken, selbst wenn man ihnen nur aufgrund eines Missverständnisses zustimmte. Die Sprache nährt die extremsten Träume des Absoluten und weist zugleich ohne Unterlass ihre Anmaßungen zurück. Genauer: Sie ist überhaupt nur durch die Zurückweisung der Bedingungen, die sie möglich macht. Die Dichtung ist diese doppelte Bewegung. Man hat bei Dichtern wie Hölderlin und Mallarmé wahrgenommen, dass die Sprache für sie nicht das bloße Vermögen ist, Worte auszusprechen, die zu einem Wesen gehören, das mit diesem Vermögen begabt ist, sondern dass sie behauptet, sowohl demjenigen vorauszugehen, der Namen verleiht, als auch demjenigen, was benannt wird, und überdies behauptet, dass der, der spricht, der, der hört und das, was gesprochen ist, nur von diesem ursprünglichen Faktum der Sprache her Sinn und Existenz annimmt. Die Sprache behauptet sich in ihrer poetischen Anmaßung als ein Absolutes: Sie wird gesprochen ohne jemanden, der sie spricht, oder zumindest ohne von dem, der spricht, abzuhängen. Im Gegenteil, der Sprechende, der Hörende, das Gesprochene, sie alle besitzen Wirklichkeit und Wert nur durch das Sprechen, das sie enthält.

Unter diesen Bedingungen gibt es Sprache. Aber diese Sprache ist als solche unmöglich. Sie verwirklicht sich nur, indem sie den Verzicht auf sich erklärt. In diesem erklärten Verzicht sieht man, wie die drei Manifestationen der Sprache ihre Unabhängigkeit gewinnen und für sich selbst existieren, sie, die gleichwohl Sinn und Wirklichkeit nur zusammen besitzen: Man sieht einen Menschen, der schreibt, einen Menschen, der liest, man sieht, was geschrieben ist und das, worauf das Geschriebene verweist. Das wesentliche, uranfängliche Buch, das alles war, reduziert sich auf einige lose Blätter, Ding unter Dingen, dessen scheinbare Unabhängigkeit nur die trügerische Erinnerung an die ursprüngliche Unabhängigkeit der Sprache ist, die selbst von nichts abhing, da sie alles umfasste. Deshalb besitzt die Ansicht, das Werk genüge sich selbst (welche die Ansicht Valérys ist), die Wahrheit einer Idolatrie: Sie weist einem lächerlichen Objekt

---

1 *Kritik der Dialektik*, wie auch *Sprache und Existenz*, und der frühere Essay *Alles kommt in Ordnung* in *Die Qual der Wahl*.

zu, was nur an der absoluten Sprache Sinn besitzt. An dieses Absolute erinnert sich das Werk, diese Erinnerung sucht es heim. Manchmal quält sie es.

Je mehr die Sprache auf ihre Ansprüche verzichtet, umso einfacher lässt sie sich verwirklichen: Ganz und gar wirklich geworden, die Einfachheit selbst, das alltägliche Gerede, über das man sich genauso leicht erregt, wie man an ihm teilnimmt, hat das Sprechen zugleich jeden Zug der Sprache verloren, denn es spricht nicht mehr, es hört sich nicht mehr, es nennt nichts mehr, es ist nichts als Leere und ein tiefes Schweigen, das sich durch ein ohrenbetäubendes, wenngleich unerhörtes Murmeln hindurch nicht einmal mehr vernehmen lässt. Von dieser gewöhnlichen Sprache – im Übrigen ein außergewöhnliches Meisterwerk aufgrund ihrer doppelten Vollkommenheit in Nichtigkeit und Wirksamkeit – von dieser Sprache, die durch und durch möglich und die nicht mehr wirklich ist, versucht die Literatur in all ihren Formen zur Sprache des Ursprungs, die ganz Unmöglichkeit und ganz Wirklichkeit ist, hinabzusteigen. Sie gelangt auf den unterschiedlichsten Wegen dorthin, durch überraschende Ausflüchte: Das ist das Geheimnis der Gattungen und das Geheimnis derjenigen, die sie schöpfen. Was immer jedoch die Mittel und was immer auch die Kunstgriffe sein mögen, die Sprache der Kunst kann sich nicht verwirklichen, sie kann nicht an dem Anspruch auf die totale Wirklichkeit teilhaben, wenn sie nicht auch an der Unmöglichkeit teilhat. Deshalb gibt es keine wahre Sprache, ohne dass die Sprache Verzicht auf sich selbst erklärt, ohne ein Quälen von Nicht-Sprache, eine Abwesenheits-Obsession von Sprache, von der jeder Mensch, der spricht, weiß, dass er den Sinn des Gesagten von ihr erhält. Die Sprache als Totalität ist die Sprache, die alles ersetzt, die die Abwesenheit von Allem und zugleich die Abwesenheit von Sprache setzt. In diesem ersten Sinne ist die Sprache tot, die Anwesenheit eines Todes in uns, den kein besonderer Tod zufrieden stellt.

Eines der ärgsten Probleme, das sich mit dieser Rückkehr zur Möglichkeit des Sprechens durch die Suche der Unmöglichkeit stellt, liegt in den Beziehungen des Autors zu seinem Werk, in den Beziehungen von Leser und Autor. Je wichtiger das, was er schreibt, dem Autor ist, je mehr es ihm hilft, sich zu erfüllen und sich zu erleben, mit einem Wort, je näher die Sprache seiner Existenz ist, umso mehr spürt er auch, wie sehr, seine Existenz auf der Ebene der Sprache

Lüge ist und wie sehr die Sprache auf der Ebene der Existenz immer Möglichkeit und Einfachheit ist. Demjenigen, der sich dem Genie des absoluten Todes, das am Grund des Sprechens verbleibt, anvertraut hat – was widerfährt ihm? Die Unsterblichkeit. Und demjenigen, der seine Existenz der Sprache widmet, um dieser Sprache die Wahrheit der Existenz zu geben – was widerfährt ihm? Die Lüge einer papierenen Existenz, die Unaufrichtigkeit eines Lebens, das das Leben zur Figur macht, das in Worterlebnissen erlebt wird und sich vom Sein entbindet, indem es imitiert, was es nicht ist. Die Momente dieses Scheiterns werden umso großartiger, je reiner der Erfolg ist. Die Dichtung ist in diesem Sinne das Reich des Desasters. In dem Augenblick, da die Sprache auf erbittertste Weise alles sein will und am nächsten daran ist, alles unter ihrer Unwirklichkeit zu begraben, sieht man die Dichter, wie sie sich mit Körper, Leben und Geist in die Worte stürzen, die sie hervorrufen, zugleich, um von diesen Worten ihre Dichterexistenz zu erhalten und um durch diesen wahrhaften Tod der Vernichtung zuvorzukommen, dessen höchster Horizont in dieser Welt die Kunst ist. Aber man sieht auch andere Dichter, die sich, soweit es möglich ist, von der Dichtung, dessen Ursprung sie sind, ausschließen, die nicht nur ihr Leben nicht unter ihren Gesang mischen, sondern zudem angesichts dieses Gesangs nichts sind als eine fortwährende Abwesenheit, eine vergessene Nichtexistenz, dergestalt, dass sie vortäuscht, niemals gewesen zu sein, so dass das Werk durch sich allein geglaubt werden kann. So (in einem gewissen Maß) Rimbaud; so (in einem gewissen Maß) Mallarmé.

Eine Dichtung braucht wie kein anderes Werk die Gegenwart des Dichters, und wie kein anderes Werk kommt sie ohne diese aus. Die verschiedenen Manifestationen der Sprache fordern alle, in unendlich veränderlichen Beziehungen, die Teilhabe der Existenz am Sprechen. Diese Bezüge sind selbstverständlich nicht durch ein vorgängiges Schema festgelegt, und es ist immer dieses besondere Werk (oder besser gesagt der Grad an Sprache, den es verwirklicht), was in allen Gattungen die Anforderungen jeder Gattung verändert. Am anderen Extrem dieser Bewegung befindet sich die alltägliche Sprache in derselben Situation – wenngleich im umgekehrten Sinne – wie die poetische Sprache; denn, um eine gesprochene zu sein, ist sie so nahe an der Leere, dass der Beistand einer individuellen Stimme ihr unabdingbar ist, aber diese Stimme fehlt ihr so wenig, wie irgendeine Stimme sie zufrieden stellt: In Wirklichkeit will sie niemandes Stimme.

Um wahr zu sein, muss die Sprache der *Gedanken* eine von der Existenz erfüllte Sprache sein. Brice Parain verwendet mehrfach diese eindrückliche Wendung: »Immer ist es das Individuum, das die klaffende Lücke um die Wörter herum verschließt, zwischen ihnen untereinander und zwischen ihnen und dem Gegenstand: Es verschließt sie, indem es seinen Körper hineinstopft.« Wir haben gesehen, wie der Dichter seinen Körper in diese klaffende Lücke warf, nicht um sie zu stopfen, sondern um selbst aufzuklaffen, und wie er manchmal, wie Empedokles, bis zum wirklichen Verschwinden fortschritt, um dieser Lücke Wirklichkeit zu verleihen, um diese Leere zu verwirklichen. Mehr vermag die Existenz nicht, wenn sie es mit einem Bereich zu tun hat, in dem die Sprache ihren ursprünglichen Widrigkeiten zu nah kommt. Und dies ist der Fall auch für die *Gedanken*, insofern sie nicht die mittleren Bereiche des Glaubens betreffen, sondern die Möglichkeit der religiösen Erfahrung. Man muss begreifen, dass auf der Ebene, wo die Sprache alles in Erschütterung versetzt (und sei es nur für einen kurzen Moment), die Ebene des »Mich überkommt das Entsetzen«, uns die Ernsthaftigkeit Pascals nicht genügt und uns überhaupt nicht interessiert. Auch würde uns seine Aufrichtigkeit nicht genügen: diejenige eines Christen z.B., der, von der Wahrheit, die er beweisen oder zur Kenntnis bringen will, überzeugt, Mittel und Wege einsetzt, die er selbst nicht erfahren hat und die ihm nur über die Sprache bekannt sind. Die *Apologie* fordert von Pascal, weder seine Worte mit einer Überzeugung noch seine Beweisführung durch seinen Glauben abzusichern. Vielleicht fordert sie es von ihm, zunächst aber anderes.

Ob allen Momenten dieser unbegrenzten Rede Momente der eigenen Erfahrung Pascals entsprechen oder nicht; ob er hier als ein Mensch spricht, der bloß spricht, dort als einer, der erlebt hat, was er sagt, hier als ein Leidender, der leidet, um es zu sagen, da als ein Gläubiger, der betet, indem er spricht – all diese Unterschiede gehören einzig einer Analyse an, die Unterscheidungen bloß innerhalb eines Zusammenhangs macht, dem Analyse fremd ist. Was die *Gedanken* postulieren oder fordern, liegt nicht in den Details seines Lebens oder den Details seiner Ernsthaftigkeit, sondern ist die Existenz als ganze, die gesamte Geschichte dieser Existenz, aber die Existenz als solche. Es ist nicht nötig, auf technische Ausführungen zurückzugreifen, um zu verstehen, was in einem solchen Wort enthalten ist. Es wird im Allgemeinen sehr wohl anerkannt, dass man erst anfangen kann, von der Existenz zu sprechen, wenn es kritische Momente gibt, Exzesszustände, in denen die Gewalt, die in der Tatsache liegt, dass man lebt, das Leben überwältigt, dass die Existenz vom Leben nicht mehr abzuhängen scheint und es im Gegenteil bedroht und bereit ist, es zu opfern. Die Existenz beginnt so, sich zu offenbaren, wenn sie in ihrem Grund in Frage gestellt ist. In der einen oder anderen Form ist diese Offenbarung der Existenz die Existenz selbst, wenn sie danach strebt, sich als unmöglich zu erleben, sei es, dass sie dahin gelangt, außerhalb ihrer Bedingungen zu existieren, sei es, dass sie in dieser Prüfung ihre Wahrheit entdeckt, die die Unmöglichkeit ist. In der einen oder anderen Form ist diese Offenbarung dieser Unmöglichkeit angemessen.

Béguin erinnert mit Recht daran, dass »die Freude Pascals, über die man beinahe niemals spricht, die Strenge der *Apologie* erhellt.« Man kann das unmöglich vergessen, zumal die einzige Schrift, die Zeugnis von Pascal ablegt, auch Zeugnis von dieser Freude ablegt, eine Freude, die anschwillt und voller Tränen ist, die so sehr anschwillt, dass die Empfindungen ihren Sinn und den ihnen eigenen Ausdruck verlieren und darin zugrunde gehen, sodass das Sein selbst zugrunde geht und auseinander bricht. Man kann diese Freude gut und gerne Freude nennen, ebenso Gewissheit und Glauben. Aber sie ist auch Feuer, das im Übrigen auf zwei Stunden des Lebens begrenzt ist, »von ungefähr halb elf am Abend bis ungefähr halb eins«, und einzig die Reflexion könnte bestrebt sein, sie zu diesen ganz anderen Zuständen, die »Mich überkommt das Entsetzen« heißen, in einen Gegensatz zu setzen.

Wäre sich Pascal nur aufgrund der zwei Stunden Freude der menschlichen Verzweiflung bewusst geworden, niemand wäre berechtigter als er, damit unseren Schrecken hervorzurufen – und dies nicht als ein Mensch, der vom Abgrund nur durch die Freude darüber wusste, nicht in ihn gestürzt zu sein, sondern als einer, der in dieser Freude selbst den Sturz in den Abgrund erkannt und erlebt hat, der sich darin verloren und sich darin nicht wiedergefunden hat. Man kann sagen, dass die *Apologie* die Anstrengung der allmächtigen Vernunft Pascals darstellt, sich wieder zu fangen, um sich selbst einen Vernunftgrund für eine Erfahrung zu verleihen, die sie gänzlich übersteigt und von der sie Rechenschaft nur ablegen kann durch eine umso stärkere Empfindung der menschlichen Widrigkeiten und durch eine klarere Sicht auf die unaufhörlich ausgeführte Bewegung zwischen dem Nichts und der Unendlichkeit, zwischen allem und nichts.

Dass die Freude Pascals ihn seine Existenz als dem Nichts und dem Ganzen unendlich näher hat erleben lassen, unendlich höher und unendlich niedriger als die Existenz; dass sie unendliche Verzweiflung und maßloser Überschwang war, Empfindung der Leere in ihrer Fülle, stärkste Versicherung in ihrer stärksten Unbeständigkeit; dass sie zudem, und dies in dem Moment selbst, in dem sie diese Extreme berührte, das Gefühl der Übereinstimmung dieser Extreme und ihres »Friedens« inmitten der Zerrissenheit war: Wenn all dies vorausgesetzt ist, gibt es wirklich nichts, was über die gewöhnlichen Beschreibungen hierzu analoger Zustände hinausginge und zudem nicht in die volle Bewegung der *Gedanken* eingeschrieben wäre. Die *Apologie* bestand darin, in der abstrakten Zeit der Rede und durch eine dialektische Verknüpfung, die sie mit den Themen des Glaubens in Beziehung setzte, diese Erfahrung eines Augenblicks sich entfalten zu lassen, durch die Pascals Existenz zum Feuer wurde.

»Nicht im Geringsten bewundere ich den Exzess eines Vermögens oder auch eines Wertes, wenn ich nicht zur gleichen Zeit den Exzess des entgegengesetzten Vermögens sehe... Denn anders ist es kein Aufstieg, sondern ein Fall. Nicht darin, dass man sich an einem Extrem befindet, zeigt man seine Größe, sondern indem man beide zugleich berührt und den gesamten Raum dazwischen ausfüllt. Aber vielleicht ist es nur eine plötzliche Bewegung der Seele von einem zum anderen dieser Extreme, und vielleicht ist sie tatsächlich immer nur an einem Punkt, wie das glühende Scheit im Feuer? Wie dem auch sei; jedenfalls zeigt dies die Beweglichkeit der Seele an, wenn es nicht ihre Ausdehnung anzeigt.«

Aufgrund dieser Beweglichkeit der Pascal'schen Seele finden wir hinter den einander entgegengesetzten Empfindungen, in die uns seine Sprache verwickelt, diejenigen, die ihm eigen sind und uns als Garanten und Modelle der unsrigen dienen, und in dieser Beweglichkeit finden wir nicht die heftige Lebendigkeit eines Geistes, der schlicht gezwungen ist, alles auf »ästhetische Weise« zu leben, sondern die Autorität einer Existenz, die vielleicht einzigartig ist, wo die Extreme gemeinsam erkannt wurden und wo die Angst Frieden und der Frieden Entrückung war. Es ist von wesentlich geringerem Gewicht, dass die *Gedanken* daraufhin zu einer wohlgeplanten Rede wurden, in der eine zu schöne Form den Leser beherrscht. Zunächst, weil diese Sprache zugleich alles und nichts sein will. Alles – und sie hat den Stolz und die gebieterische Macht des ersten Sprechens, das für sich allein den Platz von allem einnimmt: Ohne weiteren Bezug als den auf Worte überzeugt, überrascht sie, erniedrigt und erhöht sie, verfügt über den Leser, als ob der Leser Teil ihrer selbst wäre. Aber auch nichts – und schon erklärt sie den Verzicht auf sich, sie findet sich mitten in dem Elend wieder, das sie zeigt: »Diejenigen, die gegen den Ruhm schreiben, wollen den Ruhm dafür, gut geschrieben zu haben, und ich, der dieses schreibt«; und zweifellos bezieht er sein Sprechen und Argumentieren von hier aus, aber dieses neue Sprechen bedeutet auch seine Lüge, und selbst wenn diese Lüge noch der Beginn eines Beweises ist, dann dient dieser Beweis einzig dazu, die Sprache, die ihn setzt, zu vereiteln. Auch muss er dahin kommen, sich vor dem Leser, dessen Herrscher er zunächst sein wollte, zu erniedrigen: »Weit davon, dass eine Sache des Hörensagens die Regel eures Glaubens wäre«. Und schließlich hat er keine weitere Hoffnung mehr als das Schweigen, aber das Schweigen ist noch zu beredt, zu sehr Sprache, zu weit entfernt von diesem Nichts, das vielleicht alles wäre: »Besser ist es, nichts zu sagen«.

In diesem Alles und diesem Nichts, trotz des Ernstes im Widerstreiten und der Kraft der Widrigkeiten, droht die Sprache, wenn sie auf ihre Mittel allein reduziert ist, sich jederzeit entweder zu sehr oder zu wenig zu behaupten und auf die eine oder andere Weise dem Leser zu zeigen, was er daran nicht anerkennen sollte, nämlich eine einfache Sprache anstelle dieses Alles und Nichts, das ihre Wahrheit ist. Dann aber füllt die Existenz die Leere aus, sie, die bloß alles oder nichts ist. Sie füllt sie aus, indem sie sie vertieft. Ohne Unterlass verleiht sie dem fiktiven Mangel an Worten durch die Wirklichkeit ihrer eigenen Mängel Wert. Und dieser Mangel, das erscheint uns nun deutlicher, steht nicht nur in Bezug zur Angst des Menschen vor dem Elend seines Schicksals, sondern auch in Bezug zu jener Bewegung, in der die Existenz sich entdeckt, indem sie sich aufs Spiel setzt, und wo sie sich zwar gerechtfertigt fühlt, nur, insofern sie sich als unmöglich empfindet, nur, insofern sie spürt, von einer solchen Unmöglichkeit zu sein, dass selbst das Opfer ihrer selbst, der Tod, von ihr schwache Bilder abgeben.

Jean Wahl erinnert in seinem *Tableau de la philosophie française*, einem kleinen Buch aus wenigen Worten und vielen Ideen, an die Pascal'sche Litanei: Jesus Christus ist tot und in der Grabstätte verborgen. Hier nimmt er sein neues Leben an und nicht am Kreuz. Auf der Erde hat er einzig im Grabe Ruhe gefunden. Seine Feinde haben erst im Grabe abgelassen, ihn zu quälen. Jean Wahl merkt dazu an: »Wir verstehen, dass Pascals Apologetik Pascal als existierend, als glaubend voraussetzt.« Wenn die Wahrheit Jesu Christi diesen als tot und verborgen voraussetzt, wenn sie Leben und Form erst in der Dunkelheit annimmt, in der Verlassenheit und dem Frieden der Grabstätte, gilt das umso mehr für denjenigen, der »ihm die Arme entgegenstreckt«. Sein Frieden ist Frieden nur im Grabe, und seine Versöhnung vollzieht sich nur in der Verlassenheit des Grabes, und sein Gang ins Helle nähert ihn einzig der Dunkelheit des Grabes an. Sicher wäre es absurd, diesem Grab, das die Wahrheit der Sprache in den *Gedanken* ist, eine stürmische Erscheinung zu verleihen, ein Theatermausoleum daraus zu machen, um in dessen Nähe »eine Art französischen und jansenistischen Hamlet, seinen eigenen Schädel in der Hand wiegend, diesen Schädel eines großen Geometers«, in Erscheinung treten zu lassen. Denn das Grab selbst ist verborgen, und wie Hegel es in einem anderen Sinne von der heiligen Grabstätte sagt, sehen wir von diesem Grab nur die Leere, und diese Grabesabwesenheit, die das Grabmal ist, beweist die Auferstehung genauso wie den Tod, zeigt die Angst in der Einsamkeit des Todes und die Freude der Vereinigung im Tod, so dass, wer allein das Grab sieht, denselben Fehler begeht wie derjenige, der es nicht sieht. Was Béguin berechtigt, Folgendes anzumerken: »Es ist falsch – wie die Interpretation eines musikalischen Werkes falsch sein kann – die Pascal'schen Worte, welche die Verzweiflung und die Verängstigung ausdrücken, in pathetischem Ton auszusprechen.«

Man kann hinzufügen, dass die *Gedanken*, diese an ein Grab angelehnte Sprache, von Pascal in der Tat nicht so verfasst wurden, wie wir sie seit drei Jahrhunderten lesen, denn er schrieb sie in Hinblick auf ein vollendet angeordnetes Werk, das zu Ende gebracht und wirklich sein würde, ein Werk, das selbst dazu bestimmt war, dem Glauben zu dienen, genauso wie er sich selbst, indem er die *Gedanken* verfasste, einer doppelten Verfehlung schuldig machte: derjenigen, der Kunst zu viel zu schenken, da er ihr einen Großteil seiner Existenz widmete, sowie derjenigen, der Kunst zu wenig zu schenken, da er sie in den Dienst einer der Kunst und der Sprache fremden Wahrheit stellte. Zu viel Kunst, zu wenig Kunst, zu viel Sprache und dennoch eine Sprache, die täuscht und sich selbst täuscht, alles in allem ist es diese Mischung von wahr und falsch, über die sich Valéry so sehr erregte. All das ist wahr. Und indessen gibt es nichts, was weniger wahr wäre. Und hierin zeigt sich selbst am besten, was der Existenz durch das Sprechen zuteil wird. Fürwahr, die Pläne des Schriftstellers Pascal, die Vorhaben des Apologetikers Pascal weisen auf ein vollendetes, seinem Jahrhundert würdiges Meisterwerk, in dem der Eifer der Sprache und der Eifer des Glaubens triumphieren würden, in dem alle zu gewinnen hätten, Boileau, Arnauld, Ludwig XIV. und Gott selbst. Aber gegen diese Absichten arbeitet die dunkle Existenz gemäß ihrer Wahrheit, die das Grab ist, und sie wiegt die Leere, die sie in dieser gesamten Fülle von Sprache sieht, durch ihre eigene Leere, die Annäherung und Gegenwart des Todes ist, auf. So ruiniert sie Stück für Stück das entstehende Werk, und, indem sie es mit ihrer eigenen Zukunft überschwemmt, die eine immer mehr leidende und bedrohte Existenz ist, entzieht sie diesem Buch, das seines Überlebens zu sicher ist, die seinige, und macht daraus eine Anhäufung kleiner Papiere, etwas, das mehr zerstört ist, als dass es verfasst wäre. Nun aber findet auch die Sprache ihre Wahrheit wieder, die das undurchdringliche Genie des Todes ist – und sie hört auf es, folgt ihm, bis dahin, wo die Beredtheit nicht mehr Beredtheit, sondern absolute Verzweiflung ist und wo der sprachlose Schrecken fortfährt, Schrecken noch bis ins sicherste und bewunderungswürdigste Sprechen zu sein.

Niemand kann sagen, dass der Tod, der die *Apologie* in die *Gedanken* umwandelt, ein bloßer Unfall wäre, der mit dem Text, so wie er hervorgebracht wurde, nichts zu tun hätte. Ganz augenscheinlich zeigt sich das Gegenteil. Es ist der lebende Pascal, der das Werk plant und einrichtet, aber es ist der bereits tote Pascal, der es schreibt. Diese Hand, die Valéry an der Arbeit zu sehen glaubt, ist so wenig sichtbar, von der Arbeit so weit entfernt, dass sie tot ist; und die Striche, die sie zieht, sind Zeichen ihres eigenen Verschwindens, der Beweis ihres Inkognito, diese Abwesenheit durch Anwesenheit, in der sich auch das »befremdliche Geheimnis« Gottes manifestieren würde. Und zweifellos sind auch diese Spuren noch zu viel. Ein verabscheuungswürdiger Überrest, auf ewig irreduzibel in Bezug auf eine Wahrheit, die ohne Zeichen und ohne Spur ist (so wie auch diejenigen, die überzeugen wollen und die dafür Weisheit und Zeichen brauchen, nichts sind in den Augen derjenigen, die zu bekehren beabsichtigen und weder Weisheit noch Zeichen besitzen, sondern einzig den Wahnsinn und das Kreuz). Diese Verfehlung ist aber in die Sprache eingeschrieben, und allein der Versuch, selbst der vergebliche, sie zu übersteigen, rechtfertigt noch die Sprache. Hierin ist Pascal schuldiger und zugleich weit mehr gerechtfertigt als irgendjemand sonst. Auch auf ihn selbst könnte man die Worte Jesajas anwenden, mit denen er die Verfluchung und die Größe des jüdischen Volkes entschlüsselte: »Ein Buch wurde jemandem gegeben, der zu lesen weiß, und er sagte: Ich vermag nicht zu lesen.« In jedem Buch, das von jemandem, der würdig zu schreiben und würdig zu lesen ist, geschrieben und gelesen wurde, gibt es dieses sich am Grunde der Sprache befindende »Ich vermag nicht zu lesen« – das *Non possum legere*, doch je mehr das Buch, das ihm entstammt, würdig ist, gelesen und geschrieben zu werden, desto mehr verdreht sich dieser Ruhm in seine Wirrnis, wird seine Lüge, die sowohl diesen Ruhm als auch dieses Buch in nichts verwandelt.

Die Literatur und das Recht auf den Tod

Sicher kann man schreiben, ohne sich zu fragen, warum man schreibt. Hat ein Schriftsteller, der sieht, wie seine Feder die Buchstaben zeichnet, überhaupt das Recht, sie zu unterbrechen, um ihr zu sagen: Halt inne! Was weißt du über dich selbst? In Hinblick worauf bewegst du dich voran? Warum siehst du nicht, dass deine Tinte keine Spuren hinterlässt, dass du dich frei zwar nach vorne bewegst, im Leeren jedoch, dass, wenn du keinen Hindernissen begegnest, es daran liegt, dass du deinen Ausgangspunkt niemals verlassen hast? Und dennoch schreibst du: schreibst ohne Unterlass, legst mir dar, was ich dir diktiere, enthüllst mir, was ich weiß; die Anderen, indem sie dich lesen, bereichern dich um das, was sie dir nehmen, und geben dir, was du sie lehrst. Du hast nun das gemacht, was du nicht gemacht hast; was du nicht geschrieben hast, ist geschrieben: Du bist zum Unauslöschlichen verdammt.

Nehmen wir an, dass die Literatur in dem Moment beginnt, wo die Literatur eine Frage wird. Diese Frage ist nicht mit den Zweifeln und Skrupeln des Schriftstellers zu verwechseln. Wenn es ihm widerfährt, sich im Laufe des Schreibens in Frage zu stellen, dann geht es allein ihn etwas an; ob er von dem, was er schreibt, absorbiert ist oder der Möglichkeit des Schreibens gegenüber gleichgültig, ob er gar an nichts dabei denkt – das ist sein Recht, ist sein Glück. Dies aber bleibt: Ist die Seite einmal geschrieben, dann ist auf dieser Seite die Frage gegenwärtig, die den Schriftsteller, während er schrieb, vielleicht ohne dass er es wusste, nicht zu befragen abließ; und jetzt, im Innern des Werkes, das nun auf einen Leser, der sich ihm annähert, wartet – irgendeinen Leser, tiefsinnig oder leichtfertig –, ruht still dieselbe Frage, jene, die die Literatur gewordene Sprache im Rücken des schreibenden und lesenden Menschen an die Sprache richtet.

Man kann diese Sorge, die die Literatur für sich selbst hegt, als Selbstgefälligkeit verurteilen. Diese Selbstbekümmerung hat gut reden vom Nichts der Literatur, von ihrer geringen Ernsthaftigkeit, ihrer Unaufrichtigkeit; genau da liegt das Exzessive, das man ihr vorwirft. Sie nimmt sich wichtig, indem sie sich zum Gegenstand des Zweifels macht. Sie bestätigt sich, indem sie sich abwertet. Denn vielleicht gehört sie zu jenen Dingen, die wert sind, dass man sie findet, aber nicht, dass man sie sucht.

Vielleicht hat die Literatur nicht das Recht, sich für illegitim zu halten. Jedoch betrifft die Frage, die in ihr liegt, eigentlich nicht ihren Wert oder ihr Recht. Wenn es so schwer ist, den Sinn dieser Frage zu entdecken, dann liegt das daran, dass sie dazu neigt, sich in ein Verfahren der Kunst, ein Verfahren ihrer Möglichkeiten und Zwecke zu verwandeln. Die Literatur errichtet sich auf ihrem Zusammenbruch: Für uns ist dieses Paradox ein Gemeinplatz. Aber man müsste noch erforschen, ob diese Infragestellung der Kunst, die seit dreißig Jahren den vornehmsten Teil der Kunst selbst ausmacht, nicht das Gleiten, die Verschiebung einer Kraft voraussetzt, die im Geheimen der Werke arbeitet und der es widerstrebt, an den Tag zu treten, eine Arbeit, die sich grundlegend von jeder Abwertung der literarischen Aktivität oder der literarischen Sache unterscheidet.

Halten wir fest, dass die Literatur, als Negation ihrer selbst, niemals nur die bloße Anprangerung der Kunst oder des Künstlers als Mystifizierung oder Täuschung bedeutete. Ja, ohne Zweifel: Die Literatur ist illegitim, an ihrem Grunde liegt etwas Betrügerisches. Mehr noch, einige haben offengelegt: Die Literatur ist nicht nur illegitim, sondern nichtig, und diese Nichtigkeit stellt vielleicht eine außergewöhnliche, wundersame Kraft dar, unter der Bedingung, dass sie im Reinzustand hervortritt. Um dies zu erreichen, müsste man Sorge dafür tragen, dass die Literatur die Bloßlegung dieses leeren Inneren realisieren würde, ihre eigene Unwirklichkeit, und dies war eine der Aufgaben, die sich der Surrealismus gestellt hatte, so sehr, dass es richtig ist, in ihm eine mächtige Negationsbewegung zu erkennen, so sehr aber auch, dass es nicht weniger wahr ist, ihm die größtmögliche schöpferische Ambition zu unterstellen, denn dadurch, dass die Literatur für einen Augenblick mit dem Nichts in eins fällt und unmittelbar alles ist, beginnt das Ganze zu existieren: großartiges Wunder.

Es geht nicht darum, die Literatur herabzusetzen, sondern darum, zu versuchen, sie zu verstehen und zu sehen, dass man sie nur versteht, indem man sie abwertet. Mit Überraschung hat man festgestellt, dass die Frage: »Was ist Literatur?« stets nur unbedeutende Antworten hervorgebracht hat. Und es gibt etwas noch Befremdlicheres: In der Form einer solchen Frage erscheint etwas, das ihr jedwede Ernsthaftigkeit entzieht. Was ist Dichtung? Was ist Kunst? Oder sogar: Was ist der Roman? Man kann diese Fragen stellen, man hat es getan. Aber die Literatur, die Gedicht oder Roman ist, scheint das Element der Leere zu sein, das in all diesen gewichtigen Dingen gegenwärtig ist und über das sich die Reflexion, mit ihrer eigenen Gewichtigkeit, nur beugen kann, indem sie ihre Ernsthaftigkeit verliert. Wenn die Reflexion, die Eindruck macht, sich der Literatur nähert, dann wird die Literatur eine ätzende Kraft, die in der Lage ist, das zu zerstören, was in ihr und in der Reflexion beeindruckend sein konnte. Wenn aber die Reflexion sich entfernt, wird die Literatur wieder zu etwas Beeindruckendem, Wesentlichem, zu etwas Wichtigerem als die Philosophie, die Religion und das Leben der Welt, das sie zum Glühen bringt. Kommt aber die Reflexion, über diese Herrschaft in Erstaunen versetzt, zu dieser Mächtigkeit zurück und fragt sie, was sie sei, dann kann sie, alsbald von einem korrosiven, flüchtigen Element durchdrungen, eine Sache, die so voll eitler Nichtigkeit ist, die so unbestimmbar und so unrein ist, nur verachten und sich in dieser Verachtung und dieser Flüchtigkeit nur selbst aushöhlen, wie es die Geschichte des Herrn Teste so gut gezeigt hat.

Man täuschte sich, wenn man die mächtigen zeitgenössischen Negationsbewegungen für die flüchtige und verflüchtigende Kraft, zu der die Literatur geworden zu sein scheint, verantwortlich machen würde. Vor ungefähr einhundertfünfzig Jahren gab es einen Menschen, der von der Kunst die höchste Vorstellung hatte, die man sich davon bilden kann – da er sah, wie die Kunst Religion und die Religion Kunst werden kann –, dieser Mensch (mit Namen Hegel) hat all die Bewegungen beschrieben, durch die derjenige, der sich entschieden hat, Literat zu werden, dazu verurteilt ist, dem »geistigen Tierreich« anzugehören.[1] *Hegel sagt ungefähr, dass das Individuum, das schreiben will, vom ersten Schritt an durch einen Widerspruch aufgehalten wird: Um zu schreiben, braucht es das Talent zu schreiben. An sich selbst jedoch sind die Talente nichts. Sofern er sich nicht an seinen*

---

1 Hegel betrachtet in diesem Zusammenhang das menschliche Werk im Allgemeinen. Es versteht sich, dass die folgenden Bemerkungen dem Text der Phänomenologie des Geistes *sehr fern bleiben und dass sie nicht versuchen, ihn zu erklären. Man kann ihn in der Übersetzung der* Phänomenologie *lesen, die Jean Hyppolite veröffentlicht hat und ihm in dessen wichtigem Buch,* Genese und Struktur von Hegels Phänomenologie des Geistes, *folgen.*

Tisch gesetzt hat, hat er kein Werk verfasst, ist der Schriftsteller kein Schriftsteller, und er weiß nicht, ob er die Fähigkeiten dazu besitzt, es zu werden. Talent hat er nur, nachdem er geschrieben hat, aber um zu schreiben braucht er es.

Diese Schwierigkeit erhellt von Anfang an die Anomalie, die das Wesen der literarischen Tätigkeit bildet, und die der Schriftsteller überwinden muss und nicht überwinden darf. Der Schriftsteller ist kein idealistischer Träumer, er betrachtet sich nicht im Innern seiner schönen Seele, er versenkt sich nicht in die innere Gewissheit seiner Talente. Er setzt seine Talente ins Werk, das heißt, er braucht das Werk, das er hervorbringt, um sich ihrer und seiner selbst bewusst zu sein. Er existiert nur ausgehend vom Werk, wie aber kann dann das Werk existieren? »Das Individuum«, sagt Hegel, »kann nicht wissen, was es ist, ehe es sich durch das Tun zur Wirklichkeit gebracht hat. – Es scheint aber hiermit den Zweck seines Tuns nicht bestimmen zu können, ehe es getan hat; aber zugleich muss es, indem es Bewusstsein ist, die Handlung vorher als die ganz seinige, d.h. als Zweck vor sich haben.« Dies gilt nun aber für jedes neue Werk, da es ganz und gar Wiederbeginn ausgehend von Nichts ist. Und es gilt auch noch, wenn er das Werk Stück für Stück verwirklicht: Wenn er seine Arbeit nicht vor sich hat als ein fertig gebildetes Projekt, wie kann er es sich dann als bewusstes Ziel seiner bewussten Handlungen vornehmen? Wenn aber das Werk in seinem Geist schon gänzlich gegenwärtig ist und wenn diese Gegenwart das Wesentliche des Werkes ist (die Worte gelten hier als unwesentlich), warum geht er darüber hinaus und verwirklicht es? Es ist entweder, als inneres Projekt, alles, was es je sein wird, und der Schriftsteller weiß von diesem Moment an alles, was er davon erfahren kann, er lässt es also in dieser Dämmerung, ohne es in Worte zu übersetzen, ohne es zu schreiben – aber dann wird er nicht schreiben, wird nicht Schriftsteller sein. Oder aber, Bewusstsein davon erlangend, dass das Werk nicht entworfen, sondern nur verwirklicht werden kann, dass es Wert, Wahrheit und Wirklichkeit nur durch die Wörter besitzt, die es in Zeit ausbreiten und es in den Raum einschreiben, macht er sich daran zu schreiben, ausgehend allerdings von nichts und in Hinblick auf nichts – und, einem Ausdruck Hegels folgend, wie ein Nichts in das Nichts hineinarbeitend.

Tatsächlich könnte dieses Problem niemals überwunden werden, wenn der Mensch, der schreibt, von seiner Lösung erwartete, das Recht zu schreiben zu erlangen. »Ebendarum aber«, bemerkt Hegel, »hat es [scil. das Bewusstsein] unmittelbar *anzufangen und, unter welchen Umständen es sei, ohne weiteres Bedenken um* Anfang, Mitte und Ende *zur Tätigkeit zu schreiten.*« So sprengt er den Zirkel, da die Umstände, unter welchen er das Schreiben beginnt, in seinen Augen zum Selben werden wie sein Talent, und das Interesse, das er an ihnen hat, die Bewegung, die ihn nach vorne treibt, zwingen ihn dazu, sie als die seinen anzuerkennen, darin sein eigenes Ziel zu sehen. Valéry hat uns oft daran erinnert, dass seine besten Werke aus einer zufälligen Aufforderung und nicht aus einem inneren Anspruch entstanden seien. Was aber fand er daran bemerkenswert? Wenn er von sich aus angesetzt hätte, Eupalinos zu schreiben, aus welchen Gründen hätte er es getan? Weil er in seiner Hand das Fragment einer Muschel gehalten hatte? Oder weil er, ein Nachschlagewerk zur Hand nehmend, eines Morgens den Namen des Eupalinos in der Großen Enzyklopädie fand? Oder weil er die Dialogform ausprobieren wollte und durch Zufall ein Papier besaß, das sich dafür eignete? Man kann annehmen, dass am Beginn auch des größten Werkes die belanglosesten Umstände herrschen; die Belanglosigkeit kompromittiert überhaupt nichts: Die Bewegung, durch die der Autor einen entscheidenden Umstand aus ihr macht, genügt, um sie seinem Genie und seinem Werk einzuverleiben. In diesem Sinne ist die Veröffentlichung von Architectures, die Eupalinos bei ihm angefragt hatte, genau die Form, in der Valéry ursprünglich das Talent besaß, um es schreiben zu können: Diese Anfrage war der Beginn dieses Talents, war dieses Talent selbst, aber man muss hinzufügen, dass die Anfrage nur eine wirkliche Form angenommen hat, nur wahrhaft ein Projekt geworden ist durch die Existenz, durch das Talent Valérys, seine Gespräche in der Welt und das Interesse, das er bereits für ein derartiges Thema gezeigt hatte. Jedes Werk ist das Werk seiner Umstände: Das heißt einfach nur, dass das Werk einen Anfang hatte, dass es in der Zeit begonnen hat und dass dieses Zeitmoment Teil des Werkes ist, denn ohne dieses wäre es nichts als ein unüberwindbares Problem gewesen, nichts weiter als die Unmöglichkeit zu schreiben.

Gesetzt, dass das Werk geschrieben ist: Mit ihm wird der Schriftsteller geboren. Davor gab es niemanden, um es zu schreiben; ausgehend vom Buch existiert ein Autor, der mit seinem Buch eins wird. Wenn Kafka zufällig den Satz schreibt: »Er schaute aus dem Fenster«, *befindet er sich, sagt er, in einer Art Inspiration, dergestalt, dass dieser Satz bereits perfekt ist. Denn er ist sein Autor – oder, genauer gesagt, dank dieses Satzes ist er Autor: Von ihm bezieht er seine Existenz, er hat ihn gemacht und er macht ihn, der Satz ist der Autor selbst und der Autor ist ganz und gar, was der Satz ist. Von daher seine Freude, unvermischte, unverfälschte Freude. Was immer er schreiben könnte,* »*der Satz ist bereits perfekt.*« *Dies ist die tiefe und befremdliche Gewissheit, von der aus sich die Kunst ein Ziel setzt. Was geschrieben wurde, ist weder gut noch schlecht geschrieben, weder bedeutsam noch überflüssig, weder denkwürdig noch wert, vergessen zu werden: Es ist die perfekte Bewegung, durch die das, was innen nichts war, in die monumentale Wirklichkeit des Außen als etwas notwendigerweise Wahres gelangte, als eine notwendigerweise treue Übersetzung, da das, was sie übersetzt, nur durch sie und in ihr existiert. Man kann sagen, dass diese Gewissheit gleichsam das innere Paradies des Schriftstellers ist und dass die* écriture automatique *nur ein Mittel war, um dieses goldene Zeitalter wirklich zu machen, welches Hegel das reine Glück nannte, das darin besteht, von der Nacht der Möglichkeit in den Tag der Gegenwart überzugehen, oder, noch anders gesagt, die Gewissheit, dass das, was im Licht erscheint, nichts anderes ist als das, was in der Nacht schlief. Was aber folgt daraus? Von dem Schriftsteller, der sich ganz in dem Satz* »*Er schaute aus dem Fenster*« *sammelt und sich darin verschließt, kann man, so scheint es, keine Rechtfertigung für diesen Satz verlangen, denn für ihn existiert nichts als dieser Satz. Jedoch existiert zumindest dieser Satz, und wenn er so sehr existiert, dass er denjenigen, der ihn geschrieben hat, zu einem Schriftsteller macht, dann deshalb, weil er nicht allein sein Satz ist, sondern auch der Satz anderer Menschen, die fähig sind, ihn zu lesen, ein allgemeingültiger Satz.*

Hier beginnt eine Erfahrung, die sehr beunruhigend ist. Der Autor sieht, dass sich andere für sein Werk interessieren, aber das Interesse, das sie daran haben, ist ein anderes als dasjenige, das darin lag, den Autor selbst rein ins Werk zu übersetzen, und dieses das Werk ändernde Interesse verwandelt es in etwas anderes, worin er die erste Perfektion nicht wiedererkennen kann. Für ihn ist das Werk verschwunden, es wird das Werk der anderen, das Werk, in dem diese sind und in dem er nicht ist, ein Buch, das seinen Wert von anderen Büchern hernimmt, das originell dann ist, wenn es ihnen nicht ähnelt, das verstanden wird, weil es einen Widerschein von ihnen abgibt. Nun kann der Schriftsteller diese neue Stufe nicht außer Acht lassen. Wie wir gesehen haben, existiert er nur in seinem Werk, aber das Werk existiert nur, wenn es diese öffentliche, fremde Wirklichkeit geworden ist, die durch den Rückprall der Wirklichkeiten gebildet wird und wieder zerfällt. Dieser Moment der Erfahrung ist besonders kritisch. Die unterschiedlichsten Deutungen treten auf den Plan, um ihn zu überwinden. So will der Schriftsteller z.B. die Perfektion des geschriebenen Dings bewahren, indem er es so weit wie möglich vom äußeren Leben entfernt hält. Das Werk ist das, was er gemacht hat, es ist nicht das gekaufte, gelesene, abgewetzte Buch, von der Stimme der Welt gepriesen oder vernichtet. Wo aber beginnt dann das Werk, wo endet es? Zu welchem Zeitpunkt existiert es? Warum es veröffentlichen? Warum es nach draußen bringen, wenn es darum geht, in ihm die Pracht des reinen Ich zu bewahren, warum es in Worten, die allen gehören, verwirklichen? Warum sich nicht in eine abgeschlossene und geheime Innerlichkeit zurückziehen, ohne etwas anderes hervorzubringen als ein leeres Objekt und ein sterbendes Echo? Gemäß einer anderen Lösung akzeptiert es der Schriftsteller, sich selbst zum Verschwinden zu bringen: Im Werk zählt einzig derjenige, der es liest. Der Leser macht das Werk; es lesend schöpft er es; er ist sein wahrhafter Autor, er ist das Bewusstsein und die lebendige Substanz des geschriebenen Dings; und der Autor hat auch selbst kein weiteres Ziel mehr, als für diesen Leser zu schreiben und mit ihm eins zu werden. Ein hoffnngsloses Unterfangen. Denn der Leser will von einem Werk, das für ihn geschrieben ist, nichts wissen, er will eben ein fremdes Werk, in dem er etwas Unbekanntes entdeckt, eine Wirklichkeit, die anders ist, einen getrennten Geist, den er ins Selbst verwandeln kann. In Wahrheit schreibt der Autor, der für eine Öffentlichkeit schreibt, eben nicht: Es ist diese Öffentlichkeit, die schreibt, und aus diesem Grund kann diese Öffentlichkeit nicht mehr Leser sein; die Lektüre besteht nur dem Schein nach, in Wirklichkeit ist sie gar nichts. Daraus ergibt sich die Bedeutungslosigkeit derjenigen Werke, die verfasst worden sind, um gelesen zu werden, niemand liest sie. Von daher ergibt sich die Gefahr, für die anderen zu schreiben, um die Rede der anderen zu erwecken und sie sich selbst entdecken zu lassen: Denn die anderen wollen nicht ihre eigene Stimme hören, sondern die Stimme eines anderen, eine wirkliche, tiefe Stimme, störend wie die Wahrheit.

Der Schriftsteller kann sich nicht in sich zurückziehen, oder er muss dem Schreiben entsagen. Er kann, indem er schreibt, die reine Nacht seiner eigenen Möglichkeiten nicht opfern, denn das Werk ist nur dann lebendig, wenn diese Nacht – und keine andere – zum Tag wird, wenn das, was es an Einzigartigem besitzt, was es von dem der offenbar gewordenen Existenz Fernliegenden aufweist, in der gemeinsamen Existenz offenbar wird. Der Schriftsteller kann allerdings versuchen, sich zu rechtfertigen, indem er sich die Aufgabe des Schreibens gibt: den schlichten Vorgang des Schreibens, seiner selbst bewusst geworden, unabhängig von seinen Ergebnissen. Für Valéry lag darin, man erinnert sich, das Mittel zur Rettung. Nehmen wir es an. Nehmen wir an, dass der Schriftsteller sich für die Kunst als reine Technik interessiert, für die Technik einzig als die Suche nach den Mitteln, durch die das, was bis dahin nicht geschrieben war, geschrieben wird. Wenn die Erfahrung aber wahr sein will, dann kann sie den Vorgang nicht von seinen Ergebnissen trennen, und die Ergebnisse sind niemals stabil oder endgültig, sondern unendlich variiert und mit einer ungreifbaren Zukunft verzahnt. Der Schriftsteller, der vorgibt, sich nur für die Art und Weise, wie das Werk gemacht wird, zu interessieren, sieht, wie sein Interesse in der Welt versinkt, wie es sich in der Gesamtheit der Geschichte verliert; denn das Werk wird auch außerhalb seiner gemacht, und die gesamte Strenge, die er in das Bewusstsein seiner wohlüberlegten Vorgehensweisen, seine reflektierte Rhetorik gelegt hatte, wird bald im Spiel einer lebendigen Kontingenz absorbiert, die er nicht beherrschen, ja nicht einmal beobachten kann. Sein Bewusstsein ist indes nicht nichts: Schreibend hat er die Erfahrung seiner selbst als eines arbeitenden Nichts gemacht und, nachdem er geschrieben hat, macht er die Erfahrung seines Werkes als etwas, das verschwindet. Das Werk verschwindet, aber die Tatsache des Verschwindens bleibt, erscheint als das Wesentliche, als die Bewegung, die dem Werk erlaubt, sich zu verwirklichen, indem es in den Lauf der Geschichte eingeht, diesem erlaubt, sich zu verwirklichen, indem es verschwindet. In dieser Erfahrung ist das Ziel, das dem Schriftsteller eigen ist, nicht mehr das ephemere Werk, sondern jenseits des Werkes die Wahrheit dieses Werkes, in der sich das schreibende Individuum, Macht der schöpferischen Negation, und das Werk in seiner Bewegung, mit der sich diese verneinende und aufhebende Macht behauptet, zu vereinen scheinen.

Dieser neue Begriff, den Hegel als die Sache selbst *bezeichnet, spielt eine große Rolle in der literarischen Unternehmung. Es ist nicht wichtig, dass er die unterschiedlichsten Bedeutungen annimmt: die Kunst, die über dem Werk steht, das Ideal, das diese darzustellen sucht, die Welt, deren Umrisse sich darin abzeichnen, die Werte, die in der Anstrengung der Schöpfung auf dem Spiel stehen, die Authentizität dieser Anstrengung; es handelt sich immer um etwas, das über das Werk hinaus, welches stets dabei ist, sich in die Dinge aufzulösen, das Modell, das Wesen und die geistige Wahrheit dieses Werkes auf diejenige Weise bewahrt, in der die Freiheit des Schriftstellers sie erscheinen lassen wollte und in der er sie als die seinige anerkennen konnte. Das Ziel liegt nicht in dem, was der Schriftsteller macht, sondern in der Wahrheit dessen, was er macht. Darin verdient er, ein ehrliches, interesseloses Gewissen genannt zu werden:* l'honnête homme. *Doch Vorsicht: Sowie in der Literatur Ehrlichkeit ins Spiel kommt, ist schon die Täuschung da. Die Unaufrichtigkeit ist hier Wahrheit, und je größer der Anspruch auf Moralität und Ernsthaftigkeit ist, desto sicherer wird er von Mystifizierung und Täuschung überwogen. Sicher, die Literatur ist die Welt der Werte, denn unerlässlich erhebt sich über die Mittelmäßigkeit der Werke, die geschaffen wurden, als deren Wahrheit das, was diesen Werken fehlt. Was aber folgt daraus? Ein unentwegtes Ködern, ein außergewöhnliches Versteckspiel, wo unter dem Vorwand, dass, was er beabsichtigt, nicht das ephemere Werk sei, sondern der Geist dieses Werkes und jeden Werkes, sich der Schriftsteller bei dem, was immer er macht und was immer er nicht hat tun können, bequemt und sein aufrechtes Bewusstsein Lehre und Ruhm daraus zieht. Ein unentwegtes Ködern, ein außergewöhnliches Versteckspiel, wo unter dem Vorwand, dass das, was der Schriftsteller beabsichtigt, nicht das vergängliche Werk sei, sondern der Geist dieses Werks und jedes Werks, und sich der Schriftsteller mit dem bequemt, was immer er auch tut und was immer er nicht hat tun können, und sein aufrechtes Bewusstsein Lehre und Ruhm daraus zieht. Hören wir diesem ehrlichen Bewusstsein zu; wir kennen es, es wacht in jedem von uns. Wenn die Arbeit gescheitert ist, leidet es nicht darunter: Jetzt sagt es sich sogar, dass es zur Gänze erfüllt ist, denn das Scheitern ist sein Wesen, sein Verschwinden macht, dass es sich verwirklicht, und es ist glücklich darüber, der Nichterfolg erfüllt es.*

Wenn das Buch aber nicht einmal geboren wird, wenn es ein reines Nichts bleibt? Na, das ist ja noch besser! Im Schweigen, im Nichts, da liegt doch das Wesen der Literatur, »die Sache selbst«! Es stimmt, dass der Schriftsteller dem Sinn, den das Werk für ihn allein hat, gern den allergrößten Wert beimisst. Es ist also nicht so wichtig, ob es gut oder schlecht ist, berühmt oder vergessen. Er würde sich beglückwünschen, wenn die Umstände es liederlich behandelten, er hat es ja nur geschrieben, um die Umstände zu vernachlässigen. Aber wenn die Ereignisse aus einem Buch, das dem Zufall geschuldet ist, das in einem Moment der Hemmungslosigkeit und des Überdrusses hervorgebracht wurde, das ohne Wert oder Bedeutung ist, plötzlich ein Meisterwerk machen – welcher Autor würde sich im Grunde seines Herzens den Ruhm nicht zurechnen, in diesem Ruhm nicht seinen Verdienst sehen, in dieser Gabe des Glücks nicht das Ergebnis seines Schaffens selbst, die Arbeit seines Geistes in wundersamem Einklang mit seiner Zeit?

Der Schriftsteller führt zuerst sich selbst hinters Licht, und er täuscht sich im selben Moment, in dem er die anderen täuscht. Hören wir ihm noch weiter zu: Jetzt behauptet er, dass seine Funktion darin liegt, für seinen Nebenmenschen zu schreiben, dass beim Schreiben seine Absicht einzig auf das Interesse des Lesers gerichtet sei. Er behauptet es und er glaubt daran. Aber so ist es gerade nicht. Denn wenn er nicht zunächst auf das achten würde, was er macht, wenn er sich nicht für die Literatur als seine eigene Vorgehensweise interessieren würde, könnte er gar nicht schreiben: Nicht er wäre es, der schriebe, sondern niemand. Vergeblich hat er deshalb als Garantie die Ernsthaftigkeit eines Ideals herbeigezogen, vergeblich hat er sich auf feste Werte berufen, diese Ernsthaftigkeit ist nicht die seine, und niemals kann er sich dort auf Dauer einrichten, wo er zu sein glaubt. Zum Beispiel: Er schreibt Romane, diese Romane enthalten bestimmte politische Implikationen, so dass es scheint, er sei Parteigänger einer politischen Sache. Die anderen, die auf direkte Weise Parteigänger dieser Sache sind, werden nun versucht sein, in ihm einen der ihren zu erkennen, in seinem Werk den Beweis dafür zu sehen, dass die Sache auch wirklich seine Sache ist, sobald sie sie aber für sich reklamieren, sobald sie sich für sie engagieren und sie sich zuschreiben, konstatieren sie, dass der Schriftsteller nicht von der Partie ist, dass die Partie nur mit ihm selbst gespielt wird, dass das, was ihn an der Sache interessiert, seine eigene Vorgehensweise ist – und da sind sie an der Nase herumgeführt. Man versteht das Misstrauen, das den in einer Partei engagierten Menschen, denjenigen, die Partei ergreifen, von den Schriftstellern, die ihre Ansicht teilen, eingeflößt wird; denn diese haben auch Partei für die Literatur ergriffen, und die Literatur negiert durch ihre Bewegung am Ende die Substanz dessen, was sie repräsentiert. Das ist ihr Gesetz und ihre Wahrheit. Wenn sie das aufgibt, um sich beständig an eine äußere Wahrheit zu binden, dann hört sie auf, Literatur zu sein, und der Schriftsteller, der dann immer noch behauptet, ein solcher zu sein, begibt sich in einen weiteren Bereich der Unaufrichtigkeit. Muss man also damit aufhören, sich für irgendetwas zu interessieren, muss man sich der Wand zuwenden? Wenn man das tut, ist die Zweideutigkeit nicht geringer. Denn sich der Wand zuzuwenden bedeutet auch, sich der Welt zuzuwenden, bedeutet, aus der Wand eine Welt zu machen. Wenn ein Schriftsteller in der reinen Innerlichkeit eines Werks versinkt, das nur ihn selbst interessiert, dann kann es den anderen so scheinen – den anderen Schriftstellern und den Menschen, die einer anderen Tätigkeit nachgehen –, dass sie zumindest bei ihrer eigenen Sache und ihrer eigenen Arbeit in Ruhe gelassen werden. Aber dem ist nicht so. Das von einem Einsamen geschaffene und in der Einsamkeit eingeschlossene Werk trägt in sich eine die ganze Welt betreffende Ansicht sowie ein implizites Urteil über die anderen Werke und über die Probleme der Zeit, womit es sich zum Komplizen dessen macht, was es vernachlässigt, zum Feind dessen, was es beiseite lässt, und unehrlicherweise verwandelt es die eigene Gleichgültigkeit in die Leidenschaft aller.

Frappierend ist, dass in der Literatur die Täuschung und der Betrug nicht nur unvermeidlich sind, sondern die Ehrlichkeit des Schriftstellers ausmachen, den Anteil von Hoffnung und Wahrheit, den er in sich trägt. Man spricht heutzutage oft von der Krankheit der Wörter, man erregt sich sogar über diejenigen, die über diese sprechen, man verdächtigt sie, die Worte krank zu machen, um davon sprechen zu können. Das ist möglich. Das Dumme ist nur, dass in dieser Krankheit auch die Gesundheit der Wörter liegt. Die Zweideutigkeit zerreißt sie? Glückliche Zweideutigkeit, ohne die es keinen Dialog gäbe. Das Missverständnis verfälscht sie? Aber dieses Missverständnis ist die Möglichkeit unseres Verständnisses. Die Leere dringt in sie ein? Die Leere ist ihr Sinn selbst. Natürlich kann ein Schriftsteller sich jederzeit zum Ideal nehmen, das Kind beim Namen zu nennen und eine

Katze eine Katze. Was er aber niemals erlangen kann, das ist zu glauben, sich damit auf dem Wege der Genesung und der Wahrhaftigkeit zu befinden. Mehr als je zuvor betrügt er, und wer es behauptet, hat nichts anderes im Blick als diese scheinheilige Gewalt: Rolet ist ein Betrüger.

Der Betrug hat mehrere Ursachen. Die erste haben wir gerade gesehen: Die Literatur besteht aus verschiedenen Momenten, die voneinander unterschieden und einander entgegengesetzt sind. Die Aufrichtigkeit, die analytisch ist, da sie klar sehen will, trennt sie. Vor ihrem Blick erscheinen nacheinander der Autor, das Werk, der Leser; nacheinander die Kunst des Schreibens, die geschriebene Sache, die Wahrheit dieser Sache oder die Sache selbst; nacheinander weiterhin der namenlose Schriftsteller, reine Abwesenheit seiner selbst, bloßer Müßiggang, dann der Schriftsteller, der Arbeit ist, die Bewegung einer Verwirklichung, die dem gegenüber, was sie verwirklicht, gleichgültig ist, sodann der Schriftsteller, der das Ergebnis dieser Arbeit ist und dessen Wert in diesem Ergebnis liegt und nicht in der Arbeit, genauso wirklich, wie die gemachte Sache wirklich ist, sodann der Schriftsteller, der nun nicht mehr durch das Ergebnis affirmiert, sondern negiert wird und der das vergängliche Werk rettet, indem er das Ideal, die Wahrheit des Werkes rettet, usw. Der Schriftsteller ist nicht nur eines dieser Momente unter Ausschluss aller anderen und auch nicht ihre Gesamtheit, die in ihrer gleichgültigen Abfolge gesetzt wird, sondern die Bewegung, die sie versammelt und vereint. Daraus folgt, dass, wenn das redliche Bewusstsein über den Schriftsteller urteilt, indem es ihn in einer dieser Formen still stellt und beispielsweise behauptet, ein Werk zu verurteilen, weil es gescheitert ist, die anderweitige Redlichkeit des Schriftstellers dagegen Einspruch im Namen anderer Momente erhebt, im Namen der Reinheit der Kunst, welche im Scheitern ihren Erfolg sieht – und genauso kann der Schriftsteller nicht anders, als jedes Mal, wenn er unter einem seiner Aspekte in Frage gestellt wird, sich stets anders zu erkennen, und wenn er die Anrufung erfährt, Autor eines schönen Werkes zu sein, dieses Werk zu verwerfen, und wenn er für Inspiration und Genie bewundert wird, in sich nur Übung und Arbeit sehen, und wenn er von allen gelesen wird, sich zu sagen: Wer vermag mich zu lesen? Ich habe nichts geschrieben. Dieses Gleiten macht aus dem Schriftsteller einen unentwegt Abwesenden und einen Unverantwortlichen ohne Gewissen, aber dieses Gleiten hat auch die Ausdehnung seiner Anwesenheit, seiner Wagnisse und seiner Verantwortung zur Folge.

Die Schwierigkeit liegt nicht nur darin, dass der Schriftsteller viele in einem ist, sondern dass jeder seiner Momente alle anderen negiert, alles für sich allein fordert und weder Ausgleich noch Kompromiss verträgt. Der Schriftsteller muss verschiedenen absoluten und absolut unterschiedlichen Befehlen gehorchen, und seine Moral wird durch die Begegnung und den Gegensatz einander unerbittlich feindseliger Regeln gebildet.

Die eine sagt ihm: Du wirst nicht schreiben, nichts wirst du bleiben, du wirst Schweigen bewahren, du wirst die Wörter nicht kennen.

Die andere: Kenne nichts als die Wörter.

– Schreib, um nichts zu sagen.

– Schreib, um etwas zu sagen.

– Kein Werk, sondern die Erfahrung deiner selbst, die Erkenntnis dessen, was dir unbekannt ist.

– Ein Werk! Ein wirkliches Werk, von den anderen anerkannt und wichtig für die anderen.

– Streiche den Leser.

– Streiche dich selbst vor dem Leser aus.

– Schreib, um wahr zu sein.

– Schreib für die Wahrheit.

– Dann aber sei eine Lüge, denn schreiben in Hinblick auf die Wahrheit heißt, das zu schreiben, was noch nicht wahr ist und es vielleicht niemals sein wird.

– Was kümmert's, schreib, um zu handeln.

– Du schreibe, du, der Angst hat zu handeln.

– Lass in dir die Freiheit sprechen.

– Oh! in dir lass die Freiheit nicht zum Wort werden.

Welchem Gesetz folgen? Welcher Stimme Gehör schenken? Aber er muss doch allen folgen! Welch Verwirrung; ist Klarheit denn nicht sein Gesetz? Doch, auch die Klarheit. Er muss sich also sich selbst entgegensetzen, sich verneinen, indem er sich bejaht, in der Leichtigkeit des Tages die Tiefe der Nacht finden, in den Nebeln, die nirgends beginnen, das sichere Licht, das nicht aufhören kann. Er muss die Welt retten und der Abgrund sein, die Existenz rechtfertigen und dem das Wort geben, was nicht existiert; er muss am Ende der Zeiten sein, in der universellen Fülle, und er ist der Ursprung, die Geburt, das, was nichts tut, außer geboren zu werden. Ist er all das? Die Literatur ist all das in ihm. Aber ist es nicht eher das, was sie sein möchte, was sie in Wirklichkeit nicht ist? So ist sie also nichts. Ist sie aber nichts?

Die Literatur ist nicht nichts. Diejenigen, die sie verachten, haben Unrecht, wenn sie glauben, sie verdammen zu können, weil sie sie für nichts halten. »All das ist nichts als Literatur.« Auf diese Weise setzt man das Handeln, als einen konkreten Eingriff in die Welt verstanden, und das geschriebene Wort, das eine passive Erscheinung an der Oberfläche der Welt wäre, einander entgegen, und diejenigen, die sich auf der Seite der Handlung befinden, verwerfen die nicht handelnde Literatur, und diejenigen, die nach der Leidenschaft streben, erklären sich zu Schriftstellern, um nicht zu handeln. So hasst und so liebt man im Übermaß. Wenn man in der Arbeit die Macht der Geschichte sieht, die Macht, die den Menschen verwandelt, indem sie die Welt verwandelt, dann kann man nicht umhin, in der Tätigkeit des Schriftstellers die Form der Arbeit par excellence *zu erkennen. Was macht der arbeitende Mensch? Er produziert ein Objekt. Dieses Objekt ist die Verwirklichung eines bis dahin irrealen Projektes; es ist die Behauptung einer anderen Wirklichkeit der Elemente, die es bilden, und die Zukunft neuer Objekte, insofern es ein Instrument wird, das fähig ist, weitere Objekte zu erzeugen. So habe ich z.B. die Absicht, mich aufzuwärmen. Solange diese Absicht nichts als ein Wunsch ist, kann ich sie drehen und wenden, wie ich will, sie wird mich nicht aufwärmen. Nun aber konstruiere ich einen Ofen: Der Ofen verwandelt das leere Ideal, das mein Wunsch war, in eine Wahrheit; er behauptet die Anwesenheit in der Welt von etwas, was in ihr nicht war, und er behauptet es, indem er verneint, was zuvor sich dort befand; zuvor waren da Steine und Eisen; jetzt gibt es da weder Stein noch Eisen, sondern das Ergebnis dieser Elemente, verwandelt, d.h. negiert und zerstört durch die Arbeit. Mit diesem Objekt ist die Welt nun verändert. Umso mehr verändert, als dieser Ofen mir nun erlauben wird, andere Objekte zu erzeugen, die ihrerseits den vergangenen Zustand der Welt verneinen und seine Zukunft vorbereiten werden. Diese Objekte, die ich produziert habe, indem ich den Zustand der Dinge veränderte, werden ihrerseits mich verändern. Die Idee der Wärme ist nichts, aber die wirkliche Wärme wird aus meiner Existenz eine andere Existenz machen, und alles, was ich von nun an dank dieser Wärme an Neuem tun kann, wird aus mir wiederum jemand anderen machen. So bildet sich, sagen Hegel und Marx, die Geschichte durch die Arbeit, die das Sein verwirklicht, indem sie es verneint und am Ende der Verneinung aufhebt.*[2]

Was aber macht der schreibende Schriftsteller? Alles, was der arbeitende Mensch auch tut, aber in höchstem Maße. Auch er produziert etwas: das Schriftwerk als Werk einer Arbeit schlechthin, und er produziert es, indem er natürliche und menschliche Wirklichkeiten verändert. Er schreibt ausgehend von einem bestimmten Zustand der Sprache, von einer bestimmten Form der Kultur, von bestimmten Büchern, ausgehend auch von objektiven Elementen, Tinte, Papier, Druckerei. Er muss, um zu schreiben, die Sprache, so wie sie ist, zerstören und sie in einer anderen Form verwirklichen, die Bücher negieren, indem er ein Buch aus dem macht, was sie nicht sind. Dieses neue Buch ist sicherlich eine Wirklichkeit: Man sieht es, berührt es, man kann es sogar lesen. Auf jeden Fall ist es nicht nichts. Vor dem Schreiben hatte ich eine Idee, hatte ich zumindest die Absicht, es zu schreiben, aber zwischen dieser Idee und dem Band, in dem sie sich verwirklicht, finde ich dieselbe Differenz wie zwischen dem Wunsch nach Wärme und dem mich wärmenden Ofen. Der Band, der geschrieben ist, stellt für mich eine außergewöhnliche Neuheit dar, unvorhersehbar und derart, dass es mir, ohne ihn zu schreiben, unmöglich ist, mir vorzustellen, was er sein könnte. Daher erscheint es mir wie ein Experiment, dessen Effekte, wie immer sie auch bewusst hervorgebracht sein mögen, mir entweichen, angesichts derer ich mich nicht als derselbe wiederfinden könnte, und zwar aus folgendem Grund: weil ich in der Gegenwart von etwas anderem anders werde; aber auch aus folgendem, noch entscheidenderen Grund: weil dieses andere Ding – das Buch –, von dem ich nur eine Idee besaß und dessen vorhergehende Erkenntnis mir durch nichts ermöglicht wurde, ich selbst bin, der ein anderer geworden ist.

Das Buch, geschriebenes Ding, tritt ein in die Welt, in der es sein Werk der Veränderung und der Negation verrichtet. Er stellt auch die Zukunft vieler anderer Dinge dar, und nicht nur von Büchern, sondern es ist, durch die Projekte, die daraus entstehen können, der Unterneh-

---

2 *Diese Deutung Hegels findet sich dargelegt von Alexandre Kojève in seiner* Einführung in die Lektüre Hegels.

mungen, die es befördert, die Gesamtheit der Welt, deren veränderter Widerschein es ist, eine unendliche Quelle neuer Wirklichkeiten, von denen ausgehend die Existenz sein wird, was sie nicht war.

Ist das Buch also nichts? Warum kann dann die Handlung, mit der ein Ofen konstruiert wird, als Arbeit gelten, die Geschichte bildet und nach sich zieht, und warum erscheint der Akt des Schreibens als eine reine, am Rande der Geschichte verbleibende Passivität, ein Akt, den die Geschichte ungewollt mit sich führt? Die Frage scheint unsinnig und dennoch lastet sie erdrückend auf dem Schriftsteller. Zunächst sagt man sich, dass die Bildungsmacht der geschriebenen Werke unvergleichlich ist; man sagt sich auch, dass der Schriftsteller ein Mensch ist, der mit mehr Handlungsfähigkeit als irgendeiner sonst ausgestattet ist, denn er handelt maßlos, grenzenlos: Wir wissen (oder wir glauben es gerne), dass ein einziges Werk den Lauf der Welt ändern kann. Aber genau das ist es, was zu denken gibt. Der Einfluss der Autoren ist sehr groß, er geht unendlich weit über ihre Handlung hinaus, er geht so sehr über sie hinaus, dass das, was in dieser Handlung wirklich ist, nicht in diesen Einfluss eingeht, und dass dieser Einfluss in diesem Wenig an Wirklichkeit die wahre Substanz, die für seine Ausdehnung nötig wäre, nicht findet. Was kann ein Autor? Alles, zunächst alles: Er ist in Fesseln, die Knechtschaft setzt ihm zu, findet er aber einige Augenblicke der Freiheit, um zu schreiben, dann ist er frei, eine Welt ohne Knechtschaft zu schaffen, eine Welt, wo der Knecht, zum Herrn geworden, ein neues Gesetz begründet; so erlangt der in Fesseln gelegte Mensch, indem er schreibt, unmittelbar die Freiheit für sich und die Welt; er negiert alles, was er ist, um all das zu werden, was er nicht ist. Sein Werk ist in diesem Sinne eine ungeheure Handlung, die größte und wichtigste, die es gibt. Aber betrachten wir sie näher. Insofern sie sich **unmittelbar** *die Freiheit gibt, die sie nicht hat, missachtet sie die wahren Bedingungen ihrer Befreiung, sie missachtet, was es an Wirklichem im Handeln bedarf, damit die abstrakte Idee der Freiheit sich verwirklicht. Seine Negation ist* **allumfassend.** *Nicht nur verneint sie die Situation des eingesperrten Menschen, sondern sie geht auch über die Zeit hinaus, die Breschen in die Gefängnismauern schlagen muss, sie verneint die Verneinung der Zeit, sie verneint die Verneinung der Grenzen. Aus diesem Grund verneint sie am Ende nichts, und das Werk, in dem sie sich verwirklicht, ist selbst keine wirklich negative, zerstörerische und verwandelnde Handlung, sondern ver-*

wirklicht eher die Ohnmacht zu verneinen, die Weigerung, in die Welt einzuschreiten, und verwandelt die Freiheit, die man in den Dingen den Gesetzen der Zeit gemäß verkörpern muss, in ein Ideal, das über die Zeit hinausgeht, leer und unerreichbar ist.

Der Einfluss des Schriftstellers ist an das Privileg gebunden, Herr über alles zu sein. Aber Herr ist er nur über das Ganze, er besitzt nichts als das Unendliche, das Endliche fehlt, die Grenze entweicht ihm. Doch im Unendlichen handelt man nicht, man bringt im Grenzenlosen nichts zum Abschluss, sodass, wenn es so ist, dass der Schriftsteller wirklich handelt, indem er dieses wirkliche Ding produziert, das Buch genannt wird, er durch diese Handlung zugleich jede Handlung diskreditiert, indem er an die Stelle der Welt aus bestimmten Dingen und aus bestimmter Arbeit eine Welt setzt, wo alles sofort ganz *gegeben ist und man nichts damit tun kann, als es durch die Lektüre zu genießen.*

Im Allgemeinen scheint es so, dass der Schriftsteller zur Handlungslosigkeit gezwungen ist, denn er ist der Herr des Imaginären, wo diejenigen, die ihm folgen und darin eintreten, die Probleme ihres wahren Lebens aus den Augen verlieren. Die Gefahr, die er verkörpert, ist jedoch eine sehr viel ernsthaftere. In Wahrheit macht er die Handlung zunichte, nicht weil er über Unwirkliches verfügt, sondern weil er uns die ganze Wirklichkeit zur Verfügung stellt. Die Unwirklichkeit beginnt mit dem Ganzen. Das Imaginäre ist keine befremdliche Region, die jenseits der Welt liegt, es ist die Welt selbst, aber die Welt als das Ganze, Alles. Deshalb ist das Imaginäre nicht in der Welt, denn es ist die Welt, verstanden und verwirklicht als eine Ganzheit durch die allumfassende Verneinung aller besonderen, sich in ihr befindenden Wirklichkeiten, dadurch, dass sie aus dem Spiel genommen werden, durch ihre Abwesenheit, durch die Verwirklichung dieser Abwesenheit selbst, mit der die literarische Schöpfung ihren Anfang nimmt, die sich den Anschein gibt, jedes Ding und jedes Sein, dem sie sich widmet, zu erzeugen, da sie von nun an jedes ausgehend vom Ganzen sieht und benennt, ausgehend von der Abwesenheit von allem, d.h. ausgehend von nichts.

Natürlich liegen in der Literatur reiner Einbildungskraft gewisse Gefahren. Zunächst einmal handelt es sich nicht um reine Einbildungskraft. Sie glaubt, sich im Abstand zu den alltäglichen Wirklichkeiten und den aktuellen Ereignissen zu befinden, aber genauer gesagt: Sie hat davon Abstand genommen, sie ist dieser Abstand, dieses Zurücktreten vom Alltäglichen, das notwendigerweise damit rechnet und es als Entfernung, reine Fremdheit beschreibt. Zudem macht sie diesen Abstand zu einem absoluten Wert, und diese Entfernung scheint nun eine Quelle allgemeinen Verstehens zu sein, die Macht, alles zu ergreifen und alles unmittelbar zu erreichen, für Menschen, die ihrer Verzauberung ausgesetzt sind, so dass sie sowohl ihr Leben, das selbst nur begrenztes Verstehen ist, als auch die Zeit, die bloß eine eingeengte Perspektive gibt, zu verlassen. All das ist die Lüge einer Fiktion. Jedoch hat eine solche Literatur den Vorzug, uns nicht zu hintergehen: Sie gibt sich als imaginär, sie schläfert nur diejenigen ein, die den Schlaf auch suchen.

Weitaus täuschender ist die Literatur der Aktion. Sie ruft die Menschen dazu auf, etwas zu tun. Aber wenn sie noch authentische Literatur sein will, dann stellt sie ihnen dieses, was es zu tun gibt, diese bestimmte und konkrete Absicht ausgehend von einer Welt dar, wo eine solche Handlung auf die Unwirklichkeit eines abstrakten und absoluten Wertes verweist. Dieses »etwas«, das »es zu tun gibt«, so wie es in einem Werk der Literatur zum Ausdruck gebracht werden kann, ist immer nur ein »alles ist zu tun«, entweder, weil es sich als dieses Allsein behauptet, d.h. als absoluter Wert, oder weil es, um sich zu rechtfertigen und sich zu empfehlen, dieses Ganze braucht, in dem es verschwindet. Die Sprache des Schriftstellers, selbst wenn er Revolutionär ist, ist nicht die Sprache des Befehls. Er befiehlt nicht, er präsentiert, und er präsentiert nicht, indem er das, was er zeigt, präsent macht, sondern indem er es hinter dem Ganzen zeigt, als Sinn und Abwesenheit des Ganzen. Daraus folgt entweder, dass der Appell, den der Autor an den Leser richtet, nur ein leerer Appell ist, nichts als der Ausdruck der Anstrengung, die ein Mensch, der ohne Welt ist, unternimmt, um in die Welt einzutreten, indem er sich auf diskrete Weise an ihren Rändern aufhält – oder es folgt, dass das »etwas«, das »zu tun ist«, das nicht anders als ausgehend von absoluten Werten ergriffen werden kann, dem Leser gerade als das erscheint, was man nicht tun kann oder als das, was, um getan zu werden, weder Arbeit noch Handlung fordert.

Man weiß, dass die ersten Versuchungen, denen der Schriftsteller ausgesetzt ist, Stoizismus, Skeptizismus und unglückliches Bewusstsein heißen. Diese Geisteshaltungen nimmt der Schriftsteller aus

Gründen an, die ihm reflektiert erscheinen, die aber einzig von der Literatur in ihm reflektiert werden. Stoiker: Er ist der Mensch des Alls, das nur auf dem Papier besteht, und er erträgt, als Gefangener oder in Armut, stoisch seinen Zustand, weil er schreiben kann und weil die Minute der Freiheit, in der er schreibt, genügt, um ihn mächtig und frei zu machen, nicht um ihm seine eigene Freiheit zu geben, auf die er pfeift, sondern die allgemeine Freiheit. Als Nihilist und durch die methodische Arbeit, die langsam jedes Ding verwandelt, verneint er nicht nur dieses oder jenes, sondern er verneint alles, auf einmal, und er kann nicht anders, als Alles zu verneinen, da es ihm nur um das Ganze zu tun ist. Und das unglückliche Bewusstsein! Nur allzu deutlich sieht man es, dieses Unglück ist sein stärkstes Talent, wenn er nicht gar Schriftsteller einzig durch das Bewusstsein ist, das durch unversöhnliche Momente zerrissen ist; sie lauten: Inspiration – die jegliche Arbeit verneint; Arbeit – die das Nichts des Genies verneint; vergängliches Werk – in welchem er sich vollendet, indem er sich negiert; das Werk als das Ganze – wohin er sich zurückzieht und das Ganze, das er sich und ihnen gibt. Es gibt aber noch eine weitere Versuchung.

Erkennen wir im Schriftsteller diese Bewegung an, die ohne innezuhalten und fast ohne Vermittlung von nichts zu allem übergeht. Erkennen wir in ihm diese Negation, die sich nicht mit der Unwirklichkeit, in der sie sich bewegt, zufrieden gibt, denn sie will sich verwirklichen, und sie kann es nur, wenn sie etwas Wirkliches verneint, etwas, das wirklicher ist als die Worte, wahrer als das isolierte Individuum, über das sie verfügt: Und auch lässt sie nicht ab, ihn zum Leben in der Welt und zur öffentlichen Existenz zu drängen, um ihn dazu zu bringen, anzuerkennen, wie er, trotzdem und indem er schreibt, diese Existenz selbst werden kann. Jetzt begegnet er in der Geschichte diesen entscheidenden Momenten, wo alles in Frage zu stehen scheint, wo das Gesetz, Glaube, Staat, die Welt von oben, die gestrige Welt ohne Anstrengung, ohne Arbeit, wo Alles im Nichts versinkt. Der Mensch weiß, dass er die Geschichte nicht verlassen hat, aber nun ist die Geschichte die Leere, sie ist die sich verwirklichende Leere, sie ist die absolute *Freiheit, die zum Ereignis geworden ist. Solche Epochen nennt man Revolutionen. In diesem Augenblick gibt die Freiheit vor, sich in der* unmittelbaren *Form des ›Alles ist möglich‹, ›Alles kann getan werden‹ zu verwirklichen. Fabelhafter Moment, von dem derjenige, der ihn gekannt hat, niemals gänzlich ablassen kann, da er die Geschichte als seine eigene Geschichte kennen gelernt hat, und seine eigene Freiheit als die allgemeine Freiheit. In der Tat sind es fabelhafte Momente: Denn in ihnen spricht die Fabel, in ihnen wird das Fabelwort zur Handlung. Nichts ist gerechtfertigter als die Verführung, die sie für den Schriftsteller darstellen. Die revolutionäre Handlung ist in allen Punkten derjenigen Handlung analog, die in der Literatur verkörpert ist: Übergang von nichts zum Ganzen, Bejahung des Absoluten als Ereignis und jedes Ereignisses als absolut. Die revolutionäre Handlung wird mit derselben Macht und derselben Mühelosigkeit entfesselt, wie es beim Schriftsteller geschieht, der nur ein paar Worte aneinanderreihen muss, um die Welt zu verändern. Auch hat sie denselben Reinheitsanspruch und diese Gewissheit, dass alles, was sie tut, absoluten Wert besitzt, nicht irgendeine Handlung ist, die sich auf irgendein wünschenswertes und achtbares Ziel bezieht, sondern Endzweck ist, letzter Akt. Dieser letzte Akt ist die Freiheit, und es gibt keine andere Wahl mehr als die zwischen Freiheit und Nichts. Aus diesem Grund ist nun auch ihre einzig akzeptable Parole:* Die Freiheit oder der Tod. *So tritt der Schrecken auf, die* Terreur. *Jeder Mensch hört auf, ein Individuum zu sein, das mit einer bestimmten Aufgabe beschäftigt ist, für die er hier und nur jetzt handelt: Er ist die allgemeine Freiheit, die kein Woanders und kein Morgen kennt, weder Arbeit noch Werk. In solchen Momenten hat niemand mehr etwas zu tun, da alles getan wird. Nun hat niemand mehr Recht auf ein Privatleben, alles ist öffentlich, und der schuldigste Mensch ist derjenige, der unter Verdacht gerät, der ein Geheimnis besitzt, der einen Gedanken, eine Innerlichkeit für sich selbst bewahrt. Und schließlich hat niemand mehr ein Anrecht auf sein Leben, auf seine wirklich abgetrennte und physisch abgegrenzte Existenz. Das ist der Sinn des Schreckens. Jeder Bürger hat sozusagen ein Recht auf den Tod: Der Tod ist nicht seine Verurteilung, er ist das Wesen seines Rechts; er wird nicht als schuldig beseitigt, sondern er braucht den Tod, um sich als Bürger zu behaupten und im Verschwinden des Todes gebiert ihn die Freiheit. Die Französische Revolution hat in dieser Hinsicht eine stärkere Bedeutung als alle anderen. Der Tod der* Terreur *ist nicht allein die Strafe der Aufrührer, sondern er scheint, indem er unausweichliches, wie gewolltes Schicksal aller geworden ist, in den freien Menschen die Arbeit der Freiheit selbst zu sein. Als das Messer auf*

Saint-Just und auf Robespierre niedergeht, berührt es im Grunde niemanden. Die Tugend Robespierres, die Strenge Saint-Justs sind nichts anderes als ihre bereits beseitigte Existenz, die antizipierte Gegenwart ihres Todes, die Entscheidung, dass die Freiheit sich gänzlich in ihnen bejahen und durch ihren allgemeinen Charakter die eigene Wirklichkeit ihres Lebens negieren kann. Vielleicht ist es so, dass sie die Herrschaft der Terreur *errichten. Aber der Schrecken, den sie verkörpern, stammt nicht aus dem Tod, den sie geben, sondern aus dem Tod, den sie sich geben. Sie tragen seine Züge, sie denken und entscheiden mit dem Tod auf den Schultern, und deshalb ist ihr Denken kalt, unnachgiebig, es ist die Freiheit eines abgetrennten Kopfes. Terroristen sind diejenigen, die, da sie die absolute Freiheit wollen, wissen, dass sie damit auch ihren eigenen Tod wollen, die ein Bewusstsein dieser von ihnen bejahten Freiheit wie auch ihres durch sie verwirklichten Todes haben, nicht wie lebende Menschen inmitten lebender Menschen, sondern Wesen, des Seins beraubt, allgemeingültige Gedanken, reine urteilende und entscheidende Abstraktionen, über die Geschichte hinaus, im Namen der ganzen Geschichte.*

Das Ereignis des Todes selbst hat keine Bedeutung mehr. In der Terreur *sterben Individuen, und es ist bedeutungslos. Dieser Tod ist,* sagt Hegel in einem berühmten Satz, »*der kälteste, platteste Tod, ohne mehr Bedeutung als das Durchhauen eines Kohlhauptes oder ein Schluck Wassers.*« *Warum? Ist der Tod nicht die Erfüllung der Freiheit, der reichhaltigste der Bedeutungsmomente? Er ist aber auch der leere Punkt dieser Freiheit, die Manifestation dieser Tatsache, dass eine solche Freiheit noch abstrakt, ideell (literarisch), Armut und Plattheit ist. Jeder einzelne stirbt, aber alle leben, und in Wahrheit bedeutet das auch, dass alle tot sind. Aber dieses »ist tot« ist die positive Seite der zur Welt gewordenen Freiheit: Das Sein enthüllt sich hier als absolut. Im Gegenteil dazu ist »Sterben« reine Bedeutungslosigkeit, Ereignis ohne konkrete Wirklichkeit, das jeden Wert eines persönlichen und inneren Todes verloren hat, da es kein Inneres mehr gibt. Es ist der Moment, wo* Ich sterbe für mich, *der ich sterbe, eine Banalität bedeutet, die nicht weiter zu beachten ist: In der freien Welt und in diesen Momenten, wo die Freiheit die absolute Erscheinung ist, da ist Sterben ohne Bedeutung, und der Tod ist ohne Tiefe. Das haben uns die* Terreur *und die Revolution – nicht der Krieg – gelehrt.*

Der Schriftsteller erkennt sich in der Revolution. Sie zieht ihn an, da sie die Zeit ist, in der die Literatur zur Geschichte wird. Sie ist seine Wahrheit. Jeder Schriftsteller, der nicht durch die Tatsache des Schreibens selbst dazu gebracht wird, zu denken: Ich bin die Revolution, einzig die Freiheit bringt mich zum Schreiben, schreibt in Wirklichkeit nicht. 1793 gibt es einen Menschen, der sich ganz und gar mit der Revolution der Terreur *identifiziert. Ein Aristokrat, der die Zinnen seines mittelalterlichen Schlosses liebt, ein toleranter, eher schüchterner Mensch von eilfertiger Höflichkeit: Aber er schreibt, er tut nichts anderes als schreiben, und wenn die Freiheit ihn auch in die Bastille zurückwarf, aus der sie ihn befreit hatte, er ist derjenige, der sie am besten versteht, da er versteht, dass sie der Moment ist, in dem sich die aberwitzigsten Leidenschaften in Wirklichkeit verwandeln können, das Recht haben, zutage zu treten, Gesetz sind. Auch ist er derjenige, für den der Tod höchste Leidenschaft und niederste Plattheit ist, Tod, der die Köpfe abtrennt wie man Kohlköpfe teilt, mit einer so großen Gleichgültigkeit, dass nichts irrealer ist als der Tod, den er gibt, und dennoch hat niemand lebhafter gespürt, dass im Tod die Souveränität, der Tod die Freiheit war. Sade ist der Schriftsteller* par excellence, *der sämtliche Widersprüche des Schriftstellers vereint. Einsam: Unter allen Menschen der einsamste, und in jedem Falle öffentliche Person und Politiker von Bedeutung. Ständig eingesperrt und absolut frei, Theoretiker und Symbol der absoluten Freiheit. Er verfasst ein immenses Werk, und dieses Werk existiert für niemanden. Unbekannt, aber was er darstellt, hat für alle unmittelbare Bedeutung. Nichts mehr als ein Schriftsteller, und er stellt das bis zur Leidenschaft erhöhte Leben dar, die Grausamkeit und Wahnsinn gewordene Leidenschaft. Er macht aus dem singulärsten, dem verstecktesten und des Gemeinsinns am meisten beraubten Gefühl eine allgemeingültige Angelegenheit, die Wirklichkeit einer öffentlichen Rede, die, der Geschichte ausgeliefert, eine legitime Erklärung für den Zustand des Menschen insgesamt wird. Schließlich ist er die Negation selbst: Sein Werk ist nichts als die Arbeit der Verneinung, seine Erfahrung die Bewegung einer erbitterten, bis aufs Blut getriebenen Negation, die die anderen verneint, Gott verneint, die Natur verneint und in diesem ständig durchlaufenen Zirkel sich selbst genießt wie die absolute Souveränität.*

Die Literatur betrachtet sich in der Revolution, sie rechtfertigt sich in ihr, und wenn man auch sie Terreur *genannt hat, dann genau deshalb, weil sie diesen historischen Moment zum Ideal hat, wo »das Leben den Tod erträgt und sich im Tod selbst erhält«, um von ihm die Möglichkeit und die Wahrheit des Sprechens zu erhalten. Das ist die »Frage«, die sich in der Literatur zu erfüllen sucht und die ihr Wesen ist. Die Literatur ist an die Sprache gebunden. Die Sprache ist zugleich beruhigend und beunruhigend. Wenn wir sprechen, machen wir uns mit einer befriedigenden Leichtigkeit zu Herren über die Dinge. Ich sage: Diese Frau, und unmittelbar verfüge ich über sie, ich entferne sie, hole sie wieder näher, sie ist alles, was ich begehre, alles, was sie sein möge, sie wird Ort der überraschendsten Wandlungen und Handlungen: Das Wort ist die Mühelosigkeit und die Sicherheit des Lebens. Mit einem Objekt ohne Namen wissen wir nichts anzufangen. Das primitive Menschenwesen weiß, dass der Besitz der Worte ihm die Herrschaft über die Dinge gibt, aber die Beziehungen zwischen den Worten und der Welt sind für ihn derart vollständig, dass die Beherrschung der Sprache so schwierig und gefahrvoll bleibt wie der Kontakt der Wesen selbst: Der Name hat das Ding nicht verlassen, er ist dessen gefahrvoll an den Tag gebrachtes Innen und in jedem Fall die verdeckte Innerlichkeit des Dings geblieben; es ist selbst also noch nicht benannt.*

Je weiter der Mensch zu einem Menschen der Zivilisation wird, desto mehr behandelt er die Worte kaltblütig und unbedacht. Weil die Worte jeden Bezug zu dem verloren haben, was sie bezeichnen? Aber diese Abwesenheit des Bezugs ist kein Mangel, und wenn es ein Mangel ist, dann zieht die Sprache allein aus ihm ihren Wert, bis dahin, dass unter allen die mathematische Sprache, die mit Strenge verwendet wird und der kein Sein korrespondiert, die perfekteste ist.

Ich sage: Diese Frau. Hölderlin, Mallarmé und im Allgemeinen all jene, deren Dichtung das Wesen der Dichtung zum Thema hat, haben im Akt des Benennens ein beunruhigendes Wunder gesehen. Das Wort gibt mir das, was es bezeichnet, um es zunächst aber zu beseitigen. Damit ich »Diese Frau« sagen kann, muss ich ihr auf die eine oder andere Weise die leibhaftige Wirklichkeit entziehen, sie abwesend machen und vernichten. Das Wort gibt mir das Sein, aber es gibt es mir ohne Sein. Es ist die Abwesenheit dieses Seins, sein Nichts, das von ihm bleibt, wenn es sein Sein verloren hat, d.h. einzig die

Tatsache, dass es nicht ist. In dieser Hinsicht liegt im Sprechen ein befremdliches Recht. Hegel, der hierin der Gefährte Hölderlins und ihm nahe ist, hat in einem Text, den er früher als die Phänomenologie *verfasste, geschrieben: »Der Erste Akt, wodurch Adam seine Herrschaft über die Tiere konstituiert hat, ist, dass er ihnen Namen gab, d.h. sie als Seiende vernichtete.«³ Hegel will sagen, dass die Katze in diesem Augenblick aufhört, bloß eine wirkliche Katze zu sein, um zudem noch eine Idee zu werden. Der Sinn des Sprechens fordert deshalb, wie ein Vorwort vor jedem Sprechen, eine Art von maßlosem Blutbad, eine vorhergehende Sintflut, die die gesamte Schöpfung in einem einzigen Meer versinken lässt. Gott hatte die seienden Wesen geschaffen, aber der Mensch musste sie vernichten. Da nahmen sie Sinn für ihn an, und seinerseits kreierte er sie, ausgehend von diesem Mord, in dem sie verschwunden waren; nur dass es anstelle der Wesen und, wie man sagt, der Seienden nur das Sein gab, und der Mensch dazu verurteilt wurde, sich keinem Ding mehr annähern und nichts mehr leben zu können als durch den Sinn, den er brauchte, um sie zu gebären. Er sah sich im Tag selbst eingeschlossen, und er wusste, dass dieser Tag nicht enden konnte, da das Ende selbst noch Licht war, weil durch ihr Ende den Wesen in ihrem Sein Bedeutung zugekommen war, die das Sein ist.*

Natürlich tötet meine Sprache niemanden. Dennoch: Wenn ich »diese Frau« sage, ist der wirkliche Tod in meiner Sprache angekündigt und bereits gegenwärtig; meine Sprache will sagen, dass diese Person, die jetzt und hier da ist, von ihr selbst abgelöst, ihrer Existenz und Gegenwart entzogen und plötzlich in ein Nichts von Existenz und Gegenwart geworfen werden kann; meine Sprache bedeutet wesentlich die Möglichkeit dieser Zerstörung; sie ist zu jedem Moment eine entschiedene Anspielung auf ein solches Ereignis. Meine Sprache tötet niemanden. Aber diese Frau war nicht wirklich zu sterben fähig, wäre sie nicht zu jedem Moment ihres Lebens vom Tod bedroht, ihm verbunden und mit ihm vereint durch ein Wesensband, dann könnte ich

---

3   *Entwürfe, die unter dem Titel* System *von 1803–1804 zusammengefasst sind. In der* Einführung *zeigt Kojève in einer Interpretation eines Abschnitts der* Phänomenologie *auf bemerkenswerte Weise, wie für Hegel das Verstehen einem Mord gleichkommt.*

diese ideelle Negation nicht vollziehen, diese aufgeschobene Ermordung, die meine Sprache ist.

Es ist deshalb genau und richtig zu sagen, dass, wenn ich spreche: der Tod in mir spricht. Mein Sprechen ist der Hinweis darauf, dass der Tod genau in diesem Moment in die Welt entlassen ist, dass er unvermittelt zwischen mir, der ich spreche, und dem Sein, das ich anrufe, aufgetaucht ist: zwischen uns wie ein Abstand, der uns trennt, aber dieser Abstand ist zugleich das, was uns davon abhält, getrennt zu sein, da in ihm die Bedingung jedes Übereinkommens liegt. Einzig der Tod erlaubt mir, das, was ich erreichen will, zu ergreifen; in den Worten ist er die einzige Möglichkeit ihres Sinns. Ohne den Tod würde alles im Absurden oder im Nichts zusammensinken.

Aus dieser Situation ergeben sich verschiedene Konsequenzen. Es ist klar, dass in mir die Möglichkeit des Sprechens auch an meine Seins-Abwesenheit gebunden ist. Ich benenne mich, und das ist, als stimmte ich meinen eigenen Trauergesang an: Ich trenne mich von mir selbst, ich bin nicht mehr Gegenwart meiner selbst und auch nicht meine Wirklichkeit, sondern eine objektive Gegenwart, die unpersönlich ist, diejenige meines Namens, der über mich hinausgeht und dessen versteinerte Unbeweglichkeit für mich genau die Funktion eines auf dem Leeren ruhenden Grabsteins annimmt. Wenn ich spreche, verneine ich die Existenz dessen, was ich sage, aber ich verneine auch die Existenz dessen, der es sagt: Mein Sprechen, das das Sein in seiner Nichtexistenz offenbart, behauptet von dieser Offenbarung, dass sie ausgehend von der Nichtexistenz desjenigen, der sie leistet, von seiner Möglichkeit, sich von sich zu entfernen, anders als sein Sein zu sein, geleistet wird. Aus diesem Grund muss, damit die wahre Sprache beginnen kann, das Leben, das diese Sprache tragen wird, die Erfahrung seines Nichts gemacht haben, es muss »erzittert sein und alles Fixe in ihm gebebt haben.« Die Sprache beginnt erst mit der Leere; keine Fülle, keine Gewissheit spricht; wer sich ausdrückt, dem mangelt es an etwas Wesentlichem. Zu Beginn spreche ich nicht, um etwas zu sagen, sondern ein Nichts fordert zu sprechen, nichts spricht, nichts findet sein Sein im Sprechen und das Sein des Sprechens ist nichts. Diese Formulierung erklärt, warum das Ideal der Literatur eben dies hat sein können: nichts zu sagen, zu sprechen, um nichts zu sagen. Dabei handelt es sich nicht um die Träumerei eines Luxus-Nihilismus. Die Sprache nimmt wahr, dass sie ihren Sinn nicht dem schuldet, was existiert, sondern ihrem Zurückweichen vor der Existenz, und sie ist der Versuchung ausgesetzt, sich bei diesem Zurückweichen aufzuhalten, die Negation an sich selbst zu erreichen und aus nichts alles zu machen. Wenn man von den Dingen nur spricht, indem man von ihnen das sagt, wodurch sie nichts sind, dann ist natürlich nichts zu sagen die einzige Hoffnung, alles über sie zu sagen.

Unbequeme Hoffnung, freilich. Die Umgangssprache nennt eine Katze eine Katze, als ob die lebende Katze und ihr Name identisch wären, als ob die Tatsache ihrer Benennung nicht darin bestehen würde, von ihr nichts als ihre Abwesenheit zu behalten, das, was nicht ist. In jedem Fall hat die Umgangssprache für einen Moment Recht, insofern das Wort, auch wenn es die Existenz dessen, was es bezeichnet, ausschließt, sich noch durch das Wesen gewordene Nichts dieses Dings auf sie bezieht. Die Katze zu benennen, bedeutet, wenn man so will, eine Nicht-Katze daraus zu machen, eine Katze, die aufgehört hat zu existieren, lebende Katze zu sein, nicht jedoch, um einen Hund, nicht einmal, um einen Nicht-Hund daraus zu machen. Das ist der erste Unterschied zwischen der Umgangssprache und der literarischen Sprache. Erstere nimmt an, dass, wenn die Nichtexistenz der Katze einmal ins Wort eingegangen ist, die Katze selbst mit Gewissheit und in Gänze wieder auferstehen wird als ihre Idee (ihr Sein) und ihr Sinn: Das Wort gibt ihr auf der Ebene des Seins (der Idee) die gesamte Gewissheit wieder, die sie auf der Ebene der Existenz besaß. Diese Gewissheit ist sogar noch viel größer: Letztlich können die Dinge sich verändern, es kann geschehen, dass sie aufhören, das zu sein, was sie sind, sie bleiben feindselig, unbrauchbar, unerreichbar; aber das Sein dieser Dinge, ihre Idee, ändert sich nicht: Die Idee ist definitiv, sicher, ändert sich nicht, man hält sie gar für ewig. Behalten wir also die Dinge, ohne uns um die Dinge zu kümmern, geben wir sie nicht auf, halten wir sie nicht für krank. Dann werden wir ohne Sorge sein.

Die Umgangssprache hat sicher Recht, die Sorglosigkeit ist nur um diesen Preis zu haben. Die literarische Sprache aber besteht aus Beunruhigung, sie besteht auch aus Widersprüchen. Ihre Position ist kaum stabil, kaum gesichert. Einerseits interessiert sie an einem Ding nichts als dessen Sinn, dessen Abwesenheit, und sie würde gerne diese Abwesenheit an sich und für sich absolut erreichen, da sie die unbestimmte Bewegung des Verstehens in ihrer Gesamtheit erreichen will.

Zudem nimmt sie wahr, dass das Wort ›Katze‹ nicht nur die Nichtexistenz der Katze ist, sondern zum Wort gewordene Nichtexistenz, d.h. eine ganz und gar bestimmte und objektive Wirklichkeit. Sie sieht darin eine Schwierigkeit und sogar eine Lüge. Wie kann sie hoffen, ihre Mission erfüllt zu haben, da sie die Unwirklichkeit des Dings in die Wirklichkeit der Sprache übertragen hat? Wie könnte die unendliche Abwesenheit des Verstehens akzeptieren, mit der begrenzten und beschränkten Gegenwart eines Wortes eins zu werden? Und die alltägliche Sprache, die uns gerade davon überzeugt hat, täuscht sie sich nicht? Sie täuscht sich in der Tat, und sie täuscht uns. Das Sprechen ist für die Wahrheit, die es enthält, nicht genug. Man muss sich nur die Mühe machen, einem Wort zuzuhören: In ihm kämpft und arbeitet das Nichts, ohne Unterlass gräbt es, bemüht sich, einen Ausweg suchend, das zunichte machend, was es einschließt, unendliche Beunruhigung, Wachsamkeit ohne Form und ohne Namen. Schon ist das Siegel, das dieses Nichts in den Grenzen des Wortes und in den Sorten seines Sinns zurückhielt, gebrochen; und nun ist es für den Zugang anderer Worte offen, für den Zugang weniger fixierter, noch unentschiedener Worte, die eher in der Lage sind, sich mit der wilden Freiheit des negativen Seins zu versöhnen, instabile Einheiten, keine Terme mehr, sondern ihre Bewegung, Gleiten ohne Ende der »Wendungen«, die nirgendwo hingelangen. Und so ist das Bild geboren, das das Ding nicht direkt bezeichnet, sondern das, was das Ding nicht ist, das vom Hund anstelle der Katze spricht. Und so beginnt jene Verfolgungsjagd, durch die die gesamte, in Bewegung befindliche Sprache aufgerufen ist, der beunruhigten Existenz eines einzigen, des Seins beraubten Dings Recht widerfahren zu lassen, welches, nachdem es zwischen allen Worten geschwankt hat, danach strebt, sie alle wieder zu ergreifen, um sie alle mit einem Male zu verneinen, damit sie dieses Nichts, das sie weder erfüllen noch darstellen, bezeichnen, während sie darin verschlungen werden.

Allein, wenn sie hierbei bliebe, hätte die Literatur eine befremdliche und missliche Aufgabe. Aber sie bleibt nicht dabei. Sie erinnert sich an das erste Wort, das der Mord gewesen ist, von dem Hegel spricht. Das »Seiende« wurde durch das Wort aus seiner Existenz hervorgerufen und ist Sein geworden. Das Lazare, veni foras *hat die dunkle Kadaverwirklichkeit seines ursprünglichen Grundes hervortreten lassen und ihm im Gegenzug nichts gegeben als das Leben des Geistes.*

Die Sprache weiß, dass der helle Tag ihr Reich ist und nicht die Innerlichkeit des Nichtoffenbarten; sie weiß, dass etwas ausgeschlossen werden muss, um das Aufleuchten des Tages beginnen zu lassen, um den Tag zu jenem Orient zu machen, den Hölderlin wahrgenommen hat, und zu dem Licht, das nicht die Ruhe des Mittags, sondern die schreckliche Kraft geworden ist, durch die die seienden Wesen zur Welt kommen und zu leuchten beginnen. Die Negation kann sich nur ausgehend von der Realität dessen, was sie verneint, verwirklichen; die Sprache bezieht ihren Wert und ihren Stolz aus der Erfüllung dieser Negation; was wurde anfänglich aber verloren? Die Qual der Sprache liegt genau in dem, woran es ihr aufgrund der Notwendigkeit, die sie zwingt, sein Mangel zu sein, selbst ermangelt. Sie kann ihm nicht einmal einen Namen geben.

Wer Gott sieht, stirbt. Im Sprechen stirbt das, was dem Sprechen Leben verleiht; das Sprechen ist das Leben dieses Todes, es ist »das Leben, das ihn erträgt und sich in ihm erhält«. Mächtigkeit, die bewundernswürdig ist. Aber etwas war da, das nicht mehr da ist. Etwas ist verschwunden. Wie es wiederfinden, wie mich dem wieder zuwenden, was zuvor war, wenn meine ganze Macht darin besteht, daraus das zu machen, was danach ist? Die Sprache der Literatur ist die Suche dieses Moments, der hier vorhergeht. Im Allgemeinen nennt sie ihn Existenz; sie will die Katze, so wie sie existiert, den Kiesel in seiner Dinggefangenheit; nicht den Menschen, sondern in diesem das, was der Mensch verwirft, um es zu sagen; das, was die Grundlage des Sprechens ist und das Sprechen ausschließt, um zu sprechen; den Abgrund, den Lazarus des Grabes und nicht den wieder ans Licht gebrachten Lazarus, denjenigen, von dem bereits Leichengeruch ausgeht, der Übel ist, den verlorenen Lazarus und nicht den geretteten und zum Leben wiedererweckten Lazarus. Ich sage eine Blume! Aber in der Abwesenheit, in die ich sie zitiere, durch das Vergessen, in das ich das Bild, das sich mir gibt, verbanne, am Grunde dieses schweren Wortes, das selbst wie ein unbekanntes Ding hervorbricht, rufe ich leidenschaftlich die Dunkelheit dieser Blume, ihren Geruch, der mich durchdringt und den ich nicht atme, dieses Stäubchen, das mich befällt, das ich aber nicht sehe, diese Farbe, die Spur und nicht Licht ist. Wo sitzt also meine Hoffnung, das zu erreichen, was ich zurückstoße? In der Stofflichkeit der Sprache, in jener Tatsache, dass auch die Worte Dinge sind, einer Natur, etwas, das mir gegeben ist und mir mehr gibt, als ich davon verstehe. Soeben war die Wirklichkeit der Worte ein Hindernis. Jetzt ist sie meine einzige Chance. Der Name hört auf, der selbst vorübergehende Übergang der Nichtexistenz zu sein, um zu etwas Konkretem, Klobigen zu werden, einer Existenzmasse: Indem die Sprache den Sinn, der sie einzig sein wollte, verlässt, strebt sie danach, sich zu etwas Unsinnigem zu machen. Alles Physische spielt nun die wichtigste Rolle: der Rhythmus, die Schwere, die Gestalt und schließlich das Papier, auf dem man schreibt, die Tintenspur, das Buch. Ja, zum Glück ist die Sprache ein Ding: Sie ist ein geschriebenes Ding, ein Stück Rinde, Abgesprengtes vom Stein, ein Tonklumpen, in dem die Wirklichkeit der Erde überdauert. Das Wort handelt nicht wie eine ideelle Kraft, sondern wie eine dunkle Macht, eine Verhexung, die die Dinge bezwingt, sie *wirklich außerhalb ihrer selbst gegenwärtig macht*. Es ist ein Element, ein kaum aus dem Bereich des Untergrunds herausgelöstes Teil: kein Name mehr, sondern ein Moment der universellen Namenlosigkeit, eine rohe Behauptung, die dumpfe Gewalt einer Begegnung von Angesicht zu Angesicht in der Tiefe der Dunkelheit. Und dadurch fordert die Sprache, ihr Spiel ohne den Menschen zu spielen, der sie gebildet hat. Die Literatur kann nun auf den Schriftsteller verzichten: Sie ist nicht mehr die arbeitende Inspiration, die sich bejahende Negation, jenes Ideal, das sich in die Welt als die absolute Perspektive auf die Totalität der Welt einschreibt. Sie ist nicht jenseits der Welt, aber die Welt ist sie auch nicht: Sie ist die Gegenwart der Dinge, bevor die Welt ist, ihre Beharrlichkeit, nachdem die Welt verschwunden ist, der Starrsinn dessen, was bestehen bleibt, wenn alles ausgelöscht wird, und der Stumpfsinn dessen, was erscheint, wenn es nichts gibt. Deshalb ist sie auch nicht mit dem Bewusstsein, das erhellt und entscheidet, zu verwechseln; sie ist *mein Bewusstsein ohne mich*, die strahlende Passivität mineralischer Substanzen, Hellsicht aus der Tiefe der Erstarrung. Sie ist nicht die Nacht; sie ist deren Heimsuchung; nicht die Nacht, sondern das Bewusstsein der Nacht, die ohne nachzulassen wachsam ist, um sich zu überraschen und sich aus diesem Grund unaufhörlich verflüchtigt. Sie ist nicht der Tag, sie ist die Seite des Tages, die er verworfen hat, um Licht zu werden. Auch ist sie nicht der Tod, da sich in ihr die Existenz ohne Sein zeigt, die Existenz, die unterhalb der Existenz als unerbittliche Behauptung bleibt, ohne Beginn noch Ende, der Tod als Unmöglichkeit des Sterbens.

Indem sie Unfähigkeit wird zu offenbaren, möchte die Literatur die Offenbarung dessen werden, was die Offenbarung zerstört. Eine tragische Anstrengung. Sie sagt: Ich repräsentiere nicht mehr, ich bin; ich bezeichne nicht, ich präsentiere. Aber der Wille, ein Ding zu sein, diese Weigerung, etwas sagen zu wollen, die in den zu Salz verwandelten Worten hervorgetreten ist, dieses Schicksal, das sie schließlich wird, indem sie zur Sprache von niemandem wird, zur von keinem Schriftsteller verfassten Schrift, das Licht eines Ich-beraubten Bewusstseins, diese unsinnige Anstrengung, um sich in sich selbst zu vergraben, um sich hinter der Tatsache, dass sie erscheint, zu verstecken, sie manifestiert und zeigt gegenwärtig all das. Auch wenn sie so stumm wie der Stein, so passiv wie der hinter dem Stein eingeschlossene Kadaver wird, so würde die Sprache doch weiterhin auf dem Stein gelesen werden und so genügen, um diesen falschen Toten wieder zum Leben zu erwecken.

Die Literatur lernt, dass sie sich nicht auf ihr eigenes Ende hin überholen kann: Sie stiehlt sich fort, sie verrät sich nicht. Sie weiß, dass sie jene Bewegung ist, durch die ohne Unterlass das, was verschwindet, erscheint. Wenn sie etwas benennt, ist das, was sie benennt, beseitigt; was aber beseitigt ist, ist bewahrt, und das Ding hat (in dem Sein, das das Wort ist) eher einen Schutz als eine Bedrohung gefunden. Wenn sie sich zu benennen weigert, wenn sie aus dem Wort ein dunkles, unbedeutendes Ding macht, Zeuge der uranfänglichen Dunkelheit, dann ist das, was hier verschwunden ist – der Sinn des Namens – sehr wohl zerstört worden, aber stattdessen ist die Bedeutung im Allgemeinen hervorgetreten, der Sinn der im Wort als Ausdruck der Dunkelheit abgelagerten Bedeutungslosigkeit, so dass, wenn der genaue Sinn der Begriffe erlischt, sich nun die Möglichkeit zu bedeuten, die leere Macht, einen Sinn zu geben, behauptet: fremdartiges unpersönliches Licht.

Indem sie den Tag verneint, rekonstruiert die Literatur den Tag als Verhängnis; indem sie die Nacht bejaht, findet sie die Nacht als die Unmöglichkeit der Nacht. Darin liegt ihre Entdeckung. Als Licht der Welt erhellt uns der Tag das, was er uns zu sehen gibt: Er ist die Macht zu ergreifen, zu leben, die in jeder Frage »begriffene« Antwort. Wenn wir vom Tag aber Rechenschaft fordern, wenn wir ihn zurückdrängen, um zu wissen, was vor dem Tage, unter der Helle des Tages statt hat, dann entdecken wir, dass er schon gegenwärtig ist, und dass das, was vor dem Tag liegt, auch noch Tag ist, aber als Unfähigkeit zu verschwinden und nicht als Macht, die zum Erscheinen bringt, dunkle Notwendigkeit und nicht erhellende Freiheit. Also ist die Natur dessen, was vor dem Tag liegt, sowie diejenige der Existenz vor dem Tag die dunkle Seite des Tages, und diese dunkle Seite ist nicht das unenthüllte Geheimnis seines Beginns, es ist seine unvermeidliche Gegenwart, ein »Es gibt kein Tageslicht«, das mit einem »Schon gibt es Tageslicht« eins wird, sein Erscheinen, das mit dem Moment, da es noch nicht erschienen ist, zusammenfällt. Im Tagesverlauf erlaubt uns der Tag, den Dingen zu entfliehen, er gibt sie uns zu verstehen und, indem er sie uns zu verstehen gibt, macht er sie durchsichtig und gleichsam nichtig – er selbst allerdings ist Verhängnis, und der Tag als Verhängnis ist das Sein dessen, was vor dem Tag statthat, die Existenz, von der man sich, um zu sprechen und um zu verstehen, abwenden muss.

In gewisser Hinsicht verteilt sich die Literatur auf zwei Richtungen. Sie tendiert zur Negationsbewegung, durch die die Dinge von sich selbst getrennt und zerstört sind, um erkannt, unterworfen, mitgeteilt zu werden. Sie begnügt sich nicht damit, diese Negationsbewegung in ihren fragmentarischen und aufeinanderfolgenden Resultaten zu empfangen: Sie will sie an sich selbst ergreifen und sie will zu ihren Ergebnissen in ihrer Totalität gelangen. Während von der Negation gesetzt ist, dass sie für alles über Vernunftgründe verfügt, verweisen die wirklichen Dinge, einzeln genommen, alle auf dieses unwirkliche Ganze, das sie zusammen bilden, auf die Welt, die ihr Sinn als Zusammenhang und Einheit ist, und die Literatur erhebt diese Sichtweise zu der ihrigen, indem sie die Dinge aus der Sicht dieses noch imaginären *Ganzen, das sie* wirklich *bilden würden*, wenn die Negation sich vollenden könnte, betrachtet. Von daher rührt ihre Unwirklichkeit, der Schatten, der ihre Beute ist. Von daher rührt ihr Misstrauen den Worten gegenüber, ihr Bedürfnis, auch auf die Sprache selbst die Negationsbewegung sich ausbreiten zu lassen und auch sie zu erschöpfen, indem sie sie als das Ganze verwirklicht, von dem ausgehend jeder Begriff nichts wäre.

Aber es gibt eine zweite Richtung. Hier ist die Literatur die Sorge um die Wirklichkeit der Dinge, um ihre unbekannte, freie und schweigende Existenz; sie ist deren Unschuld und verbotene Gegenwart, das Sein, das sich vor der Enthüllung sträubt, der Trotz dessen, was nicht *nach Außen gebracht werden will. Hierdurch sympathisiert sie mit der Dunkelheit, mit der ziellosen Leidenschaft, der rechtlosen Gewalt, mit allem, was in der Welt anscheinend die Weigerung, zur Welt zu kommen, fortbestehen lässt. Hierdurch verbündet sie sich auch mit der Wirklichkeit der Sprache, sie macht daraus einen Stoff ohne Umriss, einen Inhalt ohne Form, eine launische und unpersönliche Kraft, die nichts sagt, nichts offenbart und sich durch ihre Weigerung, etwas zu sagen, damit begnügt, dass sie aus der Nacht kommt und in die Nacht zurückkehrt. Diese Metamorphose ist an sich nicht verfehlt. Es ist sehr wohl wahr, dass die Wörter sich wandeln. Sie bedeuten nicht mehr den Schatten, die Erde, sie veranschaulichen auch nicht mehr die Abwesenheit von Schatten und Erde, welche der Sinn ist, die Helle des Schattens, die Transparenz der Erde: Ihre Antwort ist die Dunkelheit; das Rascheln sich schließender Flügel ist ihr Sprechen; die stoffliche Schwere stellt sich in ihnen ein mit der erdrückenden Dichte eines Silbenhaufens, der seinen Sinn verloren hat. Die Metamorphose hat stattgefunden. Jenseits der Verwandlung, die die Wörter verhärtet, versteinert und in sprachloses Erstaunen versetzt, erscheinen in dieser Metamorphose aber aufs Neue der Sinn, der diese Metamorphose erhellt, und der Sinn, den sie aus ihrem Erscheinen als Ding zieht oder, wenn es sich so ereignet, als undeutliche, unbestimmbare, ungreifbare Existenz, in der nichts erscheint, Schoß der Tiefe ohne Schein. Auch wenn die Literatur über den Sinn der Wörter triumphiert hat, ist das, was sie in den Wörtern findet, wenn diese außerhalb ihres Sinn ergriffen werden, der zum Ding gewordene Sinn: So ist er, der Sinn, von seinen Bedingungen abgelöst, getrennt von den Momenten, die ihn ausmachen, herumirrend wie eine hohle Macht, die bloße Unfähigkeit, mit dem Sein aufzuhören, die aber gerade deswegen als die eigentliche Bestimmung der unbestimmten und des Sinns beraubten Existenz erscheint. Die Literatur beschränkt sich bei dieser Anstrengung nicht darauf, im Innern das wiederzufinden, was sie auf der Schwelle hat liegen lassen wollen. Denn was sie, da sie selbst das Innen ist, findet, ist das Außen, das sich von dem Ausweg, das es war, in die Unmöglichkeit, einen Ausweg zu finden, gewandelt hat – und was sie als die Dunkelheit der Existenz findet, das ist das Sein des Tages, der durch das erklärende und Sinn schaffende Licht zur Störung wird, zur Bedrängnis dadurch, dass man nicht aufhören kann zu verstehen, sowie zur erstickenden Heimsuchung durch eine prinzipienlose Vernunft ohne Anfang, die man nicht begründen kann. Die Literatur ist jene Erfahrung, durch die das Bewusstsein seinen Sinn in der Unfähigkeit entdeckt, das Bewusstsein zu verlieren, in der Bewegung, in der es, verschwindend, sich von der Punktualität des Ich losreißend, sich jenseits der Bewusstlosigkeit in einer unpersönlichen Spontaneität wieder errichtet, im Starrsinn eines verängstigten Wissens, das nichts weiß, das Wissen von niemandem ist und das die Unwissenheit stets in ihrem Rücken findet wie seinen in einen Blick verwandelten Schatten.*

Man kann nun die Sprache dafür anklagen, sich immer wieder bis zum Überdruss abgedroschene Reden vorzunehmen, anstatt zum Schweigen zu werden, wie sie es sich zum Ziel gesetzt hatte. Auch kann man ihr vorwerfen, in die Konventionen der Literatur abzutauchen, sie, die in der Existenz hatte aufgehen wollen. Das ist wahr. Aber dieses ständige Wiederkäuen von Wörtern ohne Inhalt, diese durch eine maßlose Verwüstung von Wörtern hindurch fortgesetzte Rede, macht das tiefe Schweigen aus, das bis in die Stummheit hinein spricht, die ein von Gesprochenem leeres Sprechen ist, ein stets inmitten des Schweigens sprechendes Echo. Und die Literatur, blinde Wachsamkeit, die bei dem Versuch, sich selbst zu entkommen, sich immer weiter in ihre eigene Obsession verbohrt, ist auch die einzige Übersetzung der Obsession der Existenz, wenn diese die Unmöglichkeit darstellt, die Existenz zu verlassen, das immer aus dem Sein verworfene Sein, das in der Tiefe ohne Grund ist, Abgrund, der noch Grundlegung des Abgrundes ist, Zuflucht, vor der es keine Zuflucht gibt.[4]

Die Literatur ist in diese beiden Neigungen unterteilt. Die Schwierigkeit liegt darin, dass, wenngleich sie unversöhnlich nebeneinander zu stehen scheinen, sie nicht zu verschiedenen Werken oder Zielen führen und dass die Kunst, die vorgibt, der einen Richtung zu folgen, sich schon auf der anderen Seite befindet. Die erste Richtung ist diejenige der bedeutungsvollen Prosa. Das Ziel liegt darin, die Dinge in

---

4   *In seinem Buch* Vom Sein zum Seienden *hat Emmanuel Levinas diesen anonymen und unpersönlichen Strom des Seins, der jedem Sein vorhergeht, unter dem Namen des* Es hat statt, *ans »Licht« gebracht, das Sein, das im Schoße des Verschwindens bereits gegenwärtig ist, das am Grunde der Vernichtung noch zum Sein zurückkehrt wie das Verhängnis des Seins, das Nichts als Existenz:* Wenn es nichts gibt, *hat das Sein statt. Vgl. auch in* Deucalion I.

einer Sprache zum Ausdruck zu bringen, die sie mit ihrem Sinn bezeichnet. Alle Welt spricht so; viele schreiben, wie man spricht. Allerdings kommt ein Moment, da die Kunst, ohne diese Seite der Sprache aufzugeben, die Unaufrichtigkeit des gewöhnlichen Sprechens wahrnimmt und sich davon entfernt. Was wirft sie ihr vor? Sie sagt, dass es ihr an Sinn mangele: Ihr scheint ein Wahn darin zu liegen, zu glauben, dass jedes Wort ein Ding durch die Abwesenheit hindurch, die es bestimmt, ganz und gar zugegen wäre, und sie macht sich auf die Suche nach einer Sprache, in der diese Abwesenheit selbst ergriffen und das Verstehen in einer Bewegung ohne Ende repräsentiert wäre. Wir wenden uns nicht noch einmal dieser Haltung zu, wir haben sie ausführlich beschrieben. Was aber kann man über eine solche Kunst sagen? Dass sie Suche der reinen Form ist, müßige Bekümmerung um leere Worte? Ganz im Gegenteil: Sie hat nichts im Blick als den wahren Sinn; sie kümmert sich ausschließlich darum, die Bewegung zu bewahren, durch die dieser Sinn Wahrheit wird. Will man gerecht sein, muss man sie für bedeutungsvoller als irgendeine gewöhnliche Prosa halten, welche vom falschen Sinn allein lebt: Sie repräsentiert uns die Welt, sie lehrt uns, deren totales Sein zu entdecken, sie ist die Arbeit des Negativen, in der Welt und für die Welt. Wie könnte man sie nicht als die handelnde, lebendige und klare Kunst par excellence *bewundern? Zweifellos. Dann aber muss man Mallarmé, der ihr Meister ist, als diesen schätzen.*

Wenn man in die andere Richtung geht, trifft man ebenfalls auf Mallarmé. Im Allgemeinen versammeln sich dort diejenigen, die man Dichter nennt. Warum? Weil sie sich für die Wirklichkeit der Sprache interessieren, weil sie sich nicht für die Welt interessieren, sondern für das, was die Dinge und die Wesen in ihrem Sein sein würden, wenn es keine Welt gäbe; weil sie sich der Literatur als einer unpersönlichen Macht ausliefern, die nur danach strebt, sich zu verschlingen und zu überwältigen. Wenn die Dichtung so ist, dann wissen wir zumindest, warum sie der Geschichte entzogen werden muss, an deren Rändern sie ein befremdliches Insektengeräusch erzeugt, und wir wissen auch, dass kein Werk, das sich mittels dieser Neigung in Richtung Abgrund gleiten lässt, ein Prosawerk genannt werden kann. Aber wie steht es damit? Jeder begreift, dass die Literatur sich nicht teilen lässt, und wer in ihr seinen Platz präzise wählt, überzeugt davon, dass man sehr wohl dort sein kann, wo man sein wollte, legt damit die größte

Verwechslung offen, denn die Literatur hat einen schon heimtückisch von der einen Seite zur anderen wechseln lassen und in das verwandelt, was man nicht war. Darin liegt ihr Verrat, darin aber auch ihre verdrehte Wahrheit. Ein Romancier schreibt in der transparentesten Prosa, er beschreibt Menschen, denen wir hätten begegnen können, und Gesten, die die unsrigen sind; seine Absicht liegt darin, und er sagt es, um in der Art und Weise Flauberts die Wirklichkeit einer menschlichen Welt zum Ausdruck zu bringen. Was ist aber am Ende der alleinige Gegenstand seines Werks? Der Schrecken der um die Welt beraubten Existenz, der Vorgang, durch den das, was zu sein aufhört, zu sein fortfährt, und das, was vergessen wird, dem Gedächtnis immer schuldig bleibt, dass das, was stirbt, nur der Unmöglichkeit des Sterbens begegnet, dass das, was das Jenseits erreichen will, stets im Diesseits verbleibt. Dieser Vorgang ist der zum Verhängnis gewordene Tag, das Bewusstsein, dessen Licht nicht mehr die Klarheit des Wachens, sondern die Dumpfheit des Schlafes ist, die Existenz ohne Sein, so wie die Dichtung sie hinter dem Sinn der Wörter, der sie verwirft, wieder zu erfassen versteht.

Hier nun ein Mensch, der mehr beobachtet, als er schreibt: Er geht in einem Pinienwald spazieren, betrachtet eine Wespe, hebt einen Stein auf. Er ist eine Art Gelehrter, aber der Gelehrte tritt hinter dem, was er weiß, zurück, manchmal hinter dem, was er wissen möchte, er ist ein Mensch, der im Namen der Menschen lernt: Er ist auf die Seite der Objekte hinüber gewechselt, bald ist er das Wasser, ein Kiesel, ein Baum, und wenn er beobachtet, dann tut er es im Namen der Dinge, wenn er schreibt, dann ist es das Ding selbst, das sich beschreibt. Und darin liegt der überraschende Zug dieser Wandlung, denn natürlich kann man ein Baum werden, und welchem Schriftsteller gelänge es nicht, ihn zum sprechen zu bringen? Aber der Baum Francis Ponges ist ein Baum, der Francis Ponge beobachtet hat und sich auf eine solche Weise beschreibt, wie er sich vorstellt, wie dieser ihn beschreiben könnte. Befremdliche Beschreibungen. In gewissen Zügen scheinen sie ganz und gar menschlich: Denn der Baum kennt die Schwäche der Menschen, die nur von dem sprechen, wovon sie Kenntnis haben; aber all diese der malerischen Welt der Menschen entliehenen Metaphern, diese Bilder, die Sinnbilder sind, stellen in Wirklichkeit die Sichtweise der Dinge auf den Menschen dar, das Einzigartige eines menschlichen Sprechens, das vom Leben des Kosmos und der

Kraft der Keime animiert wird; aus diesem Grund schieben sich neben die Bilder, neben gewisse objektive Begriffe – denn der Baum weiß, dass die Wissenschaft zwischen den beiden Welten einen Bereich der Verständigung einrichtet – Erinnerungen, die aus dem Grunde der Erde kommen, Ausdrücke, die in einer Metamorphose begriffen sind, Worte, in denen sich unter dem klaren Sinn die Dickflüssigkeit pflanzlichen Wachstums zu verstehen gibt. Wer glaubte nicht, diese Beschreibungen einer ganz und gar bedeutungsschaffenden Prosa zu verstehen? Wer würde sie nicht der klaren und menschlichen Seite der Literatur zurechnen? Und dennoch gehören sie nicht der Welt an, sondern dem Untergrund der Welt; sie legen nicht Zeugnis für die Form, sondern für das Formlose ab, sie sind klar nur für den, der nicht in sie eindringt, ganz im Gegensatz zu den Orakelsprüchen des Baumes von Dodona – auch dies ein Baum –, die zwar dunkel waren, aber einen Sinn bargen: Diese sind klar nur deshalb, weil sie ihren Mangel an Sinn verbergen. In Wahrheit beginnen die Beschreibungen Ponges in dem angenommenen Moment, in dem, während die Welt erfüllt, die Geschichte abgeschlossen, die Natur beinahe menschlich gemacht worden ist, das Sprechen dem Ding entgegenkommt und das Ding zu sprechen lernt. Ponge fängt diesen bewegenden Moment ein, in dem sich am Saum der Welt die noch stumme Existenz und jenes, man weiß es, mörderische Sprechen der Existenz begegnen. Am Grunde der Stummheit hört er die Anstrengung einer Sprache, die aus der Zeit vor der Sintflut kommt, und im klaren Sprechen erkennt er die tiefe Arbeit der Elemente. So verwandelt er sich in den Willen, das, was langsam zur Rede aufsteigt, mit der Rede, die langsam zur Erde hinabgeht, zu vermitteln, indem er nicht die Existenz vor dem Tag, sondern die Existenz nach dem Tag zum Ausdruck bringt: die Welt des Weltenendes.

Wo beginnt in einem Werk der Augenblick, da die Worte stärker werden als ihr Sinn und der Sinn stofflicher wird als das Wort? Wann muss die Prosa Lautréamonts den Namen Prosa ablegen? Ist nicht jeder Satz verständlich? Folgt nicht jeder Satz logisch auf den vorhergehenden? Und sagen die Worte nicht das, was sie sagen wollen? Zu welchem Augenblick ist in diesem Wirrwarr von Ordnung, in diesem Labyrinth aus Klarheit der Sinn auf Abwege geraten, an welchem Umweg nimmt der Gedankengang wahr, dass er aufgehört hat zu »folgen«, dass an seiner Stelle etwas vorangeschritten ist, sich fortgesetzt und geschlussfolgert hat, das ihm ganz ähnlich ist, in dem er geglaubt hat, sich wieder zu erkennen, bis zu dem Moment, an dem er dieses Andere entdeckt, das seinen Platz eingenommen hat? Aber kaum hat er sich wieder gefangen, um den Eindringling zu attackieren, da verflüchtigt sich die Illusion, und er findet sich selbst wieder, die Prosa ist wieder Prosa, so dass er weiter fortschreitet und sich aufs Neue verliert, indem er zulässt, dass er durch eine widerwärtige stoffliche Substanz ersetzt wird, ähnlich einer Treppe in laufender Bewegung, ein sich fortrollend entziehender Gang, ein Vernunftdenken, dessen Unfehlbarkeit jeden Denkenden ausschließt, eine Logik, die »Logik der Dinge« geworden ist. Wo also ist das Werk? Jeder Moment besitzt die Klarheit einer schönen Sprache, die gesprochen wird, aber das Ganze hat den undurchsichtigen Sinn eines Dings, das gegessen wird und das selber isst, das verzehrt, verschlungen wird und sich wieder bildet in der müßigen Anstrengung, sich in nichts zu verwandeln.

Lautréamont soll wirklich kein Prosaautor sein? Was aber ist der Stil Sades, wenn er nicht Prosa ist? Und wer schreibt klarer als er? Wer von denjenigen, die das am wenigsten poetische Jahrhundert formte, kennt noch weniger als er die Sorgen einer Literatur, die auf der Suche nach dem Dunklen ist? In welchem Werk jedoch breitet sich ein so unpersönliches, so unmenschliches Geräusch aus, »gigantisches und eindringliches Gemurmel« (sagt Jean Paulhan)? Aber das ist bloß ein Mangel! Schwäche eines Schriftstellers, der unfähig ist, Kurzes zu verfassen! Zweifellos, ein großer Mangel: Die Literatur klagt ihn als ersten dafür an. Was sie aber auf der einen Seite verurteilt, wird auf der anderen Seite ein Verdienst; was sie im Namen des Werkes anklagt, bewundert sie als Erfahrung; was unlesbar erscheint, wird zu dem, was einzig das Schreiben lohnt. Und am Schluss steht der Ruhm; weiter entfernt das Vergessen; weiter entfernt das anonyme Überleben im Schoße einer toten Kultur; weiter entfernt das Überdauern in einer elementaren Ewigkeit. Wo ist das Ende? Wo ist jener Tod, der die Hoffnung der Sprache ist? Aber die Sprache ist das Leben, das den Tod erträgt und sich in ihm erhält.

Wenn man die Literatur auf die eine Bewegung bringen will, die ihre gesamte Zweideutigkeit wiedergibt, dann ist es folgende: Die Literatur, wie das gewöhnliche Sprechen, beginnt *mit dem* Ende, *das als einziges ein Verstehen erlaubt. Wir müssen, um zu sprechen, den Tod sehen, ihn in unserem Rücken sehen. Wenn wir sprechen, stützen wir uns auf ein Grab, und die Leere dieses Grabes bildet die Wahrheit der*

Sprache, zugleich aber ist die Leere Wirklichkeit und der Tod macht sich zum Sein. Das Sein hat statt – d.h. eine Wahrheit, die logisch ist und ausgedrückt werden kann –, und statt hat eine Welt, weil wir diese Dinge zerstören und die Existenz unterbrechen können. Aus diesem Grund kann man sagen, dass das Sein statt hat, weil Nichts statt hat: Der Tod ist die Möglichkeit des Menschen, er ist seine Chance, durch ihn bleibt uns die Zukunft einer vollendeten Welt; der Tod ist die größte Hoffnung der Menschen, ihre einzige Hoffnung, Menschen zu sein. Aus diesem Grund ist die Existenz ihre einzige wahrhafte Angst, wie Emmanuel Levinas so deutlich gezeigt hat;[5] die Existenz macht ihnen Angst, nicht aufgrund des Todes, der ihr ein Ende bereiten könnte, sondern weil sie den Tod ausschließt, weil sie unterhalb des Todes immer noch da ist, Gegenwart am Grunde der Abwesenheit, unausweichlicher Tag, über dem jeder einzelne Tag auf- und untergeht. Und Sterben ist natürlich unsere Sorge. Aber warum? Weil wir, die wir sterben, gerade aus der Welt und dem Tod scheiden. Das ist das Paradox der letzten Stunde. Der Tod arbeitet mit uns in der Welt; Macht, die die Natur vermenschlicht, die die Existenz zum Sein erhebt, ist er in uns als unser menschlichster Anteil; Tod ist er nur in der Welt, der Mensch kennt ihn nur, weil er Mensch ist, und er ist Mensch nur, weil er der werdende Tod ist. Sterben aber heißt, die Welt zu zerbrechen; heißt, den Menschen zugrunde zu richten, das Sein zu vernichten; heißt also auch, den Tod zugrunde zu richten, zugrunde zu richten, was in ihm und in mir aus ihm den Tod machte. Solange ich lebe, bin ich ein sterblicher Mensch, aber wenn ich sterbe, indem ich aufhöre, ein Mensch zu sein, höre ich auch auf, sterblich zu sein, und der sich ankündigende Tod ist ein Schrecken für mich, denn ich sehe ihn so, wie er ist: nicht mehr Tod, sondern Unmöglichkeit zu sterben.

Aus der Unmöglichkeit des Todes haben gewisse Religionen die Unsterblichkeit gemacht. D.h. sie haben versucht, die Tatsache selbst, die bedeutet: »Ich höre auf, ein Mensch zu sein«, zu »vermenschlichen«. Aber einzig die entgegengesetzte Bewegung macht den Tod unmög-

---

[5] Er schreibt: »Ist die Angst vor dem Sein – der Schrecken des Seins – nicht genauso ursprünglich wie die Angst vor dem Tod? Die Furcht zu sein nicht genauso ursprünglich wie die Furcht ums Sein? Ursprünglicher sogar, denn von dieser kann durch jene Rechenschaft abgelegt werden.« (Vom Sein zum Seienden)

lich: Durch den Tod verliere ich den Vorzug, sterblich zu sein, denn ich verliere die Möglichkeit, ein Mensch zu sein; Mensch jenseits des Todes zu sein, könnte nur folgenden befremdlichen Sinn haben: trotz des Todes immer noch fähig sein zu sterben, fortfahren, als ob nichts gewesen wäre, mit dem Tod als Horizont und im Tod stets dieselbe Hoffnung, Tod, der keinen anderen Ausgang hat, als ein »fahren Sie fort, als ob nichts gewesen wäre«, usw. Das ist das, was andere Religionen den Fluch der Wiedergeburten genannt haben: Man stirbt, aber man stirbt schlecht, da man schlecht gelebt hat, man ist verdammt dazu, wieder zu leben und lebt immer wieder, so lange bis man, ganz und gar Mensch geworden, sterbend ein glücklicher Mensch wird: ein wirklich toter Mensch. Kafka hat dieses Thema von der Kabbala und den orientalischen Traditionen geerbt. Der Mensch tritt in die Nacht ein, aber die Nacht führt zum Erwachen, und schon ist er Ungeziefer. Oder aber der Mensch stirbt, in Wirklichkeit jedoch lebt er; er geht von Stadt zu Stadt, von Flüssen getragen, von einigen erkannt, steht ihnen doch keiner bei, und der Irrtum des vormaligen Todes grinst an seiner Bettstatt; er ist in einem befremdlichen Zustand, er hat vergessen zu sterben. Ein anderer aber glaubt zu leben, weil er seinen Tod vergessen hat, und noch ein anderer, wissend, dass er tot ist, kämpft vergebens darum zu sterben; der Tod ist dort, das große Schloss, das man nicht erreichen kann, und das Leben war dort, das Geburtsland, das man auf einen trügerischen Ruf hin verlassen hat; jetzt bleibt nichts mehr als zu kämpfen, zu arbeiten, um vollständig zu sterben, aber kämpfen ist auch noch leben; und alles, was einen dem Ziel näher bringt, macht das Ziel unerreichbar.

Kafka hat aus diesem Thema keinen Ausdruck eines Drama des Jenseits gemacht, sondern er versucht, darin das wiederzuerlangen, was uns bedingt. In der Literatur hat er dafür das beste Mittel gesehen, nicht nur um diese Bedingung zu beschreiben, sondern mehr noch, um aus ihr einen Ausweg zu finden. Ein schönes Lob, aber ist es berechtigt? Es ist richtig, dass die Literatur über eine machtvolle Gerissenheit verfügt, eine geheimnisvolle Unaufrichtigkeit, die, indem sie ihr erlaubt, ständig in zwei Registern zu spielen, bei den Aufrichtigsten die unsinnige Hoffnung weckt, zu verlieren und dennoch gewonnen zu haben. Zunächst arbeitet auch sie daran, die Welt entstehen zu lassen; sie ist Kultur und Zivilisation. Damit vereint sie bereits zwei einander entgegengesetzte Bewegungen. Sie ist Negation, da sie die unmenschliche, nicht bestimmte Seite der Dinge ins Nichts stößt; sie definiert sie, macht sie zu endlichen, und in diesem Sinne ist sie tatsächlich das Werk des Todes in der Welt. Aber nachdem sie die Dinge in ihrer Existenz negiert hat, bewahrt sie sie zur gleichen Zeit in ihrem Sein: Sie bewirkt, dass die Dinge einen Sinn haben, und die Negation, die der Tod bei der Arbeit ist, ist auch die Entstehung des Sinns, das sich vollziehende Verstehen. Die Literatur hat zudem ein Privileg: Sie geht über den aktuellen Ort und die aktuelle Zeit hinaus, um einen Platz in der Randzone der Welt und gleichsam am Ende der Zeit einzunehmen, und von dort spricht sie über die Dinge und kümmert sich um die Menschen. Aus dieser anderen Macht erwächst ihr, so scheint es, eine außergewöhnliche Autorität. Sie offenbart jedem Moment das Ganze, dem er angehört, und hilft ihm so, sich dieses Ganzen, das er nicht ist, bewusst und ein anderer Moment zu werden, welcher Moment eines anderen Ganzen sein wird: und so weiter; dadurch kann die Literatur sich zum wichtigsten Keim der Geschichte erklären. Hieraus aber erwächst ein Nachteil: Das Ganze, das sie darstellt, ist keine bloße Idee, denn es ist verwirklicht und nicht auf abstrakte Weise formuliert, da das, was darin wirklich ist, nicht das Ganze ist, sondern die partikulare Sprache eines partikularen Werks, das selbst in die Geschichte getaucht ist; zudem gibt sich das Ganze nicht als wirklich, sondern als fiktiv, eben deshalb als Ganzes: eine Sichtweise der Welt, die von diesem imaginären *Punkt ausgeht, von dem aus die Welt in ihrer Gesamtheit gesehen werden kann; es handelt sich also um eine Sicht der Welt, die sich als unwirkliche verwirklicht, ausgehend von der Wirklichkeit, die der Sprache eigen ist. Was aber ergibt sich daraus? Auf der Seite der Aufgabe, die die Welt darstellt, wird die Literatur nun eher als eine Störung denn als ernst zu nehmende Hilfe angesehen; sie ist nicht das Ergebnis einer wirklichen Arbeit, weil sie nicht selbst Wirklichkeit ist, sondern Verwirklichung eines Gesichtspunktes, der unwirklich bleibt; sie ist jeder wahren Kultur fremd, da die Kultur die Arbeit eines sich langsam in der Zeit verwandelnden Menschen ist, und nicht die unmittelbare einer fiktiven Verwandlung, die sowohl die Zeit als auch die Arbeit verabschiedet.*

Von der Geschichte abgewiesen, spielt die Literatur in einem anderen Register. Sie ist deshalb nicht wirklich in der Welt und damit beschäftigt, die Welt zu schaffen, weil sie sich durch ihren Seinsmangel (Mangel an intelligibler Wirklichkeit) auf die noch unmenschliche

Existenz bezieht. Und sie erkennt an, dass in ihrer Natur ein befremdliches Gleiten zwischen Sein und Nichtsein liegt, Gegenwart, Abwesenheit, Wirklichkeit und Unwirklichkeit. Was ist ein Werk? Wirkliche Worte und eine imaginäre Geschichte, eine Welt, in der alles, was geschieht, der Wirklichkeit entliehen ist, und diese Welt ist unzugänglich; Personen, die sich als Lebende geben, aber wir wissen, dass ihr Leben darin besteht, nicht zu leben (eine Fiktion zu bleiben); ein bloßes Nichts also? Aber das Buch, das man anfassen kann, ist da, man kann die Worte, die gelesen werden, nicht ändern; das Nichts einer Idee, von dem, was nur als Verstandenes existiert? Aber die Fiktion wird nicht verstanden, sie wird auf der Grundlage der Worte erlebt, von denen ausgehend sie sich verwirklicht, und sie ist für mich, der ich sie lese oder schreibe, wirklicher als viele Ereignisse, da sie mit der gesamten Wirklichkeit der Sprache vollgesogen ist und kraft dessen, dass sie existiert, richtet sie sich anstelle meines Lebens ein. Die Literatur handelt nicht: Sie ist jedoch in diese Tiefe der Existenz getaucht, die weder Sein noch Nichts ist und in der die Hoffnung, nichts zu machen, auf radikale Weise unterdrückt wird. Sie ist nicht Erklärung und auch nicht bloßes Verstehen, da sich in ihr das Unerklärliche vergegenwärtigt. Und sie ist ausdrucksloser Ausdruck, sie bietet ihre Sprache dem an, was in der Abwesenheit der Rede gemurmelt wird. Die Literatur scheint somit an die Fremdheit der Existenz gebunden, die vom Sein verworfen wurde und die jeder Kategorie entweicht. Der Schriftsteller fühlt sich wie die Beute einer unpersönlichen Macht, die ihn weder sterben noch leben lässt: Die Verantwortungslosigkeit, die er nicht zu überwinden vermag, übersetzt diesen Tod ohne Tod, der ihn am Rande des Nichts erwartet; die literarische Unsterblichkeit ist genau diejenige Bewegung, durch die sich bis in die Welt, eine von der rohen Existenz zerrüttete Welt, der Ekel eines Überlebens einschleicht, das keines ist, eines Todes, der das Ende von nichts ist. Der Schriftsteller, der ein Werk schreibt, hebt sich in diesem Werk auf und behauptet sich in ihm. Wenn er vorhatte, es zu schreiben, um sich seiner zu entledigen, dann muss er feststellen, dass das Werk ihn in die Pflicht nimmt und ihn zu ihm selbst zurückruft, und wenn er vorhatte, es zu schreiben, um sich zu zeigen und in ihm zu leben, wird er sehen, dass das, was er geschaffen hat, nichts ist, dass auch das größte Werk nicht den Wert auch nur der unbedeutendsten Handlung besitzt und dass es ihn zu einer Existenz verdammt, die nicht die seine, sowie zu einem Leben, das nicht Leben ist. Oder noch anders: Er hat geschrieben, weil er am Grunde der Sprache jene Arbeit des Todes vernommen hat, die die seienden Wesen auf die Wahrheit ihres Namens vorbereitet: Er hat für dieses Nichts gearbeitet und er war selbst ein arbeitendes Nichts. Wenn man aber das Nichts verwirklicht, schafft man ein Werk, und das Werk, aus der Treue zum Tod geboren, ist am Ende nicht mehr in der Lage zu sterben, und demjenigen, der sich einen Tod ohne Geschichte bereiten wollte, bringt sie nur das Lächerliche der Unsterblichkeit.

Wo liegt also die Macht der Literatur? Sie tut so, als würde sie in der Welt arbeiten, und die Welt hält ihre Arbeit für ein nichtiges oder gefährliches Spiel. Sie eröffnet für sich einen Weg zur Dunkelheit der Existenz, und es gelingt ihr nicht, das »Niemals mehr« auszusprechen, das deren Fluch unterbrechen würde. Wo liegt also ihre Kraft? Warum hat ein Mensch wie Kafka das Urteil gefällt, dass, wenn es schon nötig wäre, seine Bestimmung zu verfehlen, für ihn die einzige Möglichkeit, sie in Wahrheit zu verfehlen, diejenige wäre, ein Schriftsteller zu sein? Vielleicht ist das ein nicht zu entschlüsselndes Rätsel, aber wenn es ein Rätsel ist, dann entstammt das Mysteriöse in ihm dem Recht der Literatur, jedes ihrer Momente und jedes ihrer Ergebnisse ohne Unterschied mit einem negativen oder einem positiven Zeichen zu belegen. Ein befremdliches Recht, das an die allgemeine Frage der Mehrdeutigkeit gebunden ist. Warum gibt es Mehrdeutigkeit in der Welt? Die Mehrdeutigkeit ist die der Frage eigene Antwort. Man antwortet ihr nur dann, wenn man sie in der Mehrdeutigkeit der Antwort wiederfindet, und die mehrdeutige Antwort ist eine Frage in Hinblick auf die Mehrdeutigkeit. Eines ihrer Verführungsmittel ist der von ihr geborene Wunsch, sie in die Klarheit zu zerren, ein Kampf, der dem Kampf gegen das Übel ähnelt, von dem Kafka spricht und der selbst im Übel ausläuft, »wie der Kampf mit den Frauen, der im Bett endet«.

Die Literatur ist die Sprache, die sich zur Zweideutigkeit macht. Die Umgangssprache ist nicht notwendigerweise klar, sie sagt nicht immer das, was sie sagt, auch das Missverständnis ist einer ihrer Wege. Das ist unvermeidlich, man spricht nur, indem man aus dem Wort ein zweigesichtiges Monster macht, Wirklichkeit, die stoffliche Gegenwart, sowie Sinn, der ideale Abwesenheit ist. Aber die Umgangssprache begrenzt die Mehrdeutigkeiten. Auf solide Weise schließt sie die Abwesenheit in eine Anwesenheit ein, sie setzt dem Einvernehmen, der un-

bestimmten Bewegung des Verstehens mit einem Begriff ein Ende; das Einvernehmen ist begrenzt, aber das Missverständnis ist es ebenfalls. In der Literatur ist die Mehrdeutigkeit durch die Freiheiten, die sie in ihr findet, gleichsam ihrem Exzess überlassen und durch das Ausmaß des Missbrauchs, den sie treiben kann, erschöpft. Man könnte sagen, dass sich eine versteckte Falle zu dem Zweck auftut, um ihre Fallen zu enthüllen, und indem sie sich der Mehrdeutigkeit rückhaltlos ausliefert, versucht die Literatur, sie außerhalb des Blicks und des Denkens der Welt zurückzuhalten, in einem Bereich, in dem sie sich erfüllt, ohne irgendetwas in Gefahr zu bringen. Dort ringt die Mehrdeutigkeit mit sich selbst. Nicht allein, dass jedes Moment der Sprache zweideutig werden kann und etwas anderes sagen, als es sagt, auch der allgemeine Sinn der Sprache ist unsicher, da man nicht weiß, ob sie etwas ausdrückt oder zur Darstellung bringt, ob sie ein Ding ist oder es bedeutet; ob sie da ist, um vergessen zu werden, oder ob sie sich nur vergessen macht, damit man sie wahrnimmt; ob sie transparent ist aufgrund des Wenigen an Sinn, den das hat, was sie sagt, oder klar durch die Genauigkeit, mit der sie es sagt, dunkel, weil sie zu viel oder undurchdringlich, weil sie gar nichts sagt. Überall ist Mehrdeutigkeit: im belanglosen Schein, doch das Frivolste kann die Maske der Ernsthaftigkeit sein; in ihrer Interesselosigkeit, aber hinter dieser Interesselosigkeit gibt es die Mächte der Welt, mit denen sie, während sie sie ignoriert, paktiert, oder aber sie bewahrt noch in dieser Interesselosigkeit den absoluten Charakter der Werte, ohne die das Handeln innehielte oder tödlich würde; ihre Unwirklichkeit ist also Handlungsprinzip und Unfähigkeit zu handeln: ebenso, wie die Fiktion in ihr sowohl Wahrheit als auch Gleichgültigkeit der Wahrheit gegenüber ist; ebenso, wie sie sich korrumpiert, wenn sie sich der Moral anschließt, und sich noch weiter pervertiert, wenn sie die Moral verwirft; ebenso, wie sie nichts ist, wenn sie nicht ihr Ende in sich selbst hat, sie aber ihr Ende nicht in sich haben kann, da sie ohne Ende ist, sie sich außerhalb ihrer selbst vollendet, in der Geschichte, und so weiter.

All diese Verdrehungen des Für ins Wider – sowie diejenigen, von denen auf diesen Seiten die Rede war – können sicher durch ganz unterschiedliche Gründe erklärt werden. Man hat gesehen, dass die Literatur sich unversöhnliche Aufgaben stellt. Man hat gesehen, dass sie vom Schriftsteller zum Leser, von der Arbeit zum Werk durch gegenläufige Momente hindurchgeht und sich nur in der Bejahung aller einander entgegengesetzter Momente erkennt. Jedoch verweisen all diese Widersprüche, diese feindseligen Forderungen, diese Spaltungen und Widrigkeiten, die von so unterschiedlichem Ursprung, so unterschiedlicher Art und Bedeutung sind, auf eine letzte Zweideutigkeit, deren befremdliche Wirkung darin liegt, die Literatur zu einem instabilen Punkt hin zu ziehen, an dem sie unterschiedslos sowohl Sinn als auch Zeichen vertauschen kann.

Dieses letzte Schicksal hält das Werk auf eine solche Weise eingeklammert, dass es nach Belieben einen positiven oder negativen Wert annehmen und so, als ob es sich unwahrnehmbar um eine unsichtbare Achse drehen würde, ins Tageslicht der Bejahungen und Behauptung oder ins Gegenlicht der Negationen eintreten kann, ohne dass der Stil, die Gattung oder der Gegenstand von dieser radikalen Wandlung Rechenschaft ablegen könnte. Weder der Inhalt der Worte noch ihre Form steht in Frage. Dunkel, klar, poetisch, prosaisch, unbedeutend, wichtig, vom Kiesel sprechend, von Gott redend, etwas ist im Werk gegenwärtig, das nicht von seinen Eigenschaften abhängt und das am Grunde seiner selbst unentwegt dabei ist, es durch und durch zu verändern. Alles verhält sich so, als ob im Innersten der Literatur und der Sprache, jenseits der Bewegungen, die sie allem Anschein nach verwandeln, ein Punkt von Instabilität aufgespart wäre, eine Mächtigkeit substanzieller Metamorphose, die in der Lage ist, alles daran zu verwandeln, ohne etwas daran zu verwandeln. Diese Instabilität kann als der Effekt einer zersetzenden Kraft angesehen werden, da durch sie das stärkste Werk, das mit den meisten Kräften ausgestattete, ein Unglücks- und Ruinenwerk werden kann, wobei diese Zersetzung auch Konstruktion ist, durch die ganz plötzlich aus Verzweiflung Hoffnung wird und die Zerstörung zum Element des Unzerstörbaren. Wie kann eine solche stets unmittelbar drohende Verwandlung, die in der Tiefe der Sprache gegeben ist, das heißt außerhalb des Sinns, mit dem die Sprache belegt ist, und außerhalb der Wirklichkeit dieser Sprache, dennoch gerade in diesem Sinn und in dieser Sprache gegenwärtig sein? Könnte es sein, dass der Sinn des Wortes etwas mit sich führt und in das Wort einführt, das, während es dessen genaue Bedeutung sichert und diese keinesfalls in Frage zu stellt, in der Lage wäre, den Sinn zugleich vollständig zu verwandeln und den materiellen Wert des Wortes dazu? Gäbe es im Innersten der Rede eine Freundes- und Feindeskraft, eine Waffe, die zur Zerstörung und zur Errichtung geschaffen ist, die hinter der Bedeutung und nicht an der Bedeutung arbeitet? Muss man einen Sinn des Sinns der Wörter ansetzen, der, während er ihn bestimmt, diese Bestimmung mit einer zweideutigen Unbestimmtheit umgibt, als schwebendes Verfahren zwischen dem Ja und dem Nein?

Aber wir können keinen Sinn der Wörter ansetzen: Lange haben wir diesen Sinn des Sinns der Worte befragt, der ebenso die Bewegung des Wortes auf seine Wahrheit hin ist, wie er durch die Wirklichkeit der Sprache am dunklen Grund der Existenz die Rückkehr von dort ist, diese Abwesenheit, durch die das Ding vernichtet, zerstört wird, um Sein und Idee zu werden. Sie ist dieses Leben, das den Tod erträgt und sich in ihm erhält, der Tod, die wundersame Macht des Negativen, oder auch die Freiheit, durch dessen Arbeit die Existenz von sich selbst abgelöst und bedeutsam gemacht wird. Nichts ändert etwas daran, dass diese Mächtigkeit, in dem Moment, da sie am Verstehen der Dinge und in der Sprache an der Spezifizierung der Worte arbeitet, sich auch noch als eine stets andere Möglichkeit behauptet und einen nicht reduzierbaren Doppelsinn perpetuiert, eine Alternative, dessen Terme sich in einer Zweideutigkeit überlagern, die sie miteinander identisch macht, indem sie sie einander entgegensetzt.

Wenn wir diese Macht die Negation des Todes oder seine Unwirklichkeit nennen, dann arbeiten bald der Tod, die Negation, die Unwirklichkeit am Grunde der Sprache, bedeuten hier das Ereignis der Ankunft der Wahrheit in der Welt, das intelligible Sein, das sich bildet. Aber genauso bald ändert sich das Zeichen: Der Sinn stellt nun nicht mehr das Wunder des Verstehens dar, sondern verweist uns auf das Nichts des Todes, und das intelligible Sein bedeutet bloß die Verweigerung der Existenz, und die absolute Sorge der Wahrheit übersetzt sich in die Unfähigkeit, wahrhaft zu handeln. Oder aber der Tod zeigt sich als die zivilisierende Macht, die zum Verständnis des Seins führt. Zugleich aber stellt der Tod, der zum Sein führt, absurden Wahnsinn dar, den Fluch der Existenz, der in sich Tod und Sein vereint und weder Tod noch Sein ist. Der Tod führt zum Sein: Darin liegt die Hoffnung und darin liegt die Aufgabe des Menschen, da das Nichts selbst hilft, die Welt zu schaffen, da das Nichts Schöpfer der Welt im arbeitenden und verstehenden Menschen ist. Der Tod führt zum Sein: Darin liegt die Zerrissenheit des Menschen, der Ursprung seines unglücklichen Loses, da durch den Menschen der Tod zum Sein *gelangt und durch den Menschen der Sinn auf dem Nichts ruht; wir verstehen nur, indem wir uns der Existenz berauben, indem wir den Tod möglich machen, indem wir das, was wir am Nichts verstehen, mit dem Tod infizieren, so dass wir, wenn wir das Sein verlassen, aus der Möglichkeit des Todes herausfallen und der Ausweg zum Verschwinden eines jeden Auswegs wird.*

In diesem ersten Doppelsinn, der am Grunde jedes Sprechens wie eine noch nicht erkannte Verurteilung und ein noch nicht sichtbares Glück liegt, findet die Literatur ihren Ursprung, da sie die Form ist, die er gewählt hat, um sich im Rücken des Sinns und des Wertes der Worte zu zeigen, und da die Frage, die er stellt, die Frage ist, die von der Literatur gestellt wird.

Die wesentliche Einsamkeit

Es scheint so, dass wir etwas über die Kunst lernen könnten, wenn wir erfahren, was mit dem Wort Einsamkeit bezeichnet wird. Man hat die Verwendung dieses Wortes sehr übertrieben. Was bedeutet indes »einsam sein«? Wann ist man einsam? Es darf nicht sein, dass diese Frage uns nur zu Ansichten voller Pathos führt. Die Einsamkeit in der sozialen Welt ist eine Kränkung, um die es hier nicht geht.

Auch haben wir nicht die Einsamkeit des Künstlers im Blick, die ihm, wie man sagt, zur Ausübung seiner Kunst notwendig ist. Wenn Rilke der Gräfin von Solms-Laubach (am 3. August 1907) schreibt: »Übrigens habe ich, zwei kurze Unterbrechungen abgerechnet, seit Wochen kein Wort gesprochen; meine Einsamkeit schließt sich endlich, und ich bin in der Arbeit wie der Kern in der Frucht« – dann ist die Einsamkeit, von der er spricht nicht wesentlich Einsamkeit: Sie ist Rückzug.

Die Einsamkeit des Werkes

Die Einsamkeit des Werkes – Kunstwerk, literarisches Werk – enthüllt uns eine wesentlichere Einsamkeit. Sie schließt die selbstgefällige Isolierung des Individualismus aus, sie kennt nicht das Streben, anders zu sein; die Tatsache, dass man mannhaft einer Aufgabe nachgeht, die sich über den Tag, den man beherrscht, erstreckt, kann die Einsicht nicht vertreiben. Derjenige, der ein Werk schreibt, ist gesondert, derjenige, der es geschrieben hat, ist freigesetzt. Derjenige, der freigesetzt ist, weiß es zudem nicht. Diese Unwissenheit schützt ihn, lenkt ihn ab, während sie ihn dazu ermächtigt, nicht abzulassen. Der Schriftsteller weiß niemals, ob das Werk geschaffen ist. Was beendet vorliegt, ist ein Buch, er beginnt es wieder von vorne oder zerstört es in einem anderen. Valéry, der am Werk dieses Privileg zur Unendlichkeit preist, sieht daran nur die einfache Seite: Dass das Werk unendlich ist, bedeutet (für ihn), dass der Künstler, der nicht in der Lage ist, ihm ein Ende zu setzen, allerdings in der Lage ist, aus ihm den geschlossenen Ort einer Arbeit ohne Ende zu machen, deren Unabgeschlossenheit die Beherrschung des Geistes sich entwickeln lässt, diese Beherrschung zum Ausdruck bringt und sie in der Entwicklung zu einer Macht zum Ausdruck bringt. In einem bestimmten Moment sprechen die Umstände, d.h. die Geschichte – in Form des Verlegers, der finanziellen Zwänge, der gesellschaftlichen Aufgaben –, diese fehlende Beendigung aus, und der Künstler, befreit durch eine Lösung, die aus reinem Zwang gefunden wurde, setzt das Unabgeschlossene an anderer Stelle fort.

Das Unendliche des Werks ist in einer solchen Sicht nichts als das Unendliche des Geistes. Der Geist will sich in einem einzigen Werk vollenden, anstatt sich in der Unendlichkeit der Werke und im Fortgang der Geschichte zu verwirklichen. Allerdings war Valéry kein Held. Er fand es gut, über alles zu reden, über alles zu schreiben: Auf diese Weise lenkte ihn das zerstreute Ganze der Welt von der Strenge des einen Ganzen des Werkes ab, von welchem er sich auf liebenswürdige Weise weglocken ließ. Das *etc.* versteckte sich hinter der Verschiedenheit der Gedanken, der Gegenstände.

Jedoch ist das Werk – das Kunstwerk, das literarische Werk – weder abgeschlossen noch unabgeschlossen: Es ist. Es sagt ausschließlich dieses: dass es ist – und nichts mehr als das. Wer es dazu bewegen will, mehr zu sagen, findet nichts, findet, dass es nichts zum Ausdruck bringt. Derjenige, der in der Abhängigkeit des Werkes lebt, entweder um es zu schreiben oder um es zu lesen, gehört der Einsamkeit dessen an, was nur durch das Wort Sein zum Ausdruck gebracht wird: ein Wort, das die Sprache schützt, indem es sie versteckt, oder zum Erscheinen bringt, indem es sie in der schweigenden Leere des Werkes verschwinden lässt.

Die Einsamkeit des Werkes hat ihren ersten Rahmen in dieser Anspruchslosigkeit, die niemals erlaubt, es als abgeschlossen oder unabgeschlossen zu lesen. Es ist ohne Herkunftsnachweis, so wie es ohne Anwendung ist. Es lässt sich nicht bewahrheiten, die Wahrheit kann auf es zugreifen, das Ansehen kann zu seiner Erhellung beitragen: Diese Existenz betrifft es nicht, es wird durch diese Evidenz nicht zu einer Gewissheit, und weder zu etwas Realem noch zu etwas Manifestem.

Das Werk ist solitär: Das bedeutet nicht, dass es nicht mitteilbar bliebe, dass ihm Leser fehlen würden. Aber wer es liest, tritt in diese Behauptung der Einsamkeit des Werkes ein, genauso wie derjenige, der es schreibt, der Bedrohung dieser Einsamkeit untersteht.

Das Werk, das Buch

Wenn man näher betrachten will, wozu uns derartige Behauptungen einladen, muss man sich vielleicht in Richtung ihres Ursprungs auf die Suche machen. Der Schriftsteller schreibt ein Buch, aber das Buch ist noch nicht das Werk, das Werk ist Werk erst, wenn durch das Werk, in der Gewalt eines Beginns, der ihm eigen ist, das Wort ›Sein‹ ausgesprochen wird. Ein Ereignis, das erfüllt wird, wenn das Werk zur Intimität wird zwischen einem, der es schreibt, und einem, der es liest. Man kann sich also fragen: Wenn die Einsamkeit die Gefahr des Schriftstellers ist, drückt sie nicht die Tatsache aus, dass er in Richtung der offenen Gewalt des Werkes gewendet ist, auf diese Gewalt hin ausgerichtet, von der er niemals mehr als den Ersatz, die Annäherung und die Illusion in Form des Buches zu greifen bekommt? Der Schriftsteller gehört dem Werk an, aber was ihm gehört, ist nur ein Buch, ein stummer Haufen steriler Worte, das Unbedeutendste, was es auf der Welt gibt. Wenn der Schriftsteller diese Leere erlebt, glaubt er zunächst nur, das Werk sei unabgeschlossen, und er glaubt, ein wenig mehr an Arbeit, Glück, günstige Augenblicke würden ihm, ihm allein erlauben, es zu beenden. Er macht sich also wieder ans Werk. Aber was er allein beenden will, bleibt das Unendliche, bindet ihn an eine illusorische Arbeit. Und das Werk ignoriert ihn am Ende, verschließt sich wieder in seine Abwesenheit, in der unpersönlichen, anonymen Behauptung, die es ist – und nichts mehr als das. Man kann dies in die Bemerkung übersetzen, dass der Künstler, der sein Werk erst in dem Moment beendet, in dem er stirbt, es niemals kennt. Eine Bemerkung, die es vielleicht umzukehren gilt, denn ist der Schriftsteller nicht ab dem Moment tot, da das Werk existiert, wie er manchmal unter dem Eindruck der befremdlichsten Abwesenheit jeden Werkes und jeder Tätigkeit ahnt?

»Noli me legere«

Dieselbe Situation kann auch noch auf andere Weise beschrieben werden: Der Schriftsteller liest niemals sein Werk. Für ihn ist es das Unlesbare, ein Geheimnis, angesichts dessen er keine Bleibe findet. Ein Geheimnis, denn er ist von ihm getrennt. Die Unmöglichkeit zu lesen ist indes keine rein negative Bewegung, sie ist für den Autor vielmehr die einzige wirkliche Annäherung an das, was wir Werk nennen. Das plötzliche *Noli me legere* lässt da, wo es gerade erst ein Buch gibt, schon den Horizont einer anderen Mächtigkeit aufscheinen. Flüchtige, wenngleich unmittelbare Erfahrung. Es ist nicht die Kraft eines Verbots, es ist, durch das Spiel und den Sinn der Worte, die beharrliche, rohe und bohrende Behauptung, dass sich das, was in der umfassenden Anwesenheit eines definitiven Textes da ist, sich zugleich verweigert und die rohe, beißende Leere der Verweigerung ist, dass es denjenigen, der es geschrieben hat und noch einmal aufs Neue durch die Lektüre auf es zugreifen will, durch die Autorität der Indifferenz ausschließt. Die Unmöglichkeit der Lektüre ist die Entdeckung, dass es in jenem durch das Geschaffene eröffneten Raum keinen Platz mehr für die Schöpfung gibt – und für den Schriftsteller keine andere Möglichkeit, als dieses Werk immer noch zu schreiben. Niemand, der ein Werk geschrieben hat, kann in seiner Nähe leben, eine Bleibe finden. Das Werk selbst besteht genau in der Entscheidung, mit der es ihn verabschiedet, ihn abtrennt, die aus ihm einen Überlebenden macht, einen Werklosen, Untätigen, Reglosen, von dem die Kunst nicht abhängt.

Der Schriftsteller kann in der Nähe des Werks keinen Aufenthalt finden: Er kann es nur schreiben, er kann einzig, wenn es geschrieben ist, dessen Annäherung in dem plötzlichen *Noli me legere* ausmachen, das ihn selbst entfernt, das ihn auf Abstand hält oder ihn zwingt, zu diesem »Abstand« zurückzukehren, in den er zunächst eingetreten ist, um die Verständigung mit dem zu werden, was er schreiben musste. So dass es ihm nun aufs Neue so geht wie zu Beginn seiner Aufgabe und er aufs Neue die Nachbarschaft, die irrende Intimität des Außen vorfindet, aus der er keinen Aufenthaltsort machen konnte.

Dieses Erleben weist uns vielleicht die Richtung dessen, was wir suchen. Die Einsamkeit des Schriftstellers, diese Bedingung, die seine Gefahr ist, rührte nun daher, dass er im Werk dem angehört, was dem Werk stets vorausgeht. Die Besessenheit, die ihn an ein privilegiertes Thema bindet, die ihn darauf verpflichtet, wiederholt zu sagen, was er bereits gesagt hat, und dies manchmal mit der Stärke eines sich anreichernden Talents, aber manchmal auch mit der Weitschweifigkeit unnötiger und auszehrender Wiederholungen, mit immer weniger Kraft, mit ständig zunehmender Monotonie, dies illustriert jene ihn allem Anschein nach zwingende Notwendigkeit, stets zum selben Punkt zurückzukehren, dieselben Wege zu beschreiben und das, was für ihn niemals beginnt, im Wiederbeginnen zu bewahren, dem Schatten der Ereignisse anzugehören, nicht ihrer Wirklichkeit, dem Bild, nicht dem Gegenstand, dem, was dazu führt, dass die Worte selbst Bilder werden können, Erscheinungen – und nicht Zeichen, Werte, Vermögen der Wahrheit.

Der Verfolgungsgriff

Es kann einem Menschen, der einen Stift hält, selbst wenn er ihn unbedingt fallen lassen will, geschehen, dass seine Hand ihn dies nicht tun lässt: Vielmehr schließt sie sich noch umso stärker. Die andere Hand greift ein und hat mehr Erfolg, aber man sieht nun, wie die Hand, die man die kranke nennen kann, eine langsame Bewegung ausübt und versucht, das Objekt, das sich entfernt, wieder zu ergreifen. Befremdlich ist die Langsamkeit dieser Bewegung. Die Hand führt ihre Bewegung in einer wenig menschlichen Zeit aus, die nicht die Zeit der kaum zum Leben gehörigen Handlung ist, auch nicht die der Hoffnung, sondern eher der Schatten der Zeit, selbst Schatten einer Hand, die auf unwirkliche Weise zu einem Objekt gleitet, das sein eigener Schatten geworden ist. Diese Hand verspürt zu bestimmten Momenten das starke Bedürfnis zu greifen: Sie muss den Stift nehmen; sie hat das zu tun; es ist ein Befehl, eine gebieterische Forderung. Ein Phänomen, das unter dem Namen »Verfolgungsgriff« bekannt ist.

Der Schriftsteller scheint Herr seiner Feder zu sein, er kann zu einer großen Beherrschung der Worte gelangen, einer Beherrschung dessen, was er mit ihnen auszudrücken wünscht. Aber der einzige Erfolg dieser Bemeisterung liegt darin, ihn mit einer tiefen Passivität in Berührung zu bringen, ihn in dieser Berührung zu halten, eine Passivität, in der das Wort, das nichts mehr ist als sein eigener Schein und der Schatten eines Wortes, niemals beherrscht oder ergriffen werden kann, das Ungreifbare bleibt, das nicht Loszulassende, der unentschiedene Moment der Faszination.

Die Meisterschaft des Schriftstellers liegt nicht in der Hand, die schreibt, in dieser »kranken« Hand, die den Stift niemals loslässt, die ihn nicht loslassen kann, da das, was sie hält, von ihr nicht wirklich gehalten wird, dem Schatten angehört, selbst Schatten ist. Die Meisterschaft, ihre Herrschaft liegt immer bei der anderen Hand, derjenigen, die nicht schreibt, fähig, im geforderten Moment einzugreifen, den Stift zu nehmen und ihn zu entfernen. Die Beherrschung liegt also in der Macht, mit dem Schreiben aufzuhören, das, was sich schreibt, zu unterbrechen, sie liegt darin, den Augenblick und die Schneide, mit der entschieden wird, in ihr Recht zu setzen.

Wir müssen wieder zu fragen beginnen. Wir haben gesagt: Der Schriftsteller gehört dem Werk an, aber was ihm gehört, was er allein und nur er selbst beendet, ist einzig ein Buch. Das »er allein« hat seine Antwort in dem »einzig«. Der Schriftsteller geht niemals seinem Werk voraus, und da, wo es das Werk gibt, weiß er es nicht – oder genauer, sein Unwissen selbst ist nicht gewusst, wird einzig in der Unmöglichkeit des Lesens gegeben, als zweideutige Erfahrung, die ihn veranlasst, sich wieder ans Werk zu machen.

Der Schriftsteller macht sich wieder ans Werk. Warum hört er nicht auf zu schreiben? Warum erscheint uns, wenn er mit dem Werk bricht wie Rimbaud, dieser Bruch wie eine mysteriöse Unmöglichkeit? Hat er einzig den Wunsch nach einem perfekten Werk, und wenn er nicht aufhört, daran zu arbeiten, ist es einzig deshalb, weil die Perfektion niemals perfekt genug ist? Schreibt er überhaupt in Hinblick auf ein Werk? Trägt er Sorge für es, als sei es das, was seiner Aufgabe ein Ende bereiten würde, wie auch für ein Ziel, das derartig viel Anstrengung verdient? Keinesfalls. Und das Werk ist niemals das, in Hinblick dessen man schreiben kann (in dessen Hinblick man Bezug nähme auf das, was geschrieben wird, wie man auf die Ausübung einer Macht Bezug nimmt).

Die Tatsache, dass die Aufgabe des Schriftstellers mit seinem Leben ihr Ende nimmt, verdeckt, dass sein Leben durch diese Aufgabe ins Unglück des Unendlichen gleitet.

Das Unendliche, das Unaufhörliche

Hierin offenbart sich die Einsamkeit, die dem Schriftsteller kraft des Werkes widerfährt: Schreiben ist jetzt das Unendliche, das Unaufhörliche. Der Schriftsteller gehört nicht mehr dem Bereich der Meisterschaft an, in dem das Sich-Ausdrücken die Genauigkeit und die Gewissheit der Dinge und der Werte im Hinblick auf die Grenzen, in denen sie gegeben sind, bedeutet. Was geschrieben wird, liefert den, der schreiben soll, einer Bejahung und Behauptung aus, über die er keine Autorität besitzt, die selbst ohne Konsistenz ist, die nichts bejaht und behauptet, die nicht die Ruhe, die Würde des Schweigens ist, da sie das ist, was auch dann noch spricht, wenn alles gesagt wurde, was nicht dem Sprechen vorhergeht, da sie vielmehr das ist, was das Sprechen davon abhält, ein beginnendes zu sein, und ihm das Recht entzieht, sich zu unterbrechen. Schreiben, das ist der Bruch der Verbindung, die das Sprechen mit mir selbst vereint, der Bruch des Bezugs, der, indem er mich veranlasst, zu »dir« zu sprechen, das Sprechen im Einvernehmen erlaubt, das dieses Sprechen von dir erhält, da es dich anruft, da es diese Anrufung ist, die in mir beginnt, weil sie in dir endet. Schreiben ist der Bruch dieser Verbindung. Es bedeutet zudem auch, die Sprache dem Lauf der Welt zu entziehen, sie von dem sich lösen zu lassen, was sie eine Macht sein lässt, durch die, wenn ich spreche, die Welt sich ausspricht, der Tag sich durch die Arbeit bildet, durch Handlung und Zeit.

Schreiben ist das Unendliche, das Unaufhörliche. Man sagt, der Schriftsteller lasse davon ab, »Ich« zu sagen. Kafka merkt mit Erstaunen, mit Vergnügen und verzaubert an, dass er in dem Moment in die Literatur eingetreten ist, da er das »Er« anstelle des »Ich« hat setzen können. Das ist wahr, aber die Verwandlung ist eine weit tiefer gehende. Der Schriftsteller gehört einer Sprache an, die von niemandem gesprochen wird, die sich an niemanden wendet, die keinen Mittelpunkt hat, die nichts offenbart. Er kann glauben, sich in dieser Sprache zu behaupten, aber was er behauptet, ist ganz und gar eines Selbst beraubt. In dem Maße, in dem er als Schriftsteller dem, was geschrieben wird, sein Recht einräumt, kann er sich nicht mehr zum Ausdruck bringen und kann auch weder ein Du herbeirufen noch dem Anderen, seinem Nebenmenschen, das Wort gewähren. Da wo er ist, spricht allein das Sein – was bedeutet, dass das Sprechen nicht mehr spricht, sondern ist, sich aber der reinen Passivität des Seins verschreibt.

Ist Schreiben die Hingabe ans Unendliche, dann verliert der Schriftsteller, der es hinnimmt, dessen Wesen auszuhalten, die Macht, »Ich« zu sagen. Er verliert also die Macht, andere als ihn »Ich« sagen zu lassen. Auch kann er keinesfalls irgendwelchen Figuren, deren Freiheit durch seine schöpferische Kraft gesichert wäre, das Leben schenken. Die Idee der Figur, ebenso wie die traditionelle Form des Romans, ist nichts als ein Kompromiss, mittels dessen der Schriftsteller, durch die Literatur auf der Suche nach ihrem Wesen außer sich getrieben, versucht, seine Bezüge zur Welt und zu sich selbst zu wahren.

Schreiben heißt, sich selbst zum Echo dessen zu machen, was zu sprechen nicht aufhören kann, – und deshalb muss ich, um sein Echo zu werden, es auf bestimmte Weise zum Schweigen bringen. Ich führe diesem unaufhörlichen Sprechen die Entscheidung, die Mächtigkeit meines eigenen Schweigens zu. Durch meine stille Meditation mache ich die ununterbrochene Bejahung und Behauptung *spürbar*, das unermessliche Gemurmel, auf das hin die Sprache, indem sie sich öffnet, Bild wird, Imaginäres wird, die sprechende Tiefe, die ununterscheidbare Fülle, die leer ist. Dieses Schweigen hat seine Quelle in der Auslöschung, zu welcher der Schreibende eingeladen ist. Oder es ist der Gegenlauf seiner Meisterschaft, das Recht einzugreifen, das die nicht schreibende Hand sich vorbehält, der Anteil seiner selbst, der stets nein sagen kann, und der, wenn es sein muss, an die Zeit appelliert, die Zukunft wieder einrichtet.

Wenn wir an einem Werk den Ton bewundern, sensibel für den Ton sind, als das, was sein Authentischstes ist, was bezeichnen wir damit? Nicht den Stil, und auch nicht den Reiz und die Qualität der Sprache, sondern genau dieses Schweigen, diese virile Kraft, durch die der Schreibende sich seiner selbst beraubt, nachdem er von sich selbst abgelassen hatte und doch in dieser Auslöschung die Autorität einer Macht bewahrt hat, die Entscheidung zu schweigen, damit in diesem Schweigen das, was ohne Anfang noch Ende spricht, Form, Zusammenhang und Verständigung annimmt.

Der Ton ist nicht die Stimme des Schriftstellers, sondern die Intimität des Schweigens, das er dem Sprechen verordnet, und das dazu führt, dass dieses Schweigen immer noch seines ist, das, was von ihm selbst in der Diskretion bleibt, die ihn auf Abstand hält. Der Ton ist es, der die großen Schriftsteller macht, aber vielleicht kümmert sich das Werk nicht um das, was sie groß macht.

Der »große Schriftsteller« hält sich in der Auslöschung, zu der er eingeladen ist, noch zurück: Was spricht, ist nicht er selbst, aber es ist auch nicht das reine Gleiten des Sprechens von niemandem. Von dem ausgelöschten »Ich« behält er dessen autoritäre, wenngleich schweigende Bejahung und Behauptung zurück, und von der Zeit des Handelns, vom Augenblick behält er die Schärfe, die gewaltsame Schnelligkeit. Auf diese Weise bewahrt er sich im Innern des Werkes, hält da inne, wo es keine Zurückhaltung mehr gibt. Aber das Werk behält dadurch ebenfalls einen Inhalt bei, ganz ist es seiner selbst nicht inne.

Der Schriftsteller, den man klassisch nennt – jedenfalls in Frankreich –, opfert in sich das ihm eigene Sprechen, dies allerdings, um dem Allgemeingültigen seine Stimme zu leihen. Die Ruhe einer geregelten Form, die Sicherheit einer vom Eigensinn befreiten Rede, in der die unpersönliche Allgemeinheit spricht, versichern ihn des Bezugs zur Wahrheit. Wahrheit, die jenseits der Person liegt und sich für jenseits der Zeit hält. Die Literatur besitzt nun die ruhmvolle Einsamkeit der Vernunft, jenes seltene Leben im Innern des Ganzen, das Entschlossenheit und Mut voraussetzen würde, wenn die Vernunft nicht in Wirklichkeit das Gleichgewicht einer geordneten aristokratischen Gesellschaft wäre, d.h. die edle Zufriedenheit eines Teils der Gesellschaft, der in sich das Ganze verdichtet, indem er sich verschließt und sich höher stehend über dem erhält, was ihm das Leben ermöglicht.

Wenn das Schreiben die Entdeckung des nicht zu Beendenden ist, dann überschreitet sich der Schriftsteller, der in diesen Bereich eintritt, nicht auf das Allgemeingültige hin. Er geht nicht in Richtung einer sichereren, schöneren, besser gerechtfertigten Welt, in der sich alles nach der Klarheit des rechten Lichtes anordnen würde. Er entdeckt nicht die schöne Sprache, die auf ehrbare Weise für alle spricht. Was in ihm spricht, ist jene Tatsache, dass er auf die eine oder andere Weise nicht mehr er selbst ist, er ist schon niemand mehr. Das »Er«, das sich anstelle des »Ich« setzt, das ist die Einsamkeit, dem Schriftsteller die kraft des Werkes widerfährt. »Er« bezeichnet nicht die objektive Interesselosigkeit, die schöpferische Gleichgültigkeit. »Er« verherrlicht nicht das Bewusstsein in einem anderen als mir, den Antrieb eines menschlichen Lebens, der im imaginären Raum des Kunstwerkes, die Freiheit, »Ich« zu sagen, behalten würde. »Er«, das bin ich selbst, niemand geworden, der Andere mir gegenüber, der zu anderem geworden ist, die Tatsache, dass da, wo ich bin, ich mich nicht mehr an mich wenden kann und dass derjenige, der sich an mich wendet, nicht »Ich« sagt, nicht er selbst ist.

Die Zuflucht zum »Tagebuch«

Vielleicht ist es überraschend, dass ab dem Moment, da das Werk zur Suche der Kunst, zu Literatur wird, der Schriftsteller immer mehr das Bedürfnis verspürt, einen Bezug zu sich zu wahren. Denn er empfindet eine Abneigung dagegen, von sich selbst abzulassen zugunsten dieser neutralen, form- und bestimmungslosen Mächtigkeit, die hinter all dem steht, was geschrieben ist. Diese Abneigung und Besorgnis offenbart sich in der Sorge, die viele Schriftsteller darauf verwenden, das zu verfassen, was sie ihr »Tagebuch« nennen. Das liegt den sogenannten romantischen Selbstbezüglichkeiten sehr fern. Das Tagebuch ist im Wesentlichen keine Form des Bekenntnisses, der erzählerische Bericht eines Selbst. Es ist ein Memorial. Woran muss der Schriftsteller sich erinnern? An sich selbst, an den, der er ist, wenn er nicht schreibt, wenn er das alltägliche Leben lebt, wenn er lebendig und wahr ist und nicht sterbend und ohne Wahrheit. Aber das Mittel, dessen er sich bedient, um sich an sich selbst zu erinnern, ist, so befremdlich es ist, das Element des Vergessens selbst: Schreiben. Von daher die Wahrheit, dass die Wahrheit des Tagebuchs nicht in den interessanten, literarischen Bemerkungen liegt, die sich darin finden, sondern in den unbedeutenden Details, die es mit dem alltäglichen Leben verbinden. Das Tagebuch stellt die Abfolge der Erkennungszeichen dar, die ein Schriftsteller setzt, um sich wiederzuerkennen, wenn er die gefährliche Metamorphose erahnt, der er ausgesetzt ist. Es ist ein im Leben gerade noch gangbarer Weg, eine Art Wehrgang, der an jener anderen Strecke entlangführt, überwacht, sie manchmal schneidet, auf welcher der Irrgang die Aufgabe ohne Ende darstellt. Hier wird noch von wahrhaften Dingen gesprochen. Hier behält derjenige, der spricht, einen Namen, spricht in seinem Namen, und das Datum, das notiert wird, gehört einer allgemeinen Zeit an, in der das, was geschieht, tatsächlich geschieht. Das Tagebuch – dieses scheinbar ganz und gar solitäre Buch – wird oft aus der Furcht und der Angst vor der Einsamkeit verfasst, die den Schriftsteller vom Werke her überkommt.

Die Zuflucht zum Tagebuch zeigt an, dass derjenige, der schreibt, mit dem Glück, der Schicklichkeit der Tage, die wirklich Tage sind und wirklich aufeinander folgen, nicht brechen will. Das Tagebuch verwurzelt die Bewegung des Schreibens in der Zeit, in der Bescheidenheit des datierten und durch seine Datierung aufbewahrten Alltäglichen. Vielleicht ist das, was da geschrieben wird, schon nicht mehr ernst gemeint, vielleicht wird es ohne Sorge um Wahrheit gesagt, aber es wird unter dem Schutz des Ereignisses gesagt, es gehört den Geschäften, den Vorkommnissen, dem Verkehr der Welt an, einer aktiven Gegenwart, einer vielleicht völlig nichtigen und unbedeutenden Dauer, immerhin aber ohne Wiederkehr, eine Arbeit an dem, was über sich hinausgeht, in Richtung Morgen schreitet und definitiv dort hingelangt.

Das Tagebuch zeigt an, dass derjenige, der schreibt, schon nicht mehr in der Lage ist, der Zeit mit der gewöhnlichen Festigkeit der Handlung anzugehören, mittels der Gemeinschaft der Arbeit, des Berufs, durch Einfachheit des intimen Sprechens, durch die Kraft des Unbedachten. Er ist schon nicht mehr wirklich geschichtlich, aber er will auch keine Zeit verlieren, und da er nichts anderes mehr zu tun weiß als zu schreiben, schreibt er wenigstens im Auftrag seiner täglichen Geschichte und in Übereinstimmung mit den Tagesbeschäftigungen. Es kommt vor, dass Schriftsteller, die ein Tagebuch führen, die literarischsten aller Schriftsteller sind, dies aber vielleicht deshalb, weil sie auf diese Weise das Extrem der Literatur meiden, falls dieses die faszinierende Herrschaft der Abwesenheit von Zeit ist.

Die Faszination der Zeitabwesenheit

Schreiben heißt, sich der Faszination der Zeitabwesenheit auszuliefern. Ohne Zweifel nähern wir uns hier dem Wesen der Einsamkeit. Die Abwesenheit der Zeit ist kein rein negativer Modus. Sie ist die Zeit, in der nichts beginnt, in der Initiative nicht möglich ist, in der es vor der Bejahung und Behauptung bereits die Wiederkehr der Bejahung und Behauptung gibt. Nicht um einen rein negativen Modus handelt es sich, sondern im Gegenteil um eine Zeit ohne Negation, ohne Entscheidung, wenn Hier genauso Nirgendwo ist, sich jedes Ding in sein Bild zurückzieht und das »Ich«, das wir sind, sich erkennt, indem es in der Neutralität des »Es« eines »Er« ohne Figur seinen Abgrund findet. Die Zeit der Zeitabwesenheit ist ohne Anwesenheit, ohne Gegenwart. Dieses »ohne Gegenwart« verweist indes nicht auf eine Vergangenheit. Damals hatte es die Würde, besaß die aktive Kraft des Jetzt; von dieser aktiven Kraft zeugt noch die Erinnerung, die mich von dem befreit, was mich sonst immer wieder zurückrufen würde, die mich davon erlöst, weil sie mir ein Mittel gibt, das mir die Freiheit zugesteht, es selbst zurückzurufen und über es frei zu verfügen. Die Erinnerung ist die Freiheit der Vergangenheit. Was aber ohne Gegenwart ist, akzeptiert auch nicht die Gegenwart einer Erinnerung. Die Erinnerung sagt vom Ereignis: Das war einmal und jetzt nie wieder. Der unabänderliche Charakter dessen, was ohne Gegenwart ist, was nicht einmal als Gewesenes da ist, sagt von ihm: Das hat niemals stattgefunden, niemals ein erstes Mal, dennoch beginnt es erneut, erneut unendliche Male. Es ist ohne Ende, ohne Beginn. Es ist ohne Zukunft.

Die Zeit der Zeitabwesenheit ist nicht dialektisch. In ihr ist das, was erscheint, die Tatsache, dass nichts erscheint, das Sein, das am Grunde der Seinsabwesenheit ist, das ist, wenn nichts statt hat, das bereits nicht mehr ist, wenn etwas statt hat: als ob Wesen in ihrem Sein nur durch den Verlust des Seins statt haben könnten, dann, wenn das Sein fehlt. Die Umkehrung, die uns in der Abwesenheit der Zeit ständig auf die Anwesenheit der Abwesenheit verweist, auf diese Anwesenheit aber als Abwesenheit, auf die Abwesenheit als Abwesenheit, auf die Abwesenheit als bejahende Behauptung ihrer selbst, Behauptung, in der nichts behauptet, nichts bejaht wird, wo nichts aufhört, sich zu behaupten, zu bejahen – in der Heimsuchung des Unendlichen ist diese Bewegung nicht dialektisch. Die Widersprüche schließen hier einander nicht aus, sie werden nicht miteinander versöhnt; einzig durch die Zeit wird die Negation zu Macht, die uns zu eigen ist, und einzig sie kann die »Einheit der Inkompatiblen« bilden. In der Zeitabwesenheit erneuert das Neue nichts; was gegenwärtig ist, ist unzeitgemäß; was gegenwärtig ist, vergegenwärtigt nichts, wird wieder vergegenwärtigt, gehört von nun an und seit jeher der Wiederkehr an. Es ist nicht, sondern kommt wieder, kommt als schon und immer schon gewesen, so dass ich es nicht kenne, sondern wiedererkenne, und dieses Wiedererkennen ruiniert in mir das Vermögen des Erkennens, das Recht zu erfassen, macht aus dem Unfassbaren aber auch das nicht Loszulassende, das Unerreichbare, das ich zu erreichen nicht aufhören kann, was ich nicht ergreifen, sondern nur wiederergreifen kann, – und niemals loslassen.

Die Zeit ist nicht die ideale Unbeweglichkeit, die man mit dem Namen des Ewigen rühmt. In dieser Region, der wir uns zu nähern suchen, ist Hier im Nirgendwo zusammengestürzt, aber nirgendwo ist indes hier, und die tote Zeit ist eine wirkliche Zeit, wo der Tod gegenwärtig ist, kommt, aber nicht aufhört zu kommen, als ob er, kommend, die Zeit, mit der er kommen kann, steril machte. Die tote Gegenwart ist die Unmöglichkeit, eine Gegenwart zu realisieren, eine Unmöglichkeit, die gegenwärtig ist, die da ist als das, was jede Gegenwart verdoppelt, der Schatten der Gegenwart, den diese in sich trägt und verbirgt. Wenn ich allein bin, bin ich nicht allein, aber in dieser Gegenwart kehre ich bereits zu mir in der Form des Irgendwer zurück. Irgendwer ist da, wo ich einsam bin. Die Tatsache meiner Einsamkeit liegt darin, dass ich dieser toten Zeit angehöre, die nicht meine Zeit ist und auch nicht deine, auch nicht die gemeine Zeit, sondern die Zeit des Irgendwer. Irgendwer ist das, was noch gegenwärtig ist, wenn es niemanden gibt. Da, wo ich einsam bin, da bin ich nicht, es gibt niemanden, aber das Unpersönliche ist da: das Außen als das, was jede Möglichkeit eines persönlichen Bezugs verhütet, ihr zuvorkommt, sie auflöst. Irgendwer ist das Es des Er ohne Figur, das Man, dem man angehört, aber wer gehört ihm an? Niemals dieser oder jener, niemals ich oder du. Niemand gehört dem Man an. »Man« gehört einer Region an, die man nicht ans Licht bringen kann, nicht weil sie ein Geheimnis bürge, das jeder Offenbarung fremd bliebe, nicht einmal, weil sie grundlegend dunkel wäre, sondern weil sie alles, was Zugang zu ihr hat, selbst das Licht, in das anonyme unpersönliche Sein verwandelt, in das Nicht-Wahre, das Nicht-Wirkliche, das dennoch stets da. Das »Man« ist in dieser Hinsicht das, was aufs Vordringlichste erscheint, wenn man stirbt.[1]

---

1 Wenn ich einsam bin, bin nicht ich da und nicht dir bin ich fern, auch nicht den anderen, auch nicht der Welt.

Da, wo ich einsam bin, ist der Tag nichts anderes mehr als der Verlust des Aufenthalts, die Intimität mit dem Außen ohne Ort und ohne Ruhe. Hierher zu kommen, führt dazu, dass, wer kommt, der Zerstreuung angehört, dem Riss, wo das Äußere das erstickende Eindringen ist, die Nacktheit, die Kälte dessen, worin man unbedeckt bleibt, wo der Raum der Schwindel der Verräumlichung ist. Nun herrscht die Faszination.

Das Bild

Warum Faszination? Sehen setzt Distanz voraus, die trennende Entscheidung, das Vermögen, nicht in Berührung zu sein und in der Berührung die Verwirrung zu vermeiden. Sehen bedeutet, dass diese Trennung indes Begegnung geworden ist. Was passiert aber, wenn das, was man sieht, wenngleich auf Distanz, zu berühren scheint, nach einem greift, Kontakt fordert, wenn die Weise des Sehens eine Art Berührung ist, wenn Sehen ein *Kontakt* auf Distanz ist? Wenn das, was gesehen wird, den Blick beherrscht, als ob der Blick ergriffen, berührt wäre, mit dem Schein in Kontakt gebracht? Kein aktiver Kontakt, nicht das, was eine wahrhafte Berührung an Initiative und Handlung an sich hat, sondern der Blick ist fortgerissen, absorbiert in einer unbeweglichen Bewegung und einem Grund ohne Tiefe. Was uns durch einen Kontakt auf Distanz gegeben wird, ist das Bild, und die Faszination ist die Leidenschaft des Bildes.

Was uns fasziniert, entzieht uns das Vermögen, Sinn zu verleihen, wirft seine »sinnliche« Natur ab, wirft die Welt ab, zieht sich diesseits der Welt zurück und zieht uns dorthin, enthüllt sich uns nicht mehr und behauptet sich dennoch in einer Anwesenheit, die der Gegenwart der Zeit und der Gegenwart im Raum fremd ist. Die Teilung, die zunächst Möglichkeit des Sehens war, kommt im Innern des Blicks selbst als Unmöglichkeit zum Erstarren. Der Blick findet so in dem, was ihn ermöglicht, die Macht, die ihn neutralisiert, die ihn weder in der Schwebe noch innehalten lässt, sondern ihn im Gegenteil davon abhält, jemals zu Ende zu gelangen, und sie schneidet ihn von jedem Anfangspunkt ab, macht aus ihm einen verirrten neutralen Schimmer, der nicht erlischt, der nicht erhellt, den in sich geschlossenen Kreis des Blicks. Hier haben wir einen unmittelbaren Ausdruck der

Umkehrung, die das Wesen der Einsamkeit ist. Die Faszination ist der Blick der Einsamkeit, der Blick des Unaufhörlichen und nicht zu Beendenden, wo Erblinden noch Sicht ist, Sicht, die nicht mehr die Möglichkeit des Sehens ist, sondern die Unmöglichkeit, nicht zu sehen, die Unmöglichkeit, die sich zu sehen gibt, die beharrlich – und immer und immer wieder – in einer Sicht fortbesteht, die nicht aufhört: toter Blick, Blick, zum Phantom einer ewigen Sicht geworden.

Wer fasziniert ist, egal wer, von dem kann man sagen, dass er kein wirkliches Objekt wahrnimmt, keine wirkliche Gestalt, da das, was er sieht, nicht der Welt der Wirklichkeit angehört, sondern dem unbestimmten Milieu der Faszination. Absolutes Milieu sozusagen. Die Distanz ist davon nicht ausgeschlossen, allerdings ist sie exorbitant, die unbegrenzte Tiefe hinter dem Bild, nicht lebbare Tiefe, nicht beherrschbar, absolut gegenwärtig, wenngleich nicht gegeben, wo sich die Gegenstände verlieren, wenn sie sich von ihrem Sinn entfernen, wenn sie in ihrem Bild zusammenstürzen. Dieses Milieu der Faszination, wo das, was gesehen wird, die Sicht ergreift, sie unendlich macht, wo der Blick in Licht erstarrt, wo das Licht das absolute Leuchten eines Auges ist, das man nicht sieht, das man dennoch zu sehen nicht aufhört, da es unser eigener gespiegelter Blick ist, dieses Milieu ist faszinierend, anziehend *par excellence*.

Dass unsere Kindheit uns fasziniert, liegt daran, dass sie der Moment der Faszination selbst ist, sie ist selbst fasziniert, und dieses goldene Zeitalter scheint in ein strahlendes, weil nicht offenbartes Licht gehüllt, aber gerade weil dieses Licht der Offenbarung fremd ist, nichts zu offenbaren hat, reiner Widerschein ist, Strahl, der selbst nichts ist als das Strahlen eines Bildes. Vielleicht entleiht die Mächtigkeit der mütterlichen Gestalt ihren Glanz der Mächtigkeit der Faszination selbst, und man könnte sagen, dass die Mutter ihre faszinierende Anziehung deshalb ausübt, weil sie, in Erscheinung tretend, wenn das Kind ganz und gar unter dem Blick der Faszination lebt, in sich sämtliche Mächte der Verzauberung verdichtet. Die Mutter ist faszinierend, weil das Kind fasziniert ist, und es ist auch aus diesem Grund, dass alle Eindrücke der ersten Jahre etwas Fixes haben, das der Faszination geschuldet ist.

Wer immer fasziniert ist, sieht das, was er sieht, nicht im eigentlichen Sinne, sondern es berührt ihn in einer unmittelbaren Nähe, erfasst ihn und nimmt ihn in Beschlag, wenngleich es ihn absolut auf Distanz hält. Die Faszination ist grundlegend an die neutrale, unpersönliche Gegenwart gebunden, an das unbestimmte Man, das maßlose Irgendwer ohne Gestalt. Sie ist die Beziehung, die selbst neutrale und unpersönliche Beziehung, welche der Blick mit der Tiefe ohne Blick und Umriss unterhält, die Abwesenheit, die man, da sie blind macht, sieht.

Schreiben...

Schreiben heißt, in die Behauptung und Bejahung der Einsamkeit eintreten, dahin, wo die Faszination droht; heißt, sich der Gefahr der Zeitabwesenheit, wo der ewige Wiederbeginn herrscht, ausliefern; heißt, vom Ich zum Er und Es übergehen, so dass, was mir widerfährt, niemandem widerfährt, namenlos durch die Tatsache ist, dass es mich angeht, sich in unendlicher Ausstreuung wiederholt. Schreiben heißt, die Sprache der Faszination zu unterstellen, und in der Sprache, durch sie, mit dem absoluten Milieu in Berührung zu bleiben, da, wo das Ding wieder Bild wird, wo das Bild von einer Anspielung auf eine Gestalt zu einer Anspielung auf das wird, was ohne Gestalt ist, und von der auf dem Untergrund der Abwesenheit gezeichneten Form zur formlosen Gegenwart dieser Abwesenheit wird, die undurchdringliche und leere Öffnung auf das, was ist, wenn die Welt nicht mehr statt hat, wenn die Welt noch nicht statt hat.

Warum das? Warum hätte Schreiben etwas mit dieser wesentlichen Einsamkeit zu tun, mit der Einsamkeit, deren Wesen es ist, dass die Verschleierung in ihr erscheint?[2]

---

2 Wir werden hier nicht versuchen, auf diese Frage direkt zu antworten. Wir werden folgende Frage stellen: Ebenso wie die Statue den Marmor verherrlicht, und wenn es so ist, dass jede Kunst die elementare Tiefe, die die Welt, um sich zu behaupten, verneint und zurückdrängt, an den Tag bringen will, wäre die Sprache im Gedicht und in der Literatur im Verhältnis zur Alltagssprache nicht das, was das Ding im Verhältnis zur Sache ist? Man denkt leichthin, dass die Dichtung eine Sprache ist, die mehr als andere den Bildern ein Recht einräumt. Es ist möglich, dass darin eine Anspielung auf eine viel wesentlichere Verwandlung liegt: Das Gedicht ist nicht deshalb Gedicht, weil es eine gewisse Anzahl von Figuren, Metaphern, Gleichnissen enthalten würde. Vielmehr hat

das Gedicht seine Besonderheit darin, dass nichts in ihm ein Bild abgibt. Man muss deshalb das, was wir suchen, auf andere Weise ausdrücken: Wird in der Literatur nicht die Sprache als Ganze zum Bild, nicht eine Sprache, die Bilder enthielte oder die Wirklichkeit in Figuren verwandelte, sondern Sprache, die ihr eigenes Bild wäre, Sprachbild – und keine Bildsprache – oder auch imaginäre Sprache, Sprache, die niemand spricht, d.h. die ausgehend von ihrer eigenen Abwesenheit gesprochen wird, so wie das Bild vor der Abwesenheit des Dings erscheint, Sprache, die sich ebenfalls an die Schatten der Ereignisse wendet, nicht an ihre Wirklichkeit, und sind dadurch die Worte, die sie zum Ausdruck bringen, eben keine Zeichen, sondern Bilder, Wortbilder und Worte, in denen die Dinge sich zu Bildern wandeln?

Was versuchen wir darzustellen? Begeben wir uns damit nicht auf einen Weg, auf dem wir Ansichten annehmen müssten, die glücklicherweise fallen gelassen wurden und die analog denjenigen sind, die in der Kunst einst eine Imitation, eine Kopie des Wirklichen sahen? Wenn im Gedicht die Sprache ihr eigenes Bild wird, würde das nicht bedeuten, dass das poetische Sprechen immer ein zweites ist, etwas Nachgeordnetes? Für die gängige Analyse kommt das Bild nach dem Objekt: Es ist dessen Folge; erst sehen wir, dann imaginieren wir. Nach dem Objekt kommt das Bild. Das »nach« scheint ein Verhältnis der Unterordnung anzuzeigen. Wir sprechen auf wirkliche Weise, dann sprechen wir auf imaginäre Weise, oder wir imaginieren uns als Sprechende. Wäre das poetische Sprechen nicht einfach nur der Abklatsch, der schwache Schatten, eine Übertragung der sprechenden Sprache in einen Raum, in dem die Ansprüche auf Effizienz herabgesetzt sind? Aber vielleicht täuscht sich die gängige Analyse. Vielleicht muss man sich aber fragen, bevor man fortfährt: Was ist das Bild?

Das analytische Sprechen

Wenn wir über Freud nachdenken, können wir nicht daran zweifeln, dass wir an ihm eine späte, vielleicht letzte Reinkarnation des alten Sokrates hatten. Welch ein Glaube an die Vernunft! Welch ein Vertrauen in die befreiende Macht der Sprache! Welch eine Macht, die der einfachsten Beziehung zugestanden wird: ein Mensch, der spricht, und ein Mensch, der zuhört – und schon kann nicht nur der Geist, sondern auch der Körper genesen! Das ist bewundernswürdig, und er übersteigt die Vernunft. Freud musste, um jegliche grobe, magische Deutung dieses wundersamen Phänomens zu vermeiden, eine beharrliche Anstrengung zu dessen Aufklärung auf sich nehmen, umso mehr, als seine Methode einen unreinen Ursprung besaß, sie in großer Nähe zum Magnetismus, zur Hypnose und zur Suggestion begonnen hat. Bleiben die Beziehungen zwischen dem Kranken und dem Arzt, selbst wenn sie auf Beziehungen der Sprache reduziert werden, nicht im Wesentlichen magische? Magie besteht nicht notwendigerweise aus Zeremonien, Handauflegen oder der Verwendung von Reliquien. Sie ist bereits dann im Spiel, wenn ein Mensch für einen anderen von Gewicht ist und wenn zwischen einem einfachen Kranken und seinem Arzt ein Autoritätsverhältnis besteht, in dem Letzterer stets seine Wichtigkeit missbraucht. Und um wieviel mehr ist dies der Fall, wenn – beim Kranken selbst oder bei anderen – die Annahme vorherrscht, dass die Krankheit die Vernunft selbst befallen hat. Ein Eindruck von Gewalt überkommt von daher jeden Betrachter einer psychiatrischen Klinik, und durch eben diese Betrachtung fügt er dem noch mehr an Gewalt hinzu. Die Worte sind nicht frei, die Gesten täuschen. Alles, was der eine sagt, alles, was der andere tut, Kranker oder Arzt, ist List, Fiktion oder Zauber. Wir sind ganz und gar im Magischen.

Und als Freud – mit großem Unbehagen – das Phänomen der »Übertragung« entdeckte und in ihm die Beziehungen, die der Hypnose eigen waren, wiederfand, galt ihm das nicht als Beweis dafür, dass zwischen den beiden Personen, die dieses Phänomen verbindet, obskure Kräfte walten oder dass sie einer Einflussnahme unterliegen, die man seit jeher der Magie der Leidenschaften zugeschrieben hat. Freud aber blieb auf bewundernswerte Weise seiner Einsicht treu, dass der Arzt keine magische, sondern eine noch stärker verdeckte Rolle spielt: dass er vielleicht gar keine Rolle spielt und deshalb eine von großer Positivität einnimmt, die einer Abwesenheit-Anwesenheit, von der aus, zutiefst vergessen, ein altes Drama, ein wirkliches oder imaginäres Ereignis, Ausdruck und Gestalt, Wahrheit und Aktualität gewinnt. Demnach wäre der Arzt nicht nur als er selbst da, sondern anstelle eines anderen, und durch seine bloße Gegenwart spielt er die Rolle eines Anderen, er ist anderes und ein Anderes, bevor er überhaupt ein Anderes als menschliches Gegenüber ist. Freud versucht in diesem Moment, vielleicht weiß er es, an die Stelle der Magie die Dialektik zu setzen, aber an die Stelle der Dialektik die Bewegung eines anderen Sprechens.

Wenn er es aber wusste, war es auf jeden Fall schnell vergessen, was man bedauern oder aber für einen großen Glücksfall halten kann, denn anstatt sich eines vorhandenen philosophischen Vokabulars oder genauer bereits ausgearbeiteter Begriffe zu bedienen, wurde Freud dadurch veranlasst, mit außergewöhnlicher Anstrengung eine Sprache zu finden und zu erfinden, die ihm erlaubte, auf beschwörende und bestechende Weise die Bewegung der menschlichen Erfahrung, ihre Knoten, ihre Momente nachzuzeichnen, wo jedes Mal auf einer jeweils höheren Ebene ein Konflikt – derselbe Konflikt –, der unlösbar ist und den es dennoch zu lösen gilt, das Individuum, welches sich hieran ausbildet, anders wird oder zerbricht, weiter trägt.[1]

---

1 Man kann dieses Tasten, die Umwege und vergeblichen Versuche in jenem Briefwechsel verfolgen, den Freud zwischen 1887 und 1902 mit Wilhelm Fließ unterhalten hat, der bis vor kurzem unveröffentlicht war und gerade ins Französische übertragen worden ist (*Aus den Anfängen der Psychoanalyse*); man bemerkt darin die Versagungen, das Verschweigen, das Bedürfnis, wissen zu müssen, das sich übereilend Gedanken und Definitionen schafft. Es gibt darin berührende Worte: 1893, als er noch fern dessen ist, was die Psychoanalyse sein wird, schreibt Freud an seinen Freund: »Ich bin zu alt, faul und überhäuft mit Pflichten, um selbst noch was zu lernen.« Aber 1897: »Wir werden nicht scheitern. Anstatt der Durchfahrt, die wir suchten, dürften wir Meere auffinden, deren genauere Durchforschung Späteren erübrigen wird, aber wenn es uns nicht vorzeitig umbläst, wenn unsere Konstitution es aushält, werden wir ankommen. Nous y arriverons.«

*

Frappierend ist diese Art von Ursprungsleidenschaft, von der Freud getrieben ist –, welche er auch, und zunächst, in ihrer umgekehrten Form erlebt: Abgestoßensein vom Ursprung.² Und so lädt er jeden dazu ein, im Rücken seiner selbst ein erstes, individuelles, einer jeden Geschichte eigenes »Ereignis« zu finden, Quelle jeder Entstellung, eine Szene, etwas Wichtiges und Erschütterndes, das aber derjenige, der es erlebt hat, weder beherrschen noch bestimmen kann und mit dem er wesentliche Bezüge der Unzulänglichkeit unterhält. Auf der einen Seite geht es darum, zu einem Beginn zurückzukehren; dieser Beginn wird eine Tatsache sein; diese Tatsache wird etwas Singuläres sein, etwas, das als einzigartig erlebt wurde und das in diesem Sinne unsprechbar und unübersetzbar ist. Zugleich aber wird diese Tatsache keine sein, sondern vielmehr das Zentrum einer instabilen

---

2 Der Briefwechsel mit Fließ bestätigt deutlich, was man schon wusste: dass es einzig die Selbstanalyse war, die Freud nach dem Tode seines Vaters durchführte und die es ihm erlaubte, die Quelle der Neurose nicht mehr in einer wirklichen Verführungsszene zu suchen – eine eigenartige Sache: alle seine Patienten hatten einen Vater, einen Onkel oder einen Bruder gehabt, der sie in ihrer Kindheit verführte –, sondern zur Idee eines Komplexes überzugehen, insbesondere des Ödipuskomplexes, dessen Anordnung von der eigenartigen Struktur seiner Familie verhüllt wurde. »Meine Selbstanalyse ist in der Tat das Wesentlichste, was ich jetzt habe, und verspricht von höchstem Wert für mich zu werden, wenn sie bis zu Ende geht...«; »irgendetwas aus den tiefsten Tiefen meiner eigenen Neurose hat sich einen Fortschritt im Verständnis der Neurosen entgegengestellt.« »Die Analyse ist schwerer als irgendeine andere. Sie ist es auch, die mir die psychische Kraft zur Darstellung und Mitteilung des bisher Gewonnenen lähmt.« Aber ist die Selbstanalyse selbst überhaupt möglich? »Eigentliche Selbstanalyse ist unmöglich, sonst gäbe es keine Krankheit.« Dass Freud stets einen Freund braucht, dem er seine Gedanken im Verlauf, da sie sich bilden, darlegt, steht wohl in Zusammenhang mit der Methode der Analyse: ein Freund, der oft und schnell ein Feind wird. Auch muss man bei Freud ein faszinierendes Hin und Her seiner Gedanken bemerken, was zum Teil erklärt, warum er, der in seiner Methode so bestimmt ist, dieses oder jenes Erklärungsschema, aus dem seine Schüler ohne weiteres ein Dogma machen werden, so leicht und schnell verwirft: »Mitunter schwirren mir so Gedanken durch den Kopf, die alles zu verwirklichen versprechen [...]. Dann sind sie wieder weg, und ich bemühe mich nicht sie festzuhalten, weil ich doch weiß, ihr Vergehen wie ihr Erscheinen im Bewusstsein ist nicht der wirkliche Ausdruck ihrer Schicksale.«

und festen Gruppe aus Oppositions- und Identifikationsbezügen, die keinen Ausgang bilden. Jede Szene öffnet sich alsbald auf eine noch frühere Szene, und jeder Konflikt ist nicht nur er selbst, sondern auch der Wiederbeginn eines noch älteren Konflikts, den er wieder aufleben lässt und auf dessen Ebene er versucht, sich erneut einzurichten. Aber jedes Mal war diese Erfahrung eine von grundlegender Unzulänglichkeit; jeder macht die Erfahrung seines unzulänglichen Selbst. Als ob wir nur unser selbst und allem beraubt Zugang zu den verschiedenen Formen der Existenz hätten. Nachdem man alles hatte, heißt Geborenwerden, plötzlich an allem zu ermangeln, und vor allem am Sein – wenn das Kind weder als konstituierter Körper noch als Welt existiert. Alles ist ihm äußerlich und es ist selbst fast nichts als dieses Äußerliche: das Außen, radikale Äußerlichkeit ohne Einheit, Verstreuung ohne etwas, das sich verstreut; die Abwesenheit, welche die Abwesenheit von nichts ist, ist zunächst die einzige Anwesenheit des Kindes. Und jedes Mal, wenn es glaubt, mit seiner Umgebung ein gewisses Gleichgewichtsverhältnis erlangt zu haben, jedes Mal, wenn es ein Stück unmittelbares Lebens wiedererlangt, muss es erneut davon getrennt werden (zum Beispiel in der Entwöhnung). Immer in der Nähe des Mangels und unter der Forderung dieses Mangels formt sich die Vorahnung dessen, was es sein wird, seine Geschichte. Aber dieser Mangel ist »das Unbewusste«: die Negation, die nicht nur ein Fehlen ist, sondern Verhältnis zu dem, was fehlt – Wunsch. Der Wunsch, dessen Wesen es ist, ewig Wunsch zu sein, Wunsch nach dem, was unmöglich zu erreichen und selbst unmöglich zu wünschen ist.

Man weiß, dass der Glücksfall des Menschen darin liegt, verfrüht geboren zu werden, und dass er seine Kraft seiner Schwäche schuldet, Kraft, welche die Kraft der Schwäche ist, das heißt Denken. Es war nötig, dass der Mensch, bevor er zum Denkenden wurde, sich zum Schilfrohr machte, und das war es wohl, was Pascal sagen wollte. Aber dieser ursprüngliche Mangel, aus dem ihm alles erwächst, dieses wie eine Verfehlung empfundene Fehlen, die Verbote, die den Mangel bewahren und uns davon abhalten, ihn zu füllen, so dass wir, stets im Abstand zu dem uns Nahen, immer zum Fremden bestimmt, niemals etwas haben noch sein zu können: Diese Schicksale, diese glücklichen Schwierigkeiten, diese furchtbaren Episoden, von denen unsere Kultur erfüllt ist, sind zunächst der Ausdruck unserer eigenen Erfahrung. Eine befremdliche Erfahrung: Wie rein auch immer wir zu denken glaubten, immer ist es möglich, in diesem reinen Denken den Widerhall der Ereignisse in der ursprünglichen Geschichte des Denkenden zu vernehmen und dieses Denken ausgehend von den dunklen Ereignissen seines Ursprungs zu hören und zu verstehen. Zumindest hätten wir dann das: die Gewissheit über uns selbst, das Wissen, was für uns das im stärksten Maße Besondere und Intimste ist, und wenn wir das reine Denken nicht mehr haben, so haben wir und kennen wir stattdessen den Stachel im Fleisch, da, wo er noch sitzt, nachdem wir zu den ersten Momenten zurückgegangen sind, wo etwas von uns fixiert blieb und wo wir unverschuldet verweilt haben. Hier also hätte alles begonnen? Ja, wenn es sich wirklich um erste Momente handeln würde. Aber es ist die Stärke der Analyse, alles, was ein Erstes zu sein scheint, in eine unbestimmte Vorgänglichkeit aufzulösen: Jeder Komplex verbirgt noch einen weiteren, und jeden Urkonflikt haben wir als etwas immer schon einmal Gelebtes gelebt, als anderes und als von einem anderen gelebt, haben dieses Gelebte folglich niemals lebend gelebt, sondern es immer wieder lebend und ohne es leben zu können, und jedes Mal macht genau diese Verschiebung, diese unentrinnbare Distanz, diese unbegrenzte Verdoppelung und Teilung, die jedes Mal die Substanz der Episode, sein unglückliches Verhängnis, seine gestaltende Kraft bildet, ihn zu einer Tatsache, die als solche ungreifbar und als Erinnerung faszinierend ist. Hat es jemals wirklich stattgefunden? Das ist nicht von Gewicht, denn was zählt, ist, dass wir unter dem Andrängen des Fragens im Schweigen des Analytikers Stück für Stück fähig werden, davon zu sprechen, davon Bericht zu erstatten, aus diesem Bericht eine Sprache, die sich erinnert, zu bilden und aus dieser Sprache die belebte Wahrheit des ungreifbaren Ereignisses – ungreifbar, da es immer verfehlt wird, ein Fehlen im Verhältnis zu ihm selbst. Ein befreiendes Sprechen, in dem es sich gerade als Fehlen verkörpert und sich so schließlich verwirklicht.

*

Die analytische Situation, wie Freud sie entdeckt hat, ist so außergewöhnlich, dass sie aus Märchenbüchern entnommen scheint. Das sogenannte Verhältnis, das zwischen Couch und Sessel eingerichtet wird, dieses nackte Gespräch, wo zwei Personen in einem abgetrennten Raum, von der Welt abgeschirmt, dazu aufgerufen sind, sich langsam in die Macht des Sprechens und in die Macht des Zuhörens zu ergeben, keine andere Beziehung zu unterhalten als die neutrale Intimität der beiden Seiten der Rede, diese Freiheit, die für den einen darin besteht, irgend etwas zu sagen, und für den anderen darin, ohne Aufmerksamkeit zuzuhören, gleichsam ahnungslos und so, als wäre er nicht da, – diese Freiheit, die zum grausamsten aller Zwänge wird, diese Abwesenheit eines Verhältnisses, die dadurch selbst zu dem Verhältnis wird, das das dunkelste ist, das offenste und das am stärksten verschlossene. Auf der einen Seite ist jener, der gewissermaßen nicht aufhören darf zu sprechen und damit dem Unaufhörlichen Ausdruck verleiht, der nicht nur das sagt, was sich nicht sagen lässt, sondern auch, Stück für Stück, gleichsam ausgehend von der Unmöglichkeit zu sprechen spricht, der Unmöglichkeit, die immer schon sowohl in den Worten als auch diesseits der Worte ist, Leere und Lücke, die kein Geheimnis ist und auch keine verschwiegene, sondern eine immer schon gesagte Sache, verschwiegen von den Worten selbst, die sie sagen und in ihnen sprechen – und so ist alles immer gesagt, und nichts ist gesagt; und dort ist jener Andere, der scheinbar Gleichgültigste, der abwesendste aller Zuhörer, ein Mensch ohne Gesicht, kaum Jemand, eine Art Irgendwer, der mit dem Irgendwas der Rede Gleichgewicht hält, wie eine Höhlung im Raum, eine schweigende Leere, die dennoch der wahre Grund des Sprechens ist, der unaufhörlich das Gleichgewicht bricht, die Spannung des Austauschs variiert, antwortet, indem er nicht antwortet, und unmerklich den aussichtslosen Monolog in einen Dialog verwandelt, in dem jeder gesprochen hat.

Nimmt man den Skandal zur Kenntnis, den Jacques Lacan in gewissen Kreisen der Psychoanalyse ausgelöst hat, als er die Forschung, das Wissen und die Technik der Psychoanalyse mit Bezügen, die der Sprache wesentlich sind, identifizierte – eine Differenz-Identität –, so kann man darüber, indes ohne zu erstaunen, in Erstaunen geraten, scheint es doch evident, dass Freuds wichtigstes Verdienst darin liegt, die »menschliche Kultur« um eine überraschende Form des Dialogs bereichert zu haben, in der es sein könnte – es könnte sein –, dass etwas an den Tag kommt, das uns, während wir sprechen, vom anderen kommend über uns selbst aufklärt.³ Ein gleichwohl befremdlicher Dialog, auf befremdliche Weise zweideutig aufgrund der Situation ohne Wahrheit, in der sich die beiden miteinander Sprechenden befinden. Jeder täuscht den Anderen und täuscht sich über den Anderen. Der eine ist stets bereit zu glauben, dass die Wahrheit seines Falls schon gegenwärtig und gegeben ist, geformt und formuliert in dem, der zuhört und der lediglich seinen Unwillen manifestiert, dies preiszugeben.⁴ Der andere, der nichts weiß und stets bereit ist, zu glauben, dass er etwas weiß, da er über ein Vokabular und einen Rahmen verfügt, die vorgeben, wissenschaftlich zu sein, in welche die Wahrheit sich bloß einordnen muss. Also hört er aus einer Position der Stärke heraus zu, nicht mehr wie ein reines Ohr, ein reines Hören-Können, sondern wie ein Wissen, das von Anfang an bereits einiges weiß, den Patienten beurteilt, ihn abschätzt, und der in dieser unmittelbaren Sprache eine andere Sprache wissend vernimmt und entschlüsselt – die Sprache der Komplexe, der verdeckten Antriebe, der vergessenen Erinnerungen –, mit der er in Kommunikation tritt und damit durch ein System von Schleusen und Stauungen dieses noch stumme Sprechen des Sprechers sich von Niveau zu Niveau bis hin zur Entscheidung einer manifesten Sprache aufrichtet. Da es aber dem Patienten nicht verboten ist, die Werke Freuds gelesen zu

---

3 *La psychanalyse: Sur la parole et le langage.* Eine Anzahl französischer Psychoanalytiker tat sich 1953 zusammen, um die »Société française de psychanalyse« zu bilden. Der 1956 unter dem genannten Titel veröffentlichte Band (ein Ereignis von Bedeutung) umfasst die erste Zusammenstellung ihrer Arbeiten. Der Beitrag von Jacques Lacan, *Funktion und Feld des Sprechens in der Psychoanalyse*, vorgelegt und diskutiert im September 1953 in Rom, bildete sein (schon dezentriertes) Zentrum. Die damals veröffentlichten und hier wieder abgedruckten Bemerkungen beziehen sich also einzig auf diesen Text von Jacques Lacan. Damals fügte ich folgende Frage an: Handelt es sich um eine neue Ausrichtung der Psychoanalyse? Sicherlich um eine Kehre, die die Rückkehr zum Denken Freuds darstellt, so wie es von bestimmten Formen der zeitgenössischen Philosophie und des zeitgenössischen Wissens, wenn diese von sich selbst befreit sind, beleuchtet und bestätigt wird, d.h. die Wissenschaft selbst als mögliche.
4 Jacques Lacan sagt auf frappierende Weise: »Die Illusion, die uns dazu drängt, die Wahrheit des Subjekts jenseits der Mauer der Sprache zu suchen, ist dieselbe, durch die das Subjekt glaubt, dass die Wahrheit bereits in uns gegeben sei, dass wir sie im Voraus wissen...«

haben, ist dieser zu Beginn nicht unschuldiger als der hochgelehrte Mensch in seinem Sessel, und selbst wenn er sich nicht der Texte Freuds bedient, um Freud Widerstand zu leisten, so wird es doch nicht einfach sein, zwischen diesen beiden Personen zu der Verbergung vorzustoßen, die aufgerufen ist, in einer solchen Begegnung an den Tag zu treten.

Dass der Psychoanalytiker sich selbst analysieren lassen muss, ist eine Forderung, der er sich aus Tradition heraus zu unterwerfen bereit ist, aber weniger gerne bereit ist er, sein Wissen sowie die Form, in der er es weiß, ebenfalls zu unterwerfen: Wie sich durch sein Wissen und in diesem Wissen selbst analysieren? Wenn aber die Psychoanalyse eine »objektive Wissenschaft« wie jede andere geworden ist und vorgibt, die innere Realität des Subjekts zu beschreiben und zu bestimmen sowie dieses Subjekt mit Hilfe von Mitteln zu behandeln, deren Wirksamkeit bewiesen ist, und mit sich selbst zu versöhnen, indem sie es zum Komplizen befriedigender Formulierungen macht, dann ist das nicht nur die Folge der natürlichen Schwerkraft der Dinge, des Bedürfnisses nach Gewissheit, des Wunsches, die Wahrheit still zu stellen, um bequem über sie zu verfügen, und schließlich des Bedürfnisses, etwas Besseres als eine Wissenschaftlichkeit zweiten Ranges zu besitzen; sondern im Arzt antwortet außerdem auf das irrende Sprechen, das er hervorruft, eine tiefe Angst, die unter dem Appell an ein vorgefertigtes Wissen vergraben sein will, unter dem Glauben an den Erklärungswert einiger Mythen und schließlich durch die Illusion, dass man jenseits des Sprechens tatsächlich Zugang zum Innenleben des Subjekts gewinnt, zu seiner wahren Geschichte, zu einem ganzen Haufen pedantischen und belanglosen Gerümpels, das man durcheinander wirft und nach Lust und Laune entwirrt, um sich in diesem leeren Sprechen – leer, selbst wenn es voll ist – nicht an dieses unbekannte ungleiche Verhältnis ausgeliefert zu finden, das nach nichts anderem fragt als danach, gehört zu werden. Man weiß auch, dass die Psychoanalyse in vielen Fällen vor allem eine Zusatzdisziplin geworden ist und dass jene, die sich auf sie berufen, nicht zögern, gebräuchliche Verfahren medizinischer Beobachtung zu verwenden. Vielleicht ist das unvermeidbar. Aber wie kann man übersehen, dass das von Freud vorgeschlagene »Verhältnis« in seinem Wesen zerstört ist? Wie kann man hoffen, im Innern der Psychoanalyse selbst, diejenige Psychoanalyse, von der man stets genau an dem Platz, den man als Beobachter, als Denker, im Wissen oder im Sprechen einnimmt, in Frage gestellt wird, mit derjenigen Psychoanalyse zu versöhnen, die sich plötzlich, auf naive Weise, für die absolute Behauptung eines wissenschaftlich gesicherten Wissens hält und die eine auf objektive Weise bestimmte Realität erklären will?

Die Anstrengung Jacques Lacans liegt genau darin, uns an dieses Wesen des psychoanalytischen »Dialogs« zurückzuführen, den er als Form einer dialektischen Beziehung begreift, die indes die Dialektik selbst verwirft (auseinandernimmt). Er bedient sich Formulierungen folgenden Typs: »*Das Subjekt beginnt die Analyse, indem es von sich spricht, ohne zu Ihnen als zu Ihnen zu sprechen, oder indem es zu Ihnen spricht, ohne von sich zu sprechen. Wenn es Ihnen von sich sprechen kann, wird die Analyse beendet sein.*« Er zeigt, dass das Wesentliche der Analyse im Verhältnis zum Anderen mir gegenüber liegt, sowie in den Formen, die die Entwicklung der Sprache ermöglicht. Er befreit die Psychoanalyse von allem, was aus ihr bald ein objektives Wissen, bald eine Art magische Handlung macht; er legt das Vorurteil bloß, das den Analytiker dazu bringt, jenseits der Worte eine Realität zu suchen, mit der in Kontakt zu treten er sich bemühen sollte: »*Nichts könnte Psychoanalytiker daher mehr verwirren als der Versuch, sich an einem angeblich gefühlsmäßigen Zugang zur Realität des Subjekts zu orientieren ... Die Psychoanalyse bleibt eine dialektische Beziehung, in der das Nicht-Handeln des Analytikers den Diskurs des Subjekts in Richtung der Realisierung seiner Wahrheit führt, und sie ist keine phantasmatische Beziehung, in der zwei Abgründe miteinander in Berührung kommen.*« »*Es geht nicht darum, zu wissen, ob sich das Subjekt da an etwas erinnert hat: Es hat einzig das Geschehnis erzählt. Es hat es ins Wort übergehen lassen, oder besser ins Epos, in dem es zum gegenwärtigen Moment von den Ursprüngen seiner Person berichtet.*« »*Es geht in der psychoanalytischen Wiedererinnerung nicht um Realität, sondern um Wahrheit...*«. Diese Anstrengung der Bereinigung, die gerade erst beginnt, ist sicher ein wichtiges Unternehmen, und dies nicht nur für die Psychoanalyse.[5]

---

5 Unter der Voraussetzung freilich, dass das Wort von der Dialektik und die Analysen Hegels nicht selbst wiederum magischen Formulierungen Raum geben, die in der Lage sind, auf alles zu antworten. Die Forschungen über die

*

Auf diese Weise erscheinen die Originalität des psychoanalytischen »Dialogs«, seine Probleme und Gefahren und zuletzt vielleicht seine Unmöglichkeit umso deutlicher. Diese Befreiung des Wortes durch es selbst stellt eine bewegende Wette auf die Vernunft dar, auf die als Sprache verstandene Vernunft und auf die Sprache, verstanden als Macht der Sammlung und der Vereinigung im Schoße der Zerstreuung. Derjenige, der spricht und akzeptiert, vor einem Anderen zu sprechen, findet langsam die Wege, die aus seinem Sprechen die Antwort auf dieses sein Sprechen machen. Diese Antwort kommt zu ihm nicht von außen, als Orakelwort oder Gotteswort, als Antwort des Vaters ans Kind, von einem, der weiß, zu einem, der nicht wissen, sondern gehorchen will, als versteinertes und versteinerndes Sprechen, das man an den Platz des Selbst setzen möchte wie einen Stein. Die Antwort, selbst wenn sie von außen kommt, muss von innen kommen, muss zu dem, der sie hört, als die Bewegung seiner eigenen Entdeckung zurückkommen und ihm erlauben, sich anzuerkennen und sich von dem fremden, unklaren und tiefen Anderen ihm gegenüber anerkannt zu wissen: im Analytiker anerkannt, in dem all die, denen er in der Vergangenheit seines Lebens je im Sprechen begegnete und die ihn nicht gehört haben, wiederkehren, zum Besonderen und zum Allgemeinen werden. Der doppelte Zug dieses Dialogs liegt darin, dass hier ein einsames Sprechen verbleibt, das dazu bestimmt ist, seine Wege und sein Maß allein zu finden, und dass es dennoch nur in einer wirklichen Beziehung mit einem wirklichen Anderen als Gegenüber zur Erfüllung gelangt, eine Beziehung, in welcher der Gesprächspartner – der Andere – die Worte, die das Subjekt (das nun von sich wie von seinem Zentrum entfernt ist) ausgesprochen hat, nicht mehr belastet, sondern sie hört und sie

---

Sprache sind immer selbst trügerisch, insofern die Sprache stets mehr oder weniger als die Sprache ist, da sie zunächst auch Schrift ist und dann, am Ende, in einer ungeschehenen Zukunft: Schrift außer Sprache. Ich frage mich, ob das Beispiel Freuds, der mit großer Freiheit sein Vokabular und unterschiedliche Erklärungsschemata erfindet, um zu versuchen, Rechenschaft von dem abzulegen, was er entdeckte, nicht zeigt, dass jede Erfahrung es verdient, zunächst in Bezug auf sie selbst weiter verfolgt, verstanden und formuliert zu werden.

hörend antwortet, und in welcher er das Subjekt durch dieses Hören für diese Worte verantwortlich macht, es wirklich sprechend macht, macht, dass es wahrhaftig und in Wahrheit gesprochen hat.

Das Wort ›Wahrheit‹, das hier auftaucht und dessen sich Jacques Lacan gerade anstelle des Wortes ›Realität‹ bedient, lässt sich natürlich ganz einfach widerlegen, da jene immer verschoben ist, *verkannt* vom Wissen, das sich ihrer für die *Erkenntnis* bedient, so dass es vielleicht besser wäre, darauf zu verzichten, wenn sich mit ihr nicht das Problem der Zeit und zunächst dasjenige der Dauer der Behandlung stellen würde – denn man darf nicht vergessen, dass das Subjekt nicht immer jemand ist, der sich diesem Vorgang hingibt, weil es seine Leidenschaft ist, sondern ein zutiefst Verletzter, den es zu »heilen« gilt. Wann also ist die Kur beendet? Man sagt: Wenn beide, der Patient und der Analytiker, befriedigt sind. Eine Antwort, die träumen macht. Da es sich nicht um die Befriedigung einer Laune handelt, sondern um die Art von Zufriedenheit, die Weisheit ist, läuft diese Antwort darauf hinaus, das Ende der Geschichte und die erhabene Zufriedenheit abwarten zu müssen, die dem Tod entspricht: Schon Sokrates schlug so etwas vor. Das ist keine Kritik. Einer der beeindruckenden Aspekte der Analyse liegt darin, dass sie, nach dem Ausdruck Freuds, stets »endlich und unendlich« ist. Wenn sie beginnt, beginnt sie ohne Ende. Die Person, die sich ihr unterwirft, tritt in eine Bewegung ein, deren Endpunkt unvorhersehbar ist, in eine Art von Gedankengang, dessen Schlussfolgerung wie ein neuartiges Vermögen die Unmöglichkeit des Schließens und Folgerns mit sich führt. Um es etwas übereilt zu sagen, was hier das Wort ergreift, ist das Unaufhörliche und das Unbeendbare: das ewige Wiederkäuen, dessen Forderung der Patient begegnet ist, das er aber in fixierten Formen festgehalten hat, die nunmehr in seinen Körper, sein Verhalten, seine Sprache eingeschrieben sind. Wie dem Unbeendbaren einen Endpunkt setzen? Wie kann sich das Sprechen gerade als Unendliches abschließen und Endzweck und Bedeutung gerade im Wiederbeginn seiner endlosen Bewegung finden? Und sicher wird man uns sagen, dass es sich zunächst um eine begrenzte Botschaft handelt, die es auszudrücken (zu entschlüsseln) gilt, wenn es nötig ist. Aber dadurch wird die Aufgabe nur noch schwieriger, denn vor dem Hintergrund des nicht zu Beendenden, das man zugleich bewahren, bejahen und vollenden muss, soll ein richtiges Sprechen Form annehmen und ein Ende setzen, das richtig nur ist, wenn es zum rechten Moment kommt. Denn der Moment der Antwort ist nicht weniger wichtig als ihre Richtung. Eine »wahre« Antwort, die zu früh oder zu spät interveniert, besitzt nicht mehr die Macht zu antworten; sie schließt die Frage nur ab, ohne sie durchsichtig zu machen, oder sie wird zum Phantom der auf unbestimmte Zeit überlebenden Frage: eine andere Erscheinung des ewigen Beginns, wo das, was (sich verhüllend) erscheint, die Tatsache ist, dass es weder Beginn noch Endpunkt gibt, eine Bewegung, die nicht dialektisch ist, die jede Dialektik bedroht, ein Sprechen, das weder wahr noch falsch ist, weder sinnvoll noch unsinnig, sondern immer das eine wie das andere, das tiefste Sprechen, das aber wie die tiefenlose Tiefe spricht, – und vielleicht liegt die gefährliche Pflicht des Psychoanalytikers darin, sie zu unterdrücken, dasjenige zu unterdrücken, das sich tatsächlich jedem Verhalten oder jedem Ausdruck widersetzt, die für normal gehalten werden, und somit darin, sich selbst zu unterdrücken, um dadurch den Tod, seine Wahrheit, wiederzufinden.[6]

---

6 Die Psychoanalyse – man weiß das – ist zugleich Technik und Erkenntnis: eine Macht, ein Handeln und ein Verhalten, immer im Horizont der Wissenschaft. Darin ist sie dem Marxismus sehr nahe. Die Macht der Technik ist die Macht des Verstehens; wird die Macht aber durch das Verstehen gegeben? Öffnet die Macht das Verstehen? Sowohl das eine als auch das andere, aber auf eine Weise, die dunkel und mehrdeutig bleibt. Der Arzt gibt nicht vor, auf den Kranken einzuwirken; die Macht liegt weder bei dem einen noch bei dem anderen; sie liegt zwischen ihnen, in dem Intervall, das sie trennt, indem es sie eint, und in den Schwankungen derjenigen Bezüge, die die Kommunikation begründen. Nichtsdestotrotz gibt es auf der Ebene der Praxis einen Kranken, den es zu heilen gilt, eine gelehrte Technik, die keinen anderen Zweck hat als diese Heilung, und den Arzt, der Verantwortung dafür trägt. Die »psychoanalytische Kommunikation« wird zumeist (in ihrer noch vorherrschenden Form) in Begriffen der Macht verstanden, und das Sprechen, das sie sichert, ist das Vermögen, unter den normalen Bedingungen einer gegebenen Gesellschaft zu sprechen. So dass die Psychoanalyse, die in diesem Fall selbst eine *Institution* geworden ist, droht, ob sie will oder nicht, den institutionellen Formen zu dienen, die historisch die einzigen sind, die über das Sprechen verfügen.

Die tiefste Frage

1

Wir stellen uns Fragen über unsere Zeit. Die Befragung erfolgt nicht in außergewöhnlichen Momenten, sondern ohne Unterlass, und sie ist selbst Teil der Zeit, sie bedrängt sie, auf jene bedrängende Weise, die der Zeit eigen ist. Kaum Befragung, ist es eine Art Flucht. Vor dem Hintergrundgeräusch, das das Wissen über den Lauf der Welt hervorruft und mit dem dieser Lauf in uns jedem Wissen vorangeht, es begleitet, ihm folgt, entwerfen wir, erwacht, schlafend, Sätze, die sich wie Fragen skandieren. Was sind sie wert? Was sagen sie? Auch das sind noch Fragen.

Woher kommt dieses Bedachtsein aufs Fragen und die große Würde, die man der Frage zugesteht? Fragen, das ist Suchen, und Suchen ist radikales Suchen, Forschen, das ist Auf-den-Grund-gehen, bohren, den Grund bearbeiten und schließlich herausreißen. Dieses Herausreißen, das die Wurzel ergreift, ist die Arbeit der Frage. Arbeit der Zeit. Die Zeit wird in der Würde der Frage gesucht und in ihr erlebt. Zeit ist Zeitenwende. Der Zeitenwende entspricht die Macht, sich als Frage zurückzuwenden, als Sprechen, das durch die Drehung der Schrift fragt, bevor es spricht.

Ist es also letztlich die Zeit – die Bewegung der Zeit und die historische Epoche –, welche fragt? Die Zeit, aber die Zeit als Frage, genau das, was durch die Zeit und zu einem bestimmten Moment der Zeit auf einen Schlag alle Fragen als Ganzes freisetzt und die Geschichte als die Gesamtheit der Fragen erscheinen lässt. Freud sagt mehr oder weniger, dass all die von Kindern scheinbar ungehemmt gestellten Fragen ihnen als Umstellungen für diejenige dienen, die sie nicht stellen und die die Frage nach dem Ursprung ist. Genauso befragen wir uns über alles, um die Leidenschaft der Frage in Bewegung zu halten, aber alle sind auf eine einzige gerichtet, auf die zentrale Frage oder die Frage nach dem Ganzen.

Die Frage der Gesamtheit, die Frage, die die Gesamtheit der Fragen enthält.[1] Wir wissen nicht, ob die Fragen ein Ganzes bilden, und auch nicht, ob die Frage nach dem Ganzen, diejenige, die die Gesamtheit der Fragen umfasst, die letzte Frage ist. Zeitenwende ist diejenige Bewegung, durch die die Frage des Ganzen sich auf eine Weise, die sie zum Vorschein kommen lässt, freisetzt. Zum Vorschein kommend, an der Oberfläche auftauchend, reißt sie sich los vom Grund und verdeckt so aufs Neue, indem sie oberflächlich wird, die tiefste aller Fragen.

Wir wissen nicht, ob die Fragen ein Ganzes bilden, aber wir wissen, dass sie nur zu fragen scheinen, wenn sie in Richtung auf dieses Ganze fragen, dessen Sinn, und sei es als Frage, nicht gegeben ist. Fragen bedeutet nun, auf den Horizont jeder Frage zuzuschreiten oder vor ihm zurückzuweichen. Fragen bedeutet nun, sich bei der Unmöglichkeit aufzuhalten, auf partielle Weise zu fragen; bedeutet, diese Unmöglichkeit zu erleiden, auf partikulare Weise zu fragen, während jedoch jede Frage partikular ist und umso besser gestellt ist, je mehr sie der Partikularität ihrer Stellung entspricht. Jede Frage ist bestimmt. Als solche ist sie diese eigentümliche Bewegung, durch die sich das Unbestimmte noch in der Bestimmung der Frage bewahrt.

Die Frage ist Bewegung, die Frage nach dem Ganzen ist die Totalität der Bewegung und Bewegung des Ganzen. Bereits in der einfachen grammatikalischen Struktur des Fragens spüren wir diese Öffnung des befragenden Sprechens; es gibt die Forderung nach etwas Anderem; als Unvollständiges bejaht das fragende Sprechen, dass es nur ein teilweises ist. Die Frage wäre also im Gegensatz zu dem, was wir gerade gesagt haben, wesentlich teilhaft, sie wäre der Ort, an dem die Rede sich stets als unabgeschlossen hervorbringen würde. Was bedeutete also die Frage nach dem Ganzen, wenn nicht die Bejahung und Behauptung dessen, dass im Ganzen latent noch das Partikulare des Ganzen liegt?

Die Frage, so sie unabgeschlossenes Sprechen ist, stützt sich auf Unabgeschlossenheit. Nicht als Frage ist sie unvollständig; im Gegenteil, sie ist das Sprechen, das die Tatsache, die in der Erklärung

---

1 Vgl. das zweite Kapitel des Buches von Dionys Mascolo über den Kommunismus: »Es gibt in der Wirklichkeit nichts anderes mehr als die Frage nach dem Ganzen.«

der eigenen Unvollständigkeit liegt, zum Abschluss bringt. Die Frage stellt die erfüllte Behauptung wieder ins Leere, sie erfüllt sie mit der vorhergehenden Leere. Durch die Frage geben wir uns das Ding, und wir geben uns die Leere, die uns erlaubt, es noch nicht zu haben oder es als Wunsch zu haben. Die Frage ist der Wunsch des Denkens.

*

Nehmen wir diese beiden Äußerungen: »Der Himmel ist blau«, »Ist der Himmel blau? Ja.«. Man muss kein großes Licht sein, um zu erkennen, was sie trennt. Keineswegs stellt das »Ja« die Einfachheit der direkten Behauptung wieder her: Das Blau des Himmels hat in der Befragung der Leere Raum gegeben; dennoch hat sich das Blau nicht verzogen, vielmehr hat es sich auf dramatische Weise zu seiner *Möglichkeit*, jenseits seines Seins, erhoben und faltet sich so in der Intensität dieses neuen Raumes aus, sicherlich blauer, als es jemals war, und steht augenblicklich in einem innigeren Verhältnis mit dem Himmel – in einem Augenblick der Frage, wo das All aussteht, alles zur Entscheidung ansteht. Indes, kaum ist das Ja erklungen, genau dann, wenn es in seinem neuen Aufscheinen das Blau des Himmels, auf die Leere verwiesen, bestätigt, nehmen wir wahr, was verloren gegangen ist. Einen Augenblick in bloße Möglichkeit verwandelt, kehrt der Zustand der Dinge nicht zu dem zurück, was er war. Das kategorische Ja kann nicht wiederbringen, was für einen Moment bloß möglich war; mehr noch, es entzieht uns die Gabe und den Reichtum der Möglichkeit, denn es behauptet nun das Sein dessen, was ist, aber da es dies in der Bejahung einer Antwort tut, behauptet und bejaht es auf indirekte und nur vermittelte Weise. So verlieren wir im Ja der Antwort das gerade und unmittelbar Gegebene, und wir verlieren die Öffnung, den Reichtum der Möglichkeit. Die Antwort ist das Unglück der Frage.

Das heißt, dass sie das Unglück, das in der Frage verborgen liegt, erscheinen lässt. Eben das ist der unangenehme Zug der Antwort. Für sich genommen stellt die Antwort kein Unglück dar; für sich genommen wahrt sie Sicherheit; eine gewisse Überheblichkeit markiert sie. Derjenige, der antwortet, ist auf implizite Weise demjenigen, der Fragen stellt, überlegen. Von einem Kind, das den Status des Kindes vergisst, sagt man: Es antwortet. Antworten ist die Reife der Frage.

Und dennoch fordert die Frage eine Antwort? Sicherlich gibt es in der Frage einen Mangel, der danach strebt, ausgefüllt zu werden. Dieser Mangel aber ist von befremdlicher Art. Er ist nicht von der Grobheit der Verneinung, er vernichtet nicht, er verweigert nicht. Sofern es sich um eine Macht handelt, etwas Negatives auszuüben, bemächtigt sie sich ihrer selbst zurückhaltend und auf einer Ebene, wo dieses Negative noch nicht zu seiner vollen negativen Bestimmung gelangt ist. *Le ciel est bleu, le ciel est-il bleu?* Dem ersten Satz entzieht der zweite nichts, oder vielmehr, es ist ein Entzug auf gleitende Weise, wie eine Tür, die sich geräuschlos um ihre Achse dreht. Das Wort »est« ist nicht entzogen: bloß leichter geworden, durchsichtiger gemacht, versprochen an eine andere Dimension. In anderen Sprachen wird die Frage gerade durch die Aufwertung des Verbs, seine Platzierung an erster Stelle markiert: *Is the sky blue? Ist der Himmel blau?* Mit einer Art Gewalt und argwöhnischer Tapferkeit geht hier das gesamte Licht aufs Sein nieder, das hier »in die Frage gerät« und durch welches das Licht der Frage auf alles andere fällt. Eine Hervorhebung, gleich der von Sternen, die in ihrem Verlöschen noch einmal umso stärker aufleuchten. Die erhellende Kraft, die das Sein an erste Stelle setzt und die wie der Schein des bis dahin nicht erscheinenden Seins ist, ist zur gleichen Zeit das, was es aufzulösen droht. Die Frage ist die Bewegung, in der das Sein umschwenkt und wie die Schwebe des Seins in seiner Wende erscheint.

Von daher das besondere Schweigen der Fragesätze. Es ist, als ob das Sein, indem es befragt wird – das »ist« der Frage –, auf den lärmenden Anteil seiner bejahenden Behauptung verzichten würde, ebenso auf den schneidenden Anteil seiner Verneinung, und selbst da, wo es an der ersten Stelle hervortritt, als ob es sich von sich selbst befreien würde, indem es sich öffnet und den Satz eröffnet, und zwar derart, dass in dieser Öffnung der Satz sein Zentrum nicht mehr in sich zu haben scheint, sondern außerhalb seiner – im Neutralen.

Man wird nun sagen, dass es sich doch mit jedem beliebigen Satz genauso verhält, dass sich jeder in einem anderen fortführt und vervollständigt. Die Frage wird allerdings nicht in der Antwort fortgeführt, vielmehr wird sie durch sie beendet und verschlossen. Sie eröffnet einen Typus von Verhältnis, der durch Öffnung selbst und durch freie Bewegung charakterisiert ist, und sie findet ein Schließendes und Anhaltendes, um es zu befriedigen. Die Frage erwartet die Antwort, aber die Antwort befriedet die Frage nicht, und selbst wenn sie ihr ein Ende setzt, so beendet sie doch nicht das Warten, das die Frage nach der Frage ist. Frage, Antwort: Wir erkennen in der Konfrontation zwischen diesen beiden Termen ein befremdliches Verhältnis, in dem Maße nämlich, in dem die Frage in der Antwort nach dem ruft, was ihr *fremd* ist, und sich zugleich in der Antwort als jene Wendung der Frage erhalten will, die die Antwort anhält, die der Bewegung ein Ende setzt und Ruhe geben möchte. Nur muss die Antwort, indem sie antwortet, in sich das Wesen der Frage wieder aufnehmen, das nicht durch das, was darauf antwortet, erlischt.

2

Wir stellen uns Fragen über unsere Zeit. Diese Befragung hat ihre eigenen Merkmale. Sie ist dringlich, wir können nicht einen Augenblick auf das Fragen verzichen. Sie ist total und strebt danach, in allem nur die Frage nach dem Ganzen ans Licht zu bringen. Sie trägt der Zeit die Frage an, die diese in sich trägt. Am Ende befragen wir uns, indem wir diese Zeit befragen.

Dieser letzte Zug wurde vielfach betont. Man hat vielfach hervorgehoben, dass jede Frage auf jemanden verweist, der fragt, auf dieses Wesen also, das wir sind und das allein die Möglichkeit besitzt, zu fragen oder auch in Frage gestellt zu werden. Ein Wesen wie Gott (zum Beispiel) könnte sich nicht in Frage stellen, es würde keine Fragen stellen; Gottes Sprechen braucht den Menschen, um die Frage des Menschen zu werden: Wenn Jahwe nach dem Sündenfall Adam fragt: »Wo bist du?«, dann bedeutet diese Frage, dass der Mensch nunmehr einzig am Ort der Frage gefunden und situiert werden kann. Der Mensch ist von nun an Frage für Gott selbst, der keine Fragen stellt.

Warum sind wir, die wir weit entfernt davon sind, uns befragt zu fühlen, in dieser dringlichen, stets totalen Befragung, die sich auf unsere Zeit bezieht und die unsere Möglichkeit ist, von uns herkommt und in allem, worauf sie abzielt, auf uns zielt, in einer maßlosen Bewegung ergriffen, aus der sämtliche Eigenschaften der Frage verschwunden scheinen? Warum antworten wir, wenn wir Fragen stellen – im besten Fall – bereits auf die maßlose Kraft der Frage, eine Frage, die die Frage von niemandem ist und uns dazu veranlasst, uns mit niemandem zu identifizieren? Das ist unsere Erfahrung der tiefsten Frage. Sie greift uns an, ohne uns anzugehen. Wir tragen diese Frage mit uns, wir, die wir Träger der Frage schlechthin sind, und sie bewirkt, dass sie für uns keinerlei Bedeutung in sich trägt. Es ist, als gerieten wir in der Frage selbst in einen Kampf mit dem, was anders als jedes Fragen ist; als würde sie, aus uns allein kommend, uns dem uns ganz Anderen ausliefern. Eine Befragung, die nicht befragt, die keine Antwort will und uns in die Unverantwortlichkeit und die Ausweichbewegung einer ruhigen Flucht zu ziehen scheint.

Das kann auf andere Weise angezeigt werden: Das persönliche Fragen-Können reicht ihr nicht. Die eigentliche Weise, diesem Können zu begegnen, ist nicht mehr die Beherrschung. Stets ist sie implizit, selbst wenn sie ausgesprochen wird, und eher geht man mit ihr um, als dass sie erwogen wird, und sie verfügt über uns, während wir über sie verfügen, und verwandelt uns in Fragemanöver. Zugleich entzieht sie sich nicht, die Fragen häufen sich, die Antworten auch; jeder hat daran teil; diese Evidenz und diese Mehrzahl aber scheinen nur da zu sein, um uns von der Gesamtheit der Frage abzuwenden, welche uns nun nur durch den Verdacht erreicht, den wir hinsichtlich dieser Abkehr selbst hegen. (Die Frage befragt uns auf diesem Abweg, der uns von ihr und von uns abwendet.)

Von daher enttäuscht uns die Frage, wenn sie sich auf manifeste Weise als Frage der Gesamtheit behauptet, in all den großen dialektischen Bewegungen, die unserer Zeit eignen, durch die Armut ihrer Abstraktion, eine Armut, die sich alsbald in eine Forderung verwandelt, denn diese Abstraktion sind wir selbst und ist unser Leben selbst, unsere Leidenschaft und unsere Wahrheit, wann immer sie uns zwingt, uns auf unpersönliche Weise der Frage der Gesamtheit zuzuwenden, die wir ertragen. Wir leiden unter dieser abstrakten, unpersönlichen Mächtigkeit; wir sind von ihr geplagt, wenig glücklich; wir halten sie für arm, und sie ist arm; selbst unsere abstrakte Sprache übt einen Zwang auf uns aus, der uns auf grausame Weise von uns trennt – und dennoch müssen wir auf diese Abstraktion antworten, wir erkennen in ihr unsere Gesamtwahrheit an, die uns Fragen stellt.

Das reicht nicht: Diese arme und abstrakte Gesamtwahrheit, die uns arm und abstrakt macht, erreicht uns nicht als Wahrheit, sondern als Frage, und in dieser scheint stets etwas Tieferes zu arbeiten, die tiefste aller Fragen, die im Abweg selbst gegenwärtig ist, welcher bewirkt, dass wir uns von ihr und von uns abwenden. Anders gesagt, wenn wir ans Ende gelangen, welches die Frage des Ganzen ist, dann verbirgt sie sich aufs Neue in der Frage, ob die Frage nach der Gesamtheit die tiefste aller Fragen ist.

*

Dieses Streitgespräch zwischen der Frage nach der Gesamtheit und der tiefsten aller Fragen ist das Streitgespräch, in dem die Dialektik zur Frage wird. Für die Dialektik gehört ihr selbst dieser Streit noch an: Die tiefste Frage ist lediglich ein Moment der Gesamtfrage, sie ist jenes Moment, in dem die Frage glaubt, dass es zu ihrer Natur gehört, eine allerletzte Frage zu erarbeiten, eine letzte Frage, Frage Gottes, Frage des Seins, Frage der Differenz von Sein und Seiendem. Aber es gibt für die Dialektik keine Abschlussfrage. Da, wo wir abschließen, beginnen wir. Da, wo wir beginnen, beginnen wir nur wirklich, wenn der Beginn aufs Neue am Ende von allem steht, d.h. das Resultat – das Produkt – der Bewegung des Ganzen ist. Das ist die Kreislaufforderung. Das Sein entfaltet sich als die sich im Kreise drehende Bewegung, und diese Bewegung geht vom Innersten zum Äußersten, von der nicht entwickelten Innerlichkeit zur Veräußerlichung, die sie entfremdet, und von dieser Entfremdung, die sie veräußerlicht, bis zur erfüllten und wieder verinnerlichten Fülle. Bewegung ohne Ende und dennoch immer schon vollendet. Die Geschichte ist unendliche Verwirklichung dieser immer schon vollzogenen Bewegung.

Die Dialektik ist also stets bereit, mit jeder besonderen Frage einzusetzen, genauso wie man mit gleich welchem Wort zu sprechen beginnen kann. Wir haben immer schon begonnen und wir haben immer schon gesprochen. Dieses »immer schon« ist der Sinn jedes Beginns, der nichts als Wiederbeginn ist. Wenn wir uns indes über unsere Zeit befragen, während wir selbst von ihr und in ihr befragt werden, spüren wir die Unmöglichkeit, uns zu Beginn an eine besondere Frage zu halten. Heute ist jede Frage Frage des Ganzen, sind alle Fragen Fragen nach dem All. Diese Gesamtfrage, die nichts außen vor lässt und uns stets mit dem Ganzen konfrontiert, uns zwingt, uns für das Ganze und für nichts als für Alles und das Ganze zu interessieren, ist uns mit einer abstrakten, erschöpfenden Leidenschaft in allen Dingen gegenwärtig, sie ist die einzige Gegenwärtigkeit, sie setzt sich an die Stelle von allem, was in der Gegenwart steht. Wir sehen keine Menschen mehr, wir gehen nicht mehr mit den Dingen um, wir sprechen nicht mit besonderen Worten oder einzelnen Figuren: Wo wir Menschen sehen, starrt uns die Frage der Gesamtheit an; sie ist es, mit der wir umgehen und die mit uns umgeht; sie erreicht uns in jedem Wort, das gesprochen wird, bringt uns zum Sprechen, um die Sprache als Ganzes in Frage zu stellen, und sie lässt uns einzig das sagen, was Alles sagt und alles in seiner Gesamtheit. Wenn wir uns also über unsere Zeit befragen, dann stoßen wir zunächst auf die Frage des Ganzen, was darauf hinausläuft, dass die erste Frage, zu welcher wir uns eher mit gesenktem als mit erhobenem Haupt verhalten, jene nach der Dialektik ist, nach ihrer Gültigkeit und ihren Grenzen, oder, um den Titel von Sartres Buch aufzunehmen: Kritik der dialektischen Vernunft.

Wesentliche Frage, und streng genommen sogar die einzige; von daher ihre Strenge und ihre Grausamkeit; zugleich aber eine Frage, die von der Dialektik selbst keineswegs privilegiert und sogar als partikular zurückgewiesen wird. Denn sie lässt nicht zu, dass man sie zu rechtfertigen hat, und sie erlaubt auch nicht, dass man ihr einzig einen Teil zugesteht: Alles kommt ihr zu, sie ist das Zusammenkommen von Allem und des Ganzen. Sie ist also ungerechtfertigt, in dem Sinne, dass die Dialektik als die Bewegung, durch die sie sich erzeugt, während sie jede partikulare Rechtfertigung, jeden theoretischen oder unmittelbaren Verständlichkeitsanspruch auflöst, sich als das Zur-Frage-Werden des Ganzen behauptet und bejaht, das selbst nicht zur Frage werden kann, da alles, was sie in Frage stellt, von ihr selbst kommt und im Innern dieser Infragestellung, deren sich erfüllende Bewegung sie ist, wiederkehrt: das über sich selbst Hinausgehen, über das nicht hinausgegangen werden kann.

Wenn aber jede Möglichkeit durch den dialektischen Anspruch hindurchgeht und nur durch ihn hindurchgehen kann, wie steht es da mit der tiefsten aller Fragen? Sie wird von einer solchen Allmacht keineswegs gestört. Sie bedarf dessen sogar, dass die Dialektik von allem Besitz ergriffen hat, da sie ihr am nächsten ist, wenn alles ihr entzogen ist, um sich zu behaupten. *Sie ist die Frage, die sich nicht stellt.* Wenn die Dialektik, die alle Dinge in der einzigen Gesamtfrage zusammenbringt, ihre Herrschaft ausübt, wenn durch ihre Erfüllung alles zur Frage geworden ist, dann stellt sich die Frage, die sich nicht stellt. Einerseits ist sie nichts als der Schatten der Frage nach dem Ganzen, ein Frageschatten, die Illusion, etwas bliebe zu fragen, wenn es keine Frage mehr gäbe, und in diesem Sinne ist sie die oberflächlichste, die täuschendste; andererseits die tiefste, weil sie nur gedacht und formuliert zu werden scheint, wenn wir immer einen Schritt zurück gehen, auf das hin, was noch gedacht zu werden bittet, selbst wenn das Ganze, wenn Alles gedacht ist.

Aus diesem Grund auch ist die »tiefste aller Fragen« stets aufgespart: in Aufsparung bewahrt bis zu dieser Wende der Zeit, da die Epoche fällt und die Rede zum Abschluss kommt. Zu jedem Epochenwechsel scheint sie für einen Augenblick aufzutauchen. Zu jeder Revolution scheint sie sich so intensiv mit der geschichtlichen Frage zu vermischen, dass sie nicht mehr in Frage steht: Für einen Augenblick ist alles bejaht, alles behauptet, alles gesagt, die Gesamtwahrheit, die über alles entscheidet, ist da. Wenn sie dagegen zum Gegenstand einer speziellen Problematik wird, wenn sie, die allerletzte Frage ist, sich offen als Gottesfrage stellt, als Seinsfrage, dann bedeutet diese Vorzugsstellung, dass sie ins Abseits gestellt wird, dass sie in einen Bereich eintritt, in dem das, was man von ihr ergreift, sie entweichen lässt. Wir verstehen also, warum heute, da die Dialektik von allem Besitz ergreift, uns diese Notwendigkeit der Befragung bedrängt, die uns, indem sie uns zur Gesamtfrage führt, auch bedrängt, indem sie uns augenblicklich inständig in diese Frage zieht, die sich nicht stellt und die wir, die Herausforderung annehmend, aus Unvernunft und aus Strenge, die tiefste aller Fragen nennen – oder die Frage des Neutralen.

3

Wenn die Griechen eine Frageform entwickeln konnten, die seit Jahrhunderten ihren Wert und ihre Autorität bewahrt, dann deshalb, weil sich darin die tiefste aller Fragen und die Gesamtfrage gegenseitig begreifen und verdunkeln.

Kommen wir für einen Augenblick auf die Sphinx als Frage, den Menschen als Antwort zu sprechen. Das fragende Wesen ist notwendigerweise doppeldeutig: Die Doppeldeutigkeit selbst stellt die Frage. Wenn der Mensch sich befragt, fühlt er sich von etwas Unmenschlichem befragt, und er fühlt sich im Kampf mit etwas, das keine Fragen stellt. Ödipus vor der Sphinx: das ist dem ersten Anschein nach der Mensch vor dem Nicht-Menschen. Die gesamte Arbeit der Frage liegt darin, den Mensch dahin zu führen, anzuerkennen, dass ihm, wenn er vor der Sphinx steht, bereits der Nicht-Mensch gegenübersteht. Ist die derart gestellte Frage mit ihrem Spiel- und Rätselcharakter, der durch ihren Bedrohungscharakter kompensiert wird, diese Frage ohne Ernsthaftigkeit, gestützt auf den Ernst dessen, was auf dem Spiel steht, die tiefste aller Fragen? In jedem Falle eine tiefgehende Frage. Die tiefe Frage ist der Mensch als Sphinx, der gefährliche, unmenschliche und heilige Anteil, der den Menschen von Angesicht zu Angesicht, ihn, der sich mit Schlichtheit und Genügsamkeit einfach Mensch nennt, für einen Augenblick innehalten lässt und in diesem Innehalten vor sich festsetzt. Die Antwort des Ödipus ist nicht allein eine Antwort. Es ist die Frage selbst, aber sie hat die Richtung gewechselt, ihren Sinn verkehrt. Wenn die Sphinx in der ihr eigenen Sprache aus Leichtigkeit und Gefahr spricht, dann um der tiefsten aller Fragen eine Stimme zu verleihen, und wenn Ödipus antwortet und mit Bestimmtheit das einzig angebrachte Wort ausspricht, dann um ihr den Menschen als »Frage des Ganzen« entgegenzusetzen. Eine denkwürdige Gegenüberstellung der tiefen Frage und der Frage der Gesamtheit.

Wir können hier einige Züge sowohl der einen als auch der anderen erkennen. Die tiefe Frage ist frivol und unheimlich; sie lenkt ab, ist liebenswert und tödlich. Sie richtet sich nicht nur an den Kopf, da sie mehr fordert als Reflexion, und dennoch zielt sie auf diesen: Die Antwort muss ihr auf den Kopf zugesagt werden. Das ist unmittelbar spürbar. Sie fasziniert, sie übt ihre Herrschaft durch die Anziehung ihrer Gegenwart aus, welche die Gegenwart von etwas ist, das nicht da sein dürfte – das in *Wahrheit* nicht da ist – und vor dem man nicht da sein, bleiben, sich aufrecht halten kann: Gegenwart eines Bildes, die einen in das Rätsel eines Bildes verwandelt. Die tiefste aller Fragen ist so beschaffen, dass sie nicht erlaubt, sie zu erhören; man kann sie lediglich wiederholen, sie auf einer Ebene reflektieren, wo sie nicht gelöst, sondern aufgelöst wird, zurückgeschickt in die Leere, aus der sie hervorgetreten ist. Das ist ihre Lösung: Sie verflüchtigt sich in der Frage selbst, in der sie begriffen ist.

Ein wichtiger Sieg. In einem Augenblick wird die Luft gereinigt. Die Kreuzung, an der die Wege, die in die heimtückische Tiefe hinabführen, sich öffnen, gibt Raum für den Aufenthalt der Souveränität und der ruhigen menschlichen Herrschaft. Auf jeden Fall wissen wir, was folgt. Die tiefste Frage ist verschwunden, aber verschwunden ist sie im Menschen, der sie trägt, und in diesem Wort – Mensch –, mit dem er sie beantwortet hat. Indem er auf menschliche Weise antwortete, hat Ödipus den Schrecken selbst, mit dem er Schluss machen wollte, in die Frage des Menschen hineingezogen. Sicher, er wusste zu antworten, aber dieses Wissen hat nur das Unwissen über ihn selbst bekräftigt, und es war überhaupt nur möglich aufgrund dieses tiefen Unwissens. Ödipus weiß vom Menschen als Gesamtfrage, weil er vom Menschen als tiefe Frage nichts weiß – nicht wissend, dass er es nicht weiß. Einerseits erlangt er abstrakte Klarheit, diejenige des Geistes, aber dies, während er andererseits sehr konkret im verabscheuungswürdigen Unwissen seiner Tiefe versinkt. Später, zu spät, wird er sich die Augen ausreißen, um zu versuchen, Klarheit und Dunkelheit miteinander zu versöhnen, Wissen und Unwissenheit, Sichtbares und Unsichtbares: die beiden gegnerischen Seiten der Frage.[2] Von dieser Konfrontation behalten wir, dass es eine Frage gibt,

---

2 Wenn bei Sophokles der Blinde und der Hellsichtige einander gegenübertreten, der Seher, der durch Nichtwissen weiß, und der Kopfmensch, der auf tödliche Weise das Rätsel freisetzt, der, der die heilige Rede trägt und der, der freiräumt, Platz schafft, indem er es entziffert (es reduziert), den aber in diese Leere das Unsagbare zieht, dann wird auch folgende Herausforderung formuliert: »Warum«, sagt Ödipus zu Tiresias, »sangst du nicht, als hier die Sängerin war, die hündische, ein Löselied den Bürgern? Obgleich das Rätsel nicht für jeden Mann zu lösen war und Seherkunst bedurfte, die weder du von Vögeln als Geschenk herabgebracht, noch von der Götter einem. Doch ich, der ungelehrte Ödipus, da ich dazu gekommen, brachte sie zum Schweigen, mit dem Verstand es treffend, nicht gelehrt von Vögeln.« Es handelt sich in der Tat um den Gegensatz zwischen zwei Formen der Antwort, d.h. zwei Arten der Frage. Denn warum hat Tiresias – »der du alles bedenkst,... Gesagtes, Ungesagtes, Himmlisches und was auf Erden wandelt« – nicht das Rätselwort finden können? Die Antwort, dass er nur spricht, wenn der Gott spricht, würde nicht genügen, denn es scheint, dass er, um das Geheimnis des Ödipus aufzudecken,

weder Vögel noch Ritus, sondern einzig die Gegenwart des Ödipus selbst benötigt, und er es in ihm liest durch die Gewalt, die er dort entdeckt und die ihn zum Sprechen zwingt. Kreon – der Verbündete des Tiresias – gibt, als ob er sich an die Stelle des Ödipus selbst setzen wollte, folgenden Hinweis: »Uns trieb die sängereiche Sphinx, da wir's gehört, das Dunkle, was zu lösen war, zu forschen.« Tiresias, der Blinde, sieht das Geheimnisvolle, aber erforscht es nicht. Was auch bedeutet, dass er es dort fixiert, wo es ist, an seinem Ort, aus Angst, es, wenn er es aus seiner Distanz und seiner Fremdheit hervorholt, zu identifizieren und mit der Gemeinschaft identisch zu machen, die nunmehr nicht mehr davon getrennt wäre, sondern in eins gesetzt mit dem, was trennt, die fromme Unfrömmigkeit der Trennung. Es ist einerseits deutlich, dass das Rätsel der Sphinx für Ödipus allein gilt (niemand außer ihm würde es enträtseln können) und andererseits, dass Ödipus, indem er eine Antwort gibt, die für alle gilt, es durch diese leuchtende Allgemeingültigkeit klar und durchsichtig macht, unter der Bedingung, dass er den dunklen Schrecken, der der Offenbarung entweicht, für sich zu behalten scheint, indem er ihn auf sich nimmt und ihn sich aneignet, als ob er uns, für sich vorbehaltend, Ödipus zu sein, ermächtigte, in aller Ruhe »Menschen« zu sein. Doch was sagt er in seiner Kampfansage an Tiresias: »Der letzten Nacht genährt bist du, mich nimmer, nicht einen andern siehst du, der das Licht sieht.« Das ist die Arroganz der klaren Rede, die dem Vertrauen ins Wissen entstammt; von daher die ihr eigene Gewalt, diejenige des Wissensexzesses, dieses Zuviels an Wissen, das, da es auf einen Schlag die erfüllte Form der Allgemeingültigkeit erreicht hat (der Mensch als Universelles), ihn diese Aufsparung vergessen lässt, die er in sich trägt, und von der er sich selbst durch Vergessen ausschließt, diesen Anteil, den er nicht als wahr anerkennen könnte, da sein Status zugleich auch der des Nichtwahren ist, der Bruch, selbst müßig und jedes Werk zersetzend, die radikale Untreue im doppelten Entzug des Göttlichen und des Menschlichen: also die Nicht-Gegenwärtigkeit selbst. Fügen wir noch hinzu, dass Jokaste, die Mutter-Ehefrau, ihm mit wundersamer Ruhe und gerade mit der Entschuldigung des Allgemeinen die Bedeutungslosigkeit des Verbots enthüllt, an dem seine Singularität zugleich zerbrechen und sich bis zum Wahnsinn bestimmen muss, da sie auf die erklärte Qual des Ödipus: »Was? auch der Mutter Bett soll ich nicht fürchten?« antwortet, indem sie das gesetzlose Begehren verkündet und eine Empfehlung ausspricht (»Dahinzuleben«), in der man wohl die Einladung lesen muss, gegen alles zu verstoßen, eine Versuchung, die sich darauf richtet, das Gesetz selbst zu verführen, damit es seinerseits zu einem attraktiven, verführerischen, täuschenden wird: auf souveräne Weise unrein. »Was fürchtet denn der Mensch, der mit dem Glück es hält? [...] Dahinzuleben, so wie einer kann, das ist das Beste. Fürchte du die Hochzeit mit deiner Mutter nicht! Denn öfters hat ein Sterblicher der eignen Mutter schon im Traume beigewohnt: doch wem wie nichts dies gilt, er trägt am leichtesten das Leben.« Das ist dieselbe Jokaste, die mit einem Hinweis, der sich an jeden von uns richtet, in Ödipus auf geheimnisvolle Weise die Zugehörigkeit zur Grenzrede anzeigt, da für ihn keine andere statt hat als für die eine genaue Antwort nicht genügt: Wenn sie verschwindet und vergessen, beim Wort genommen, von der Rede ostentativ bezwungen wird, dann trägt sie den Sieg davon. Selbst wenn sie in der klaren Form erscheint, die die Entsprechung einer Antwort hervorruft, können wir ihr nur auf Augenhöhe begegnen, wenn wir anerkennen, dass sie sich als die Frage stellt, die sich nicht stellt. Manifest ist sie noch flüchtig. Die Flucht ist eine ihrer Weisen, gegenwärtig zu sein, in dem Sinne, dass sie uns unaufhörlich in einen Raum der Flucht und der Verantwortungslosigkeit zieht. Sich im Modus der Tiefe zu befragen bedeutet nicht, sich tiefschürfend zu befragen, sondern genauso gut zu fliehen (den Abweg der unmöglichen Flucht aufzunehmen). Indes setzt uns diese Flucht vielleicht ins Verhältnis zu etwas Wesentlichem.

*

Versuchen wir, diesen neuerlichen Bezug genauer zu fassen. Fragen bedeutet, einen Sprung in die Frage zu tun. Die Frage ist dieser Aufruf, zu *springen*, der nicht in einem *Ergebnis* zurückgehalten werden kann. Es braucht zum Springen einen freien Raum, es braucht einen festen Grund, es braucht die Fähigkeit, ausgehend von der sicheren Unbeweglichkeit die Bewegung mit einem Satz zu verwandeln. Die Freiheit des Fragens ist ein Sprung, ihm unterliegt Festigkeit, und er springt aus der Sache selbst heraus. In der Tiefe der Flucht jedoch, wo wir Fragen stellend fliehen, gibt es nichts Sicheres, nichts Festes. Alles ist schon mit unserer Flucht selbst erfüllt. Die Flucht, zu der uns die tiefe Frage hinzieht, verwandelt den Raum der Frage in eine leere Fülle, wo wir gezwungen sind, aus uns selbst heraus auf eine müßige Frage zu antworten, sie weder ergreifen noch ihr entfliehen zu können.

---

diejenige, in der die Furcht oder der Schrecken spricht oder sich selbst zum Sprechen macht: »Sein Wort ist aber, mag er Furcht aussprechen.« Jokaste: die einzige, die in ihrem Wesen die Worte der Wahrheit aufbewahrt, und deshalb trägt sie den Tod, den sie erzeugt, als ob der Tod ihr wahrhaftes Kind wäre, mit dem sie sich nun rechtmäßig vereint, wie auch ihr Sohn nicht versäumt, sich mit diesem Tod jedes Mal zu vereinen, wenn er aus Unkenntnis sich mit seiner Mutter vereinend zur Innerlichkeit des Ursprungs zurückkehrt.

Was in der beherrschten Welt, in der Welt der Wahrheit und der Macht die Frage der Gesamtheit ist, ist im Raum der Tiefe panische Frage.

Die Ähnlichkeiten, die in diesen Worten liegen, sind nicht einfach verbale Züge. Die Frage des Ganzen, die panische Frage haben Folgendes gemein: Die eine und die andere ziehen »Alles« in ihr Spiel. Durch die erste jedoch ist das Ganze Hinsicht aufs Selbe (das Selbe, das z.B. die singuläre Identität von jemandem ist, der eine Frage stellt, oder auch das Einheitsprinzip), und wenn sie stets aufs Ganze verweist, dann um stets zum Selben zurückzukehren und schließlich alles aufs Selbe zu reduzieren. Durch die zweite ist das Ganze Hinsicht aufs Andere, gibt sich nicht zufrieden damit, alles zu sein, sondern bezeichnet das, was anders als alles ist (das, was absolut anders ist und keinen Platz im Ganzen einnehmen kann) und also das ganz Andere bejaht, wo es keine Wiederkehr zum Selben mehr gibt.

Diese Dimension der tiefen Frage, in welcher es im Ganzen keinen Ort fürs Selbe mehr gibt und die alles ausgehend von dem befragt, was außerhalb von Allem wäre, die die »Welt« ausgehend von einer »Nicht-Welt« befragt, in der die Frage weder Wert noch Würde noch auch Fragemacht mehr besitzt – eine derart panische Beziehung ist keineswegs eine Ausnahme. Im Gegenteil ist sie konstant, nur entzieht sie sich, sie erreicht uns ständig als das, was ständig entweicht und uns entweichen lässt. In allen großen Bewegungen, zu denen wir nur als austauschbare Zeichen gehören, ist auch die panische Frage anwesend, die uns als irgendjemanden, egal wen, bezeichnet und uns auch des Fragen-Könnens beraubt. In der Menge ist unser Sein das Sein der Flucht. Aber die Menge besitzt noch eine Wirklichkeit, die bestimmt ist, und sie gibt dem einen eigenen Sinn, dessen Modus die uneigentliche Verwendung und Unbestimmtheit bilden.

Schon die Meinung, die sich auf nichts stützt und die man in »den« Zeitungen lesen kann, ohne sie jemals in einer besonderen Zeitung lesen zu können, ist dem panischen Charakter der Frage näher. Die Meinung macht Unterschiede und fällt Entscheidungen in einer Rede, die nicht entscheidet und nicht spricht. Sie ist tyrannisch, weil niemand sie aufzwingt und niemand ihr erwidert. Diese Tatsache, dass niemand ihr zu erwidern hat (nicht weil sich niemand zur Erwiderung fände, sondern weil sie nichts fordert als ihre Erweiterung und Verbreitung, nicht als bejahte, noch nicht einmal als zum Ausdruck gebrachte), konstituiert sie als eine niemals ans Licht gebrachte Frage. Die Mächtigkeit des Gerüchts liegt nicht in der Kraft dessen, was sie sagt, sondern in Folgendem: dass sie dem Raum angehört, in dem alles, was gesagt wird, immer schon gesagt wurde, fortfährt, gesagt zu werden, und nicht aufhören wird, gesagt zu werden. Was ich durchs Gerücht lerne, habe ich notwendigerweise schon sagen gehört: Es ist das, was zugetragen wird und als solches weder Autor noch Absicherung noch auch Überprüfung fordert, was keine Infragestellung aushält, da seine einzige Wahrheit unbestreitbar darin liegt, einem in einer neutralen Bewegung zugetragen zu werden, in der das Zutragen auf sein reines Wesen des Verhältnisses, das es ausmacht, reduziert zu sein scheint, reines Verhältnis von niemandem und nichts.

Sicher ist die Meinung nichts als ein Schein, die Karikatur des wesentlichen Verhältnisses, und sei es nur, weil sie ein System mit Organisation ist, ausgehend von Instrumenten des Gebrauchs, Druckorganen und Organen, die Druck ausüben, Wellenapparaten, Propagandazentren, welche die Passivität, die ihr Wesen ist, in Handlungsmacht verwandeln, ihre Neutralität in Behauptungsmacht, den Geist der Ohnmacht und der Entscheidungslosigkeit, welcher das Verhältnis der Meinung zu ihr selbst ausmacht, in Entscheidungsmacht. Die Meinung urteilt nicht; sie meint nur und dies stets auf zustimmende Weise. Der Feststellung radikal unverfügbar, da jeder Stellung, die sie beziehen könnte, fremd, steht sie umso mehr jeder Einstellung zur Verfügung. Deshalb ist jede Kritik berechtigt. Indes entweicht dieser Kritik, die zu Recht die verführerische und einschläfernde Entfremdung an der Meinung hervorhebt, ihre panische Bewegung, die ihr eignet und die diese Macht sich immer wieder aufs Neue in Nichtigkeit oder unveräußerliche Unbestimmtheit, die alles entfremdet, auflösen lässt. Wer wähnt, über das Gerücht zu verfügen, geht alsbald in ihm unter. Etwas Unpersönliches arbeitet stets daran, in der Meinung alle Meinungen zu verstören. Das ist der Schwindel am Herausgerissensein. Die platten Vorstellungen und Sprachbanalitäten, die der Meinung als Vehikel dienen, verdecken das Eindringen in die Tiefe, die Verdrehung und Unterschlagung, die im Wirbel der Flucht Grund und gute Form verliert. Die Meinung ist also niemals Meinung genug (das ist genau das, was sie charakterisiert). Sie gibt sich damit zufrieden, für sich selbst ein Alibi abzugeben. Aber die Tatsache, dass das Gerücht, das nur ein Schein ist, stets unvermeint fähig zu sein scheint, uns einen Abstand zu gewähren, von dem ausgehend wir etwas Wichtigeres finden könnten – dieses Illusionsspiel ist der Zug, den es mit dem Spiel der tiefsten aller Fragen gemein hat.

*

Anscheinend fragen wir, wenn wir fragen, mehr, als wir fragen können, mehr, als das Fragen-Können erträgt, also mehr, als an Frage statt hat. Wir kommen mit der Frage nie ans Ende, nicht weil es noch zu viel gibt, das gefragt werden müsste, sondern weil uns die Frage auf diesem Abweg der Tiefe, der ihr eigen ist – Bewegung, die uns von ihr und von uns abwenden lässt –, in Bezug zu dem setzt, was kein Ende hat. Etwas in der Frage überschreitet notwendigerweise die Macht des Fragens, und das, um es noch einmal zu präzisieren, bedeutet nicht, dass es in der Welt zu viele Fragen aufwerfende Geheimnisse gäbe; eher ist das Gegenteil der Fall. Wenn das Sein ohne Frage sein wird, wenn das Ganze in sozialer und institutioneller Hinsicht verwirklicht sein wird, dann wird auf unerträgliche Weise für den Träger der Frage der Exzess des Fragens über die Macht des Fragens spürbar werden: d.h. die Frage als Unmöglichkeit des Fragens. In der tiefen Frage fragt die Unmöglichkeit.

Jede wahrhafte Frage ist auf die Gesamtheit der Fragen hin geöffnet (die Gesamtheit ist die Erfüllung dieser »Öffnung«, die der Sinn der Frage ist). Von daher ihre bewegende Kraft, ihre Würde, ihr Wert. Jetzt jedoch sehen wir, dass es noch »tiefer« in ihr einen Abweg gibt, der das Fragen veranlasst, sich von der Macht, Frage zu sein und Antworten zu erhalten, abzuwenden. Dieser Abweg ist der Mittelpunkt der tiefen Frage. Das Fragen setzt uns in Bezug zu dem, was sich jeder Frage entzieht und jede Macht des Fragens überschreitet. Das Fragen ist die Anziehung dieses Abweges selbst. Im Fragen der tiefen Frage zeigt sich, in dessen Entzug und im Abweg eines Sprechens, das, was weder durch eine Affirmation erfasst noch durch eine Negation zurückgewiesen, was weder durch eine Befragung bis zur Möglichkeit erhöht noch dem Sein durch eine Antwort zurückgegeben werden kann. *Das Sprechen als Abweg.* Das Fragen ist dieser Abweg, der als Abweg des Sprechens spricht. Und die Geschichte in ihrer Wende ist gleichsam die Erfüllung dieser Bewegung des sich Abwendens und des Sich-Entziehens, wo die Geschichte sich in ihrer Ganzheit verwirklichend gänzlich entziehen würde.

*

Auch die Fluchtbewegung gibt uns eine Vorstellung von dieser *Abwegung:* Von daher könnten wir durch diese Bewegung versuchen, etwas über das Fragen zu lernen. Der Mensch flieht. Zunächst flieht er vor etwas; dann flieht er durch die maßlose Kraft der Flucht, die alles in Flucht verwandelt, alles; wenn diese Flucht dann alles ergriffen hat und aus allem etwas gemacht hat, das man gleichermaßen fliehen muss und nicht zu fliehen in der Lage ist, lässt sie, mit der Abstoßung, die anzieht, in der panischen Wirklichkeit der Flucht das Ganze sich entziehen. Nicht dass in der panischen Flucht alles zu etwas erklärt würde, das zu fliehen oder unmöglich zu fliehen wäre: Die Kategorie des ›Alles‹ – die die Frage der Gesamtheit trägt – ist abgesetzt, entmächtigt, muss versagen. Wir sind hier an einer Verbindungsstelle, an der die Erfahrung der Gesamtheit in Erschütterung versetzt wird und in dieser Erschütterung der panischen Tiefe Platz macht.

Während wir fliehen, fliehen wir nicht vor jedem einzelnen Ding, eins nach dem anderen, nach einer regelmäßigen und unbegrenzten Abfolge. Jedes Ding ist gleichermaßen verdächtig geworden, in seiner Dingidentität zusammengestürzt, und die Gesamtheit der Dinge bricht in jenem Abgleiten, das sie als Gesamtheit entzieht, zusammen, so dass die Flucht nun jedes Ding sich aufbauen lässt, als sei es alle Dinge und die Gesamtheit der Dinge, dies allerdings nicht als die sichere Ordnung, in der man Schutz finden könnte, und auch nicht als die feindliche Ordnung, gegen die man ankämpfen müsste, sondern als die Bewegung, die entzieht und sich entzieht. Die Flucht offenbart also nicht nur die Wirklichkeit als dieses Alles (lückenlose Totalität, ohne Ausflucht), die man fliehen muss: Die Flucht ist dieses Alles selbst, das sich entzieht und zu dem sie uns hinzieht und zugleich davon abstößt. Die panische Flucht ist die Entzugsbewegung, die sich als Tiefe verwirklicht, d.h. als sich entziehende Gesamtheit, wovon ausgehend es keinen Ort mehr gibt, an dem man sich entziehen könnte. So erfüllt sich die Flucht schließlich als die Unmöglichkeit zu fliehen. Das ist die Bewegung der Phaedra:

Der ganze Weltkreis voll von meinen Ahnen.
Wo mich verbergen? Flieh' ich in die Nacht
Des Todtenreichs hinunter? Wehe mir!
Dort hält mein Vater des Geschickes Urne.

Flucht ist Erzeugung des Raums, der ohne Zuflucht ist. Fliehen wir – das müsste heißen: Suchen wir eine Zuflucht; aber es heißt: fliehen wir in das, wovor wir fliehen müssen, finden wir Zuflucht in der Flucht, die jede Zuflucht entzieht. Oder vielmehr: da, wo ich fliehe, fliehe nicht »ich«, einzig die Flucht flieht, eine unbestimmte Bewegung, die entzieht, sich entzieht und nichts lässt, wohin man sich entziehen könnte.

*

Hier finden wir inmitten der Masse die Flucht (und genauso das Gerücht), diese Gegenwendung im Inneren des Verhältnisses, das der tiefen Frage eigen zu sein scheint. In der Masse ist Sein Flucht-Sein, weil die Zugehörigkeit zur Flucht aus dem Sein eine Masse macht, eine unpersönliche Mehrzahl, eine Nicht-Gegenwärtigkeit ohne Subjekt: Das einzige Ich, das ich bin, räumt den Platz einer paradoxerweise stets wachsenden Unbegrenztheit, die mich auf die Flucht mitreißt und in ihr mich zerstreut. Zugleich bleibt in der fliehenden Menge das leere Ich, das auseinander geht, einsam, ohne Stütze, ohne Umriss, sich in jedem der Fliehenden fliehend, eine maßlose Einsamkeit der Flucht, wo niemand niemanden begleitet. Und nun ist jedes Sprechen Fluchtsprechen, beschleunigt die Flucht, überstellt alle Dinge dem Wirrsal der Flucht, Sprechen, das in Wahrheit nicht spricht, sondern den, der spricht, flieht und ihn hinreißt, schneller als er flieht zu fliehen.

Eine im Übrigen statische, ruhige Flucht, die ein Epoche, ein Volk in eine Gleichzeitigkeit ohne Bestand verwandelt, in eine flüchtige Unwirklichkeit.

Dennoch würde diese des Mittelpunkts beraubte, richtungslose Maßlosigkeit, diese unbewegliche Zerstreuungsbewegung das, was sich auf befremdliche Weise stets umkehrt und gegen sich wendet, wenn sie es zuwege brächte, sich wieder als Gesamtheit zu konstituieren, als Macht, Alles zu sein und (angesichts von etwas Anderem, das sie flieht) Alles in ihr versammeln zu können. Nehmen wir an, es sei möglich. Es »reichte« dafür, dass die Alteration, die die Flucht ist – dieses Anders-als-sie-ist-Werden –, nach außen gestoßen würde, in einer anderen Wirklichkeit verkörpert und behauptet, in einer Gegnerschaft, die derart ist, dass man sie fliehen und also auch bekämpfen kann (sobald man diese oder jene Sache fliehen kann, hat man bereits wieder die Macht ergriffen, sie zu bekämpfen). Es ist diese Bewegung, die sich in jenem Umstürzen herstellt, das man Revolte, manchmal Revolution nennt. Die unglückliche Organisationslosigkeit der Menge, diese maßlose gemeinsame Ohnmacht, die zunächst nicht als gemeinsame erlebt wird, verkehrt sich zur Forderung. Es ist die Zerstreuung selbst – die Auseinanderfügung – die, indem sie sich verkehrt, sich nun als Wesentliches bejaht und behauptet und jede bereits eingerichtete Macht aufs Unbedeutende reduziert, jede Möglichkeit der erneuten Organisation ausklammert und sich dennoch selbst, außerhalb jedes organisierenden Organs, als das Zwischen-beiden darbietet: Zukunft der Gesamtheit, wo sich das Ganze zurücknimmt.

Umwendung, die sich in und durch das Sprechen vollzieht.

Das Sprechen ist diese Wende. Das Sprechen ist der Ort der Zerstreuung, auseinanderfügend und ungefügt mit sich selbst, zerstreuend und sich zerstreuend jenseits allen Maßes. Das ist so, weil das Sprechen, das zur Flucht bringt und sich zur Flucht auf der Flucht macht, in der Flucht selbst diese Entzugsbewegung, die sich mit der überstürzten Flucht nicht zufrieden gibt, und wäre sie ein panische, bewahrt und somit die Macht behält, sich ihr zu entziehen.

Von welcher Art ist diese Macht? Ist es noch Macht? Das Sprechen flieht schneller und auf wesentlichere Weise als die Flucht. Sie behält in der Bewegung des Entziehens das Wesen der Flucht; deshalb spricht sie diese, spricht sie aus. Wenn jemand auf der Flucht zu sprechen anhebt, dann ist das, als ob plötzlich die Bewegung des Entziehens das Wort ergriffe, sie zu Form und Erscheinung gelangte, an die Oberfläche käme, die Tiefe als Gesamtheit wieder einrichtete, aber als Gesamtheit ohne Einheit, in der noch bei der Regellosigkeit der Verwirrung die Entscheidung läge.

Wenn dieses Sprechen im Befehlswort zur Erstarrung kommt, dann hat die »Flucht« natürlich ein Ende, alles kehrt zur Ordnung zurück. Aber die Flucht kann auch, selbst wenn sie sich als unendliche Zerstreuungsmacht erhält, in sich selbst diese wesentlichere Bewegung des Entziehens und des *Abwegens*, die ihren Ursprung im Sprechen, im Sprechen als Abweg hat, wieder ergreifen.

Dieser Abweg ist irreduzibel, sowohl auf Affirmation als auch auf Negation, sowohl auf die Frage als auch auf die Antwort: Er geht all diesen Modi voraus, er spricht vor ihnen und gleichsam sich von jedem Sprechen abwendend. Selbst wenn er, insbesondere in den Momenten, die als Revolte in Erscheinung treten, die Tendenz hat, sich als die Macht zu bestimmen, Nein zu sagen, das Nein, das jede eingerichtete Macht in Frage stellt, stellt er auch die Macht, Nein zu sagen, in Frage, indem er diese als das ausweist, was selbst keine Grundlage in einer Macht hat, als etwas, das auf jede Macht irreduzibel ist, und damit als etwas Unbegründetes. Die Sprache ist das Einvernehmen der Bewegung des Entziehens und *Abwegens*, sie wacht über sie, bewahrt sie, verliert sich darin, bestätigt sich. Dadurch spüren wir, warum die wesentliche Rede des Abwegs, die »Poesie« in der Wendung der Schrift, auch diejenige Rede ist, in der die Zeit sich wendet, warum sie die Zeit als Wende sagt, die Wende, die sich manchmal auf sichtbare Weise in eine Revolution verkehrt.

*

Schließen wir für den Moment diese Bemerkungen ab: Zu jeder Zeit hat sich der Mensch von sich selbst als tiefe Frage abgewendet, vor allem wenn er sich bemühte, diese als allerletzte Frage, Gottesfrage, Seinsfrage zu begreifen. Heute scheint er sich dem Wesen des sich Entziehens und sich *Abwegens* selbst anzunähern, indem er sich durch die Gegenkraft des dialektischen Anspruchs dem Menschen als Frage der Gesamtheit annähert. Aber was sich entzieht, entzieht sich auf tiefe Weise, und auch die Tiefe ist nur sich entziehende Erscheinung. Niemand könnte konsequenterweise sagen: Der Mensch *ist* das, was sich entzieht, und auch reicht es nicht, aus dieser Behauptung eine Frage zu machen, in welcher Form auch immer, z.B.

in dieser: Gehört der Mensch der Bewegung des Sich-Entziehens an? Ist das Sein durch den Menschen das, was sich entzieht? Ist, was sich entzieht, das Sein des Menschen, wird es im Menschen zum Sein? Das tiefe Fragen findet in einer Frage keineswegs sein Maß, selbst wenn in dieser die Bewegung des Sich-Entziehens zur Frage zu kommen sucht.

Können wir aber wenigstens die Erfahrung dieser *neutralen Wendung*, die im *Abwegen* am Werk ist, eingrenzen? Einer der charakteristischen Züge dieser Erfahrung ist, nicht von dem, der ihr ausgesetzt ist, als Subjekt in der ersten Person angenommen werden zu können und sich nur zu vollziehen, indem sie in das Feld ihrer Verwirklichung die *Unmöglichkeit* ihres Vollzugs einführt. Eine Erfahrung, die, wenngleich sie jeder dialektischen Möglichkeit entweicht, sich nichtsdestoweniger weigert, sich einer Evidenz unterzuordnen, einem unmittelbaren Zugriff, ebensowenig wie sie einen mystischen Anteil kennt. Eine Erfahrung also, in der die Auseinandersetzungen von Mittelbarem und Unmittelbarem, von Subjekt und Objekt, von anschaulicher und diskursiver Erkenntnis, von intellektuellem und amourösem Verhältnis nicht überwunden, aber beiseite gelassen sind. Die tiefste aller Fragen ist diese Erfahrung des *Abwegens* im Modus eines Fragens, das früher oder fremder oder später als alle Fragen ist. Der Mensch ist durch die tiefe Frage auf das hin gewendet, was abwendet – und sich abwendet.[3]

---

3 Dieser lange Text scheint nur in einem Punkt zu gelingen: zu präzisieren, dass es eine Frage gibt, die von der Frage des Ganzen (die durchgeführte Dialektik), die alles trägt, nicht begriffen wird – und in diesem anderen Punkt: dass diese entweichende Frage nicht mit der Seins-Problematik in eins zu setzen ist.
Allfrage, Seinsfrage: Sie stehen nicht im Gegensatz zueinander, sondern nehmen sich jeweils gegenseitig auf. Für die Dialektik ist die Frage des Seins nur ein Moment – der abstrakteste und leerste Moment – innerhalb der Weise, in der sich das Alles verwirklicht, indem es zur Frage wird. Für die Ontologie kann die Dialektik über das Sein der Dialektik selbst nichts zur Sprache bringen, genauso wenig wie über das *dies ist*, das der Arbeit der Negation vorausgeht: Die Dialektik kann nur mit einem Gegebenen anfangen, das von jedem Sinn frei ist, wenn auch um infolge daraus Sinn zu machen; den Sinn des Nicht-Sinns, denn ohne ihn gäbe es keinen Sinn. Man kann nur *verneinen*, was zuvor *gesetzt* wurde, aber dieses »Gesetzte« und dieses »zuvor« bleiben außerhalb der Frage. Die fundamentalere Ontologie gibt vor, diese Frage außerhalb jeder Frage wie-

der aufzunehmen: indem sie sie in die Frage über die Differenz von Sein und Seiendem verwandelt (das »Alles«, das die dialektische Arbeit hervorbringt, betrifft das Seiende, nicht das Sein). Indes haben verschiedene Schwierigkeiten die Ontologie zum Stillstand gebracht und sie ihrerseits in Frage gestellt: 1.) Sie hat nicht die Sprache gefunden, um sich zu sagen. Die Sprache, in der sie spricht, bleibt selbst eine Sprache, die dem Bereich des Seienden angehört. So formuliert sich die vorgebliche Ontologie in der Sprache der Metaphysik. (Das ist dasselbe Problem, auf das bereits Kant gestoßen war, als er die Sprache der Objektivität verwendete, um von dem zu sprechen, was Bedingung der Objektivität überhaupt ist.) 2.) Das Denken, das sich über das Sein beträgt, d.h. über die Differenz von Sein und Seiendem, dasjenige also, das die allererste Frage trägt, lässt vom Fragen ab. Zunächst sagt Heidegger: »Das Fragen ist die Frömmigkeit des Denkens«, dann nimmt er seine Behauptung wieder auf und setzt später jene andere an ihre Stelle: Das Fragen ist nicht das, was eigentlich das Denken trägt; allein das Hören ist eigentlich, es ist die Tatsache, das Sagen dessen zu hören, worin sich das verkündet, was ins Fragen gelangen soll. Eine entscheidende Bemerkung. Sie bedeutet, dass a) die Seinsfrage keine eigentliche ist, zumindest nicht die eigentlichste, insofern sie überhaupt noch Frage ist; b) es nötig ist, auf welche Weise wir auch immer das Sein befragen, dass sich diese Frage uns als Rede verkündet hat, und dass sich die Rede selbst uns verkündet, sich selbst zu uns selbst in der Stimme geschickt hat; c) einzig das Hören eigentlich ist, und nicht das Fragen. Wir beginnen mit dem Hören; die Frömmigkeit liegt nicht mehr im Fragen, sondern im Hören: die Frömmigkeit, das, was dem ersten Anspruch entspricht. Aber was muss man unter Hören verstehen? Ist es die unmittelbare Aufnahme des Unmittelbaren, das keine Frage erträgt? *Hören*, horchen, ist auch *hörig sein*, gehorchen. Das Hören ist Unterwerfung unter das, was gemäß dem, was ist, zugewiesen wird. Im *Satz vom Grund* sagt Heidegger: Der Mensch spricht nur, wenn er gemäß dem, was vom Sein zugeschickt ist, der Sprache entspricht. Im selben Werk aber sagt er, dass hören bedeutet, durch die Sicht zu erfassen und in das Sehen einzugehen: »Sagen heißt, griechisch gedacht: Zum Vorschein bringen, etwas erscheinen lassen in seinem Ansehen, zeigen in dem, wie es uns anblickt, weshalb das Sagen uns darüber ins Bild setzt.« (Vgl. folgende Formulierung: Das Denken ist ein Erhören, das erblickt, vgl. auch den Kommentar zu Goethe: *Wär nicht das Auge sonnenhaft*, und Heidegger leugnet den metaphorischen Charakter dieses Aufrufs zum Sehen, aus dem Grund, dass es Metaphern nur da gibt, wo es die Scheidung des Sinnlichen und Nichtsinnlichen gibt, d.h. in der Metaphysik.) Das entspricht der Idee, dass »das Sein Lichtung ist.« Von daher das überzogene Privileg, das dem Sehen zugestanden wird: ein Privileg, das ursprünglich und implizit nicht nur von jeder Metaphysik, sondern auch von jeder Ontologie angenommen wird (und, unnötig, das hinzuzusetzen, von jeder Phänomenologie), und nach dem alles, was gedacht wird, alles, was gesagt wird, das Licht oder die Abwesenheit von Licht zum Maß hat. 3.) Dieses Hören, das erblickt, dieses Spiel des Hörens und des Sehens ist ein Spiel, in dem das »Höchste und

Tiefste« gespielt, aufs Spiel gesetzt wird: das Eine. Die Frage des Seins, die als Frage verlöscht, ist im Hören des Einen verlöschende Frage. Das Eine, das Selbe, sie bleiben die ersten, die letzten Worte. Warum dieser Verweis aufs Eine als letzter und einziger Verweis? In diesem Sinne haben die Dialektik, die Ontologie und die Kritik der Ontologie dasselbe Postulat: Alle drei verlassen sich auf das Eine, sei es, dass sich das Eine als Alles erfüllt, sei es, dass es das Sein als Versammlung, Licht und Einheit des Seins versteht, sei es, dass es sich jenseits und über das Sein hinaus als Absolutes behauptet. Muss man angesichts solcher Behauptungen nicht sagen: Die »tiefste aller Fragen« ist die Frage, die dem Verweis aufs Eine entweicht? Sie ist die andere Frage, Frage des Anderen, aber auch eine stets andere Frage.

Vergessen, Irrsinn

Über das Vergessen

Vergessen: Nicht-Anwesenheit, Nicht-Abwesenheit.

Das Vergessen aufnehmen wie die Einigung mit dem, was sich verbirgt. Das Vergessen ist, in jedem Ereignis, das vergessen wird, das Ereignis des Vergessens. Ein Wort vergessen heißt, der Möglichkeit begegnen, dass jedes Wort vergessen ist, heißt, sich bei jedem Wort aufhalten, als sei es vergessen, wie auch beim Vergessen als Wort. Das Vergessen ist, während es die Sprache um das vergessene Wort versammelt, Aufruhr der Sprache als Ganzes.

Im Vergessen gibt es das, was sich von uns abwendet, und zugleich findet diese vom Vergessen kommende Abwendung statt, die vom Vergessen kommt. Beziehung zwischen dem Abweg der Rede und dem Abweg des Vergessens. Von daher fehlt ein Wort, selbst wenn es das Vergessene aussagt, dem Vergessen nicht, spricht es zugunsten des Vergessens.

*

Die Bewegung des Vergessens.

1. Wenn uns ein vergessenes Wort fehlt, bezeichnet es sich noch durch dieses Fehlen; als hätten wir es vergessen und bestätigten es somit erneut in dieser Abwesenheit, als sei diese einzig dazu geschaffen, es zu besetzen und seinen Platz zu verschleiern. In dem vergessenen Wort begreifen wir den Raum, von dem aus es spricht und der uns nun auf seinen stummen Sinn verweist, unverfügbar, verboten und stets im Verborgenen lauernd.

Wenn wir ein Wort vergessen, ahnen wir, dass die Fähigkeit, es zu vergessen, für das Sprechen wesentlich ist. Wir sprechen, weil wir vergessen können, und jedes Sprechen (dasjenige des erinnerten, enzyklopädischen Wissens), das auf nützliche Weise gegen das Vergessen arbeitet, läuft Gefahr – eine gleichwohl notwendige Gefahr –, die Rede weniger beredt zu machen. Das Sprechen darf also seinen geheimen Bezug zum Vergessen niemals vergessen; was bedeutet, dass es tiefer vergessen muss, dass es, während es vergisst, den Bezug zum Gleiten des Vergessens wahren muss.

2. Wenn wir wahrnehmen, dass wir sprechen, weil wir vergessen können, nehmen wir wahr, dass dieses Vergessen-Können nicht allein der Möglichkeit angehört. Einerseits ist Vergessen ein Vermögen: Wir können vergessen, und dank dieser Tatsache können wir leben, handeln, arbeiten und uns erinnern – anwesend sein: somit auf nützliche Weise sprechen. Andererseits entweicht das Vergessen. Das bedeutet nicht nur, dass uns durch das Vergessen eine Möglichkeit genommen und ein Unvermögen freigelegt wird, sondern auch, dass die Möglichkeit, die das Vergessen ist, ein Hinausgleiten aus der Möglichkeit ist. Zur gleichen Zeit, da wir uns des Vergessens wie einer Macht bedienen, liefert uns die Fähigkeit zu vergessen machtlos dem Vergessen aus, der Bewegung desjenigen, was entwendet und sich entwindet, dem abwegigen Umweg selbst.

*

Die Zeit des Unglücks: Vergessen ohne Vergessen, Vergessen ohne Möglichkeit des Vergessens.

*

»Das vergessen, was sich aus der Abwesenheit heraushält, abseits der Gegenwart, und dennoch die Gegenwart hervorbrechen lässt, welche Abwesenheit ist, durch die Notwendigkeit des Vergessens, diese Bewegung der Unterbrechung, die zu vollziehen wir angehalten würden. – Also alles vergessen? – Nein, nicht bloß alles; und wie könnte man alles vergessen, wo doch ›alles‹ auch das ›Faktum‹ des Vergessens selbst einschließen würde, folglich auf einen bestimmten Akt reduziert und dem Begreifen des Ganzen enthoben wäre? – Alles vergessen wäre vielleicht, das Vergessen zu vergessen. – Das vergessene Vergessen: Jedes Mal wenn ich vergesse, tue ich nichts anderes als zu vergessen, dass ich vergesse. In diese Bewegung der Verdoppelung einzugehen heißt jedoch nicht, zweimal zu vergessen, sondern so zu vergessen, dass man die Tiefe des Vergessens vergisst, tiefer vergisst, indem man sich von dieser Tiefe abwendet, der jede Möglichkeit der Vertiefung fehlt. – Wir müssen also nach anderem suchen. – Wir müssen nach dem Selben suchen, zu einem Ereignis gelangen, das nicht das Vergessen wäre, seine Bestimmung jedoch allein in der Unbestimmtheit des Vergessens fände. – Sterben scheint zuweilen eine gute Antwort. Derjenige, der stirbt, bringt den Vorgang des Vergessens zur Vollendung, und der Tod ist das Ereignis, das sich in der Vollendung des Vergessens vergegenwärtigt. – Vergessen zu sterben, bedeutet mal sterben, mal vergessen, und dann bedeutet es zu sterben und zu vergessen. Doch was ist das Verhältnis zwischen diesen beiden Bewegungen? Wir kennen es nicht. Das Rätsel dieses Verhältnisses ist das der Unmöglichkeit.«

*

Den Tod zu vergessen bedeutet nicht, sich auf unbesonnene, unechte und ausweichende Art auf jene Möglichkeit zu beziehen, die der Tod wäre; im Gegenteil bedeutet es, sich in die Betrachtung des notwendigerweise unechten Ereignisses zu begeben, Gegenwart ohne Gegenwart, Prüfung ohne Möglichkeit. Durch die Wendung, die entzieht (das Vergessen) erlauben wir, dem zugewendet zu werden, was entrinnt (dem Tod), als würde die einzige eigentliche Annäherung dieses nicht-eigentlichen Ereignisses dem Vergessen zukommen. Das Vergessen, der Tod: der bedingungslose Irrweg. Die gegenwärtige Zeit des Vergessens begrenzt den unbegrenzten Raum, wo der Tod zum Gegenwartsfehl zurückkehrt.

Sich an jenem Punkt aufhalten, wo das Sprechen dem Vergessen ermöglicht, sich in seiner Zerstreuung zu sammeln, und das Vergessen zu Wort kommen lässt.

Die große Einsperrung

Wenn das Verhältnis des Wunsches zum Vergessen das Verhältnis zu dem ist, was sich allem vorgängig außerhalb des Gedächtnisses einschreibt, also zu dem, wovon es keine Erinnerung geben kann und das der Erfahrung einer Spur stets voraus ist und sie löscht, dann verlangt diese Bewegung, die sich ausschließt und durch diesen Ausschluss auf sich als außerhalb ihrer selbst verweist, nach einer inartikulierten Äußerlichkeit. Jedoch ist diese *Nicht-Artikulation von außen* diejenige, die sich scheinbar in der unter allen am stärksten verschlossenen Struktur anbietet, diejenige, die aus der Internierung eine Struktur macht und aus der Struktur eine Internierung, wenn das Sagen (dasjenige einer bestimmten Kultur) durch eine abrupte Entscheidung das beiseite schiebt, absondert, *verbietet,* was sie übersteigt. Das Außen einschließen, das heißt, es als *Innerlichkeit* eines Wartens oder einer Ausnahme errichten: So lautet die Forderung, die die Gesellschaft oder die momentane Vernunft dazu führt, den Wahnsinn ins Leben zu rufen, das heißt, ihn *möglich* zu machen. Eine Forderung, die uns mittlerweile, seit dem Buch von Michel Foucault, nahezu völlig einleuchtet, einem Buch, das an sich ungewöhnlich, reich, nachdrücklich ist und durch seine notwendigen Wiederholungen fast irrsinnig (und da es sich um eine Doktorarbeit handelte, konnten wir dem bedeutsamen Zusammenstoß zwischen Universität und Unvernunft beiwohnen[1]). Ich erinnere zunächst daran, welche marginale Idee in diesem Buch zum Ausdruck gekommen ist: nicht so sehr die Geschichte des Wahnsinns als vielmehr der Entwurf einer möglichen »Geschichte der *Begrenzungen* – dieser obskuren Gesten, notwendigerweise vergessen, sobald sie ausgeführt sind, mit denen eine Kultur etwas verwirft, das für sie das Außen wird.« Angesichts dessen müssen wir uns in dem Raum, der sich zwischen Wahnsinn und Unvernunft oder Irrsinn auftut, fragen, ob es wahr ist, dass Literatur und Kunst diese Grenzerfahrungen aufnehmen und so jenseits der Kultur ein Verhältnis zu dem von der Kultur Verworfenen bereithalten können: Grenzrede, Schriftaußen.

Lesen wir dieses Buch aus einer solchen Perspektive, lesen wir es aufs Neue! Wir sehen daran, dass im Laufe des Mittelalters die Verrückten auf systematischere Weise interniert werden, dass diese Idee der Internierung ein Erbe ist; es ist die Folge der Ausschlussbewegung, die in früheren Zeiten die Gesellschaft dazu veranlasste, Aussätzige einzusperren, und die dann, als die Lepra (fast plötzlich) verschwindet, die Notwendigkeit aufrechterhält, den dunklen Teil der Menschheit abzusondern. »Oft finden wir an denselben Orten seltsam ähnliche Spiele des Ausschlusses: Arme, Sträflinge und Schwachsinnige übernehmen die vom Aussätzigen hinterlassene

---

1 Michel Foucault: *Wahnsinn und Vernunft.*

Rolle.« Es scheint ein Verbot von besonderer Art zu sein. Absolut getrennt und doch durch diesen Abstand in faszinierender Nähe gehalten, behauptet und zeigt sich die inhumane Möglichkeit, die den Menschen auf mysteriöse Weise angehört.[2] Man kann also sagen, dass diejenigen, die auszuschließen sind, durch die Verpflichtung des Ausschlusses – des Ausschlusses als notwendiger »Struktur« – entdeckt, aufgerufen und ausgezeichnet werden. Es handelt sich nicht um eine moralische Verurteilung oder eine schlicht praktische Trennung. Der heilige Kreis schließt eine Wahrheit ein, doch ist sie seltsam, und sie ist gefährlich: die extreme Wahrheit, die alle Fähigkeit des Wahrhaftigseins bedroht. Diese Wahrheit ist der Tod, dessen lebendige Gegenwart der Aussätzige ist; wenn dann die Zeit des Wahnsinns gekommen ist, ist es immer noch der Tod, jedoch innerlicher, entlarvt bis zu seinem Ernst, der leere Kopf des Narren ersetzt den Totenschädel, das Lachen des Irren nimmt die Stelle des verzerrten Antlitz des Sterbenden ein, und Hamlet ist gegenüber Yorick, dem toten Narren, zweimal Narr: unnahbare Wahrheit, Faszinationsmacht, die nicht allein der Wahnsinn ist, die sich jedoch durch ihn ausdrückt und in dem Maße, in dem sich die Renaissance nähert und entwickelt, Raum für zwei Erfahrungen gibt: eine Erfahrung, die man tragisch oder komisch nennen kann (der Wahnsinn offenbart eine erschütternde Tiefe, eine unterirdische Gewalt und gleichsam ein maßloses Wissen, verheerend und geheim), und eine kritische Erfahrung, die Züge einer moralischen Satire annimmt (das Leben ist Aufgeblasenheit, Hohn, doch wenn es einen »verrückten Wahnsinn« gibt, von dem man nichts erwarten kann, so gibt es auch einen »weisen Wahnsinn«, welcher der Vernunft eignet und dem gebührt, dass man ein Lob auf ihn verfasst).

Das genau ist die Renaissance, wenn sie die mysteriösen Stimmen befreit und sie zugleich mäßigt. *König Lear, Don Quijote*, es ist die große Zeit des Wahnsinns. Und Montaigne meditiert über Tasso und fragt sich, ob dieser seinen erbärmlichen Zustand nicht einer zu großen Klarheit verdankte, die ihn geblendet hat, und »dieser seltenen

---

2 Lange hat man die Verrückten *vorgezeigt* und ich frage mich, ob die Zurschaustellungen in den psychiatrischen Kliniken (heute durch das Fernsehen massiv publik geworden), die zweifellos der Lehre dienen, nicht diesen antiken Brauch fortführen.

Fähigkeit zur Ertüchtigung der Seele, die ihn untüchtig und seelenlos hat werden lassen.« Dann kommt das klassische Zeitalter; zwei Bewegungen zeichnen sich ab. Descartes bringt »durch einen seltsamen Gewaltakt« den Wahnsinn zum Schweigen; das ist der feierliche Bruch der ersten Meditation: die Ablehnung jedes Verhältnisses zur Sinnenlosigkeit, welche durch das Auftreten der *ratio* gefordert wird. Dies geschieht mit beispielhafter Härte: »Aber es sind ja Wahnsinnige, und ich würde nicht weniger als sie von Sinnen zu sein scheinen, wenn ich mir sie zum Beispiel nehmen wollte.« In einem Satz wird dies behauptet: Wenn ich wachend noch vermuten könnte, dass ich träume, könnte ich denkend nicht vermuten, dem Wahnsinn verfallen zu sein, da der Wahnsinn mit der Ausübung des Zweifelns und der Wirklichkeit des Denkens nicht vereinbar ist. Lauschen wir dieser Sentenz, es handelt sich um einen entscheidenden Moment der abendländischen Geschichte: Der Mensch, als Vollendung der Vernunft, Behauptung der Souveränität des zur Wahrheit fähigen Subjekts, ist die *Unmöglichkeit* des Wahnsinns, und sicher mag es dem Menschen zustoßen, verrückt zu sein, doch der Mensch selbst, das Subjekt im Menschen, kann es nicht sein, denn Mensch ist einzig derjenige, der sich durch die Behauptung des souveränen Ich vervollkommnet, in der anfänglichen Wahl, die er gegen die Unvernunft trifft; diese Wahl in irgendeiner Weise zu verfehlen, hieße, aus der menschlichen Möglichkeit herauszufallen, hieße zu wählen, nicht Mensch zu sein.

Die »Große Einsperrung«, die sich fast zur gleichen Stunde ereignet (eines Morgens werden in Paris 6.000 Menschen festgenommen), bestätigt dieses Exil des Wahnsinns, indem ihm solch eine bemerkenswerte Ausdehnung verliehen wird. Man sperrt die Wahnsinnigen ein, aber zur gleichen Zeit und am selben Ort, durch einen Akt der Ausgrenzung, der sie unterschiedslos zusammenführt, sperrt man die Elenden und die Müßiggänger und die Unzüchtigen und die Frevler und die Freidenker ein, all diejenigen, deren Denken von Übel ist. Später, in fortschrittlichen Zeiten, wird man sich ob dieser Verwirrung empören oder darüber spotten, doch gibt es hier nichts, worüber man lachen sollte, diese Bewegung ist reich an Sinn: Sie verweist darauf, dass das 18. Jahrhundert den Wahnsinn nicht auf den Wahnsinn reduziert und im Gegenteil die Beziehungen wahrnimmt, die er mit anderen extremen Erfahrungen unterhält, Erfahrungen, die entweder an Sexualität rühren, oder an Religion, Atheismus und Sakrileg, oder an die Libertinage, das heißt, so fasst Foucault es zusammen, an die Beziehungen, die dabei sind, sich zwischen dem freien Denken und dem System der Leidenschaften zu bilden. Anders gesagt: Das, was sich im Stillen aufbaut, in der Isolation der Großen Einsperrung, durch eine Bewegung, die dem Bannspruch Descartes' entspricht, ist die Welt der Unvernunft selbst, von welcher der Wahnsinn nur Teil ist, diese Welt, zu welcher der Klassizismus die sexuellen Tabus, religiösen Tabus, alle Exzesse des Denkens und des Herzens hinzufügt.

Diese moralische Erfahrung der Unvernunft, die Kehrseite des Klassizismus, setzt sich stillschweigend fort; sie zeigt sich, indem sie jenes sozial nur wenig sichtbare Dispositiv hervorbringt: den geschlossenen Raum, wo Irrsinnige, Wüstlinge, Häretiker, Regelwidrige Seite an Seite miteinander verbleiben, eine Art murmelnde Leere im Herzen der Welt, vage Bedrohung, vor der sich die Vernunft mit hohen Mauern schützt, welche die Verweigerung eines jeden Dialogs symbolisieren, die Exkommunikation. Kein Verhältnis zum Negativen: Man hält es auf Abstand, weist es verächtlich zurück; das ist nicht mehr die kosmische Besessenheit der vorherigen Jahrhunderte, es ist das Unbedeutende, die banale Sinnlosigkeit. Und dennoch: Für uns und zum Teil für jenes Jahrhundert selbst wird ihnen durch diesen Gewahrsam, in dem man alle unvernünftigen Gewalten hält, durch dieses gehetzte Dasein, das man ihnen bereitet, auf obskure Weise der extreme »Sinn«, der ihnen eignet, bewahrt und zurückerstattet; in den Grenzen dieser engen Einzäunung wartet etwas Maßloses; in den Zellen und Verliesen eine Freiheit; in der Stille der Abgeschiedenheit eine neue Sprache, Worte der Gewalt und des Wunsches ohne Darstellung, ohne Bedeutung. Und auch für den Wahnsinn hat diese aufgezwungene Nachbarschaft Folgen: Ebenso wie die hohen Mächte des Negativen von dem scharlachroten Buchstaben gezeichnet sind, werden auch die Tobenden zu Kettengesellen der Lasterhaften und der Sittenlosen, bleiben ihre Komplizen unter dem gemeinsamen Himmel der Schuld; nie wird dieses Verhältnis gänzlich vergessen werden; nie wird die wissenschaftliche Erkenntnis der Geisteskrankheit von dieser Grundlage ablassen, die für sie die moralischen Ansprüche des Klassizismus bilden. Doch, so sagt Michel Foucault, trägt die Tatsache, dass »eine gewisse Freiheit des Denkens der geistigen Umnachtung ihr erstes Modell liefert«, im Gegenzug dazu bei, die geheime Kraft des modernen Konzepts der Geisteskrankheit zu bewahren. Außer im 19. Jahrhundert, in dem sich das Verwandtschaftsband zwischen der »Entfremdung« der Mediziner und der »Entfremdung« der Philosophen auflöst. Die Vermittlung, die bis zur Reform von Pinel durch den Kontakt zwischen den Wesen der Unvernunft und den Wesen ohne Vernunft gebildet wurde, dieser stille Dialog zwischen einem auf Sittenlosigkeit bezogenen Wahnsinn und einem auf Krankheit bezogenen Wahnsinn bricht ab. Der Wahnsinn wird etwas Spezifisches, wird schlicht und einfach, fällt in den Bereich der Wahrheit und legt seine negative Fremdartigkeit ab und richtet sich in der ruhigen Positivität der Dinge ein, die es zu erkennen gilt. Unter den verschiedenen Arten der Philanthropie scheint es der Positivismus zu sein (der übrigens mit den Formen der bürgerlichen Moral verbunden bleibt), der den Wahnsinn endgültig bändigt, und zwar durch den Zwang eines Determinismus, der noch entkräftender ist als alle vorhergehenden Züchtigungsmechanismen. Im Übrigen ist es die konstante Regung der um eine Schiedslinie bemühten abendländischen Kulturen, den Wahnsinn zum Schweigen zu bringen, entweder indem man ihm, wie in klassischer Zeit, tatsächlich den Ausdruck verbietet, oder indem man ihn, wie in allen Zeiten der Aufklärung, in den rationalen Schaugarten der Arten und Gattungen einschließt.

*

Um – vielleicht – die Sprache des Wahnsinns noch einmal zu hören, muss man sich den großen, dunklen Werken der Literatur und der Kunst zuwenden. Goya, Sade, Hölderlin, Nietzsche, Nerval, van Gogh, Artaud, diese Existenzen faszinieren uns aufgrund der Anziehung, der sie selbst unterlagen, aber auch durch den Bezug, den sie zwischen dem obskuren Wissen des Irrsinns und dem bewahrt haben, was das klare Wissen, dasjenige der Wissenschaft, Wahnsinn nennt. Jeder von ihnen führt uns auf seine, jeweils eigene Art zurück zu der Frage, die von der Wahl Descartes' eröffnet wurde und in welcher sich das Wesen der modernen Welt definiert: Wenn die Vernunft, dieses Denken, das Macht ist, den Wahnsinn als die *Unmöglichkeit* selbst ausschließt – müsste sie sich dann nicht dort, wo das Denken danach strebt, sich wesentlich als machtlose Macht zu erfahren und die Behauptung in Frage zu stellen, mit der es sich dem Vermögen selbst gleichsetzt, in gewisser Weise von sich selbst zurückziehen und sich selbst von der geduldigen und vermittelnden Arbeit vertreiben, um sich auf eine verirrte Suche, ohne Arbeit und ohne Geduld, ohne Ergebnis und ohne Werk zu begeben? Könnte sie nicht zu dem gelangen, was vielleicht die äußerste Dimension ist, ohne durch das zu gehen, was man Wahnsinn nennt, und durch ihn hindurchgehend ihm zu verfallen? Oder anders, bis zu welchem Punkt kann das Denken sich in der *Differenz* zwischen Unvernunft und Wahnsinn halten, wenn das, was sich in der Tiefe der Unvernunft zeigt, der Ruf der *Indifferenz* ist: das Neutrale, das auch die Differenz selbst ist, das, was sich in Nichts differenziert? Oder anders, in Michel Foucaults Worten: Was kann es sein, das diejenigen, die einmal die Erfahrung der Unvernunft gewagt haben, zum Wahnsinn verdammt?

Man kann sich fragen, warum es Schriftsteller, Künstler (seltsame Namen, immer schon unzeitgemäß) sind, die auf privilegierte Weise solche Fragen ausgetragen haben und die anderen zwangen, auf sie aufmerksam zu werden. Die Antwort ist zunächst beinahe einfach. Der »Wahnsinn« ist Werklosigkeit, und der Künstler, der Mensch, der vornehmlich zu einem Werk bestimmt ist, ist doch auch derjenige, den diese Sorge zur Erfahrung dessen führt, was immer schon im Voraus das Werk zersetzt und ihn stets in die leere Tiefe der *Zerwirklichung* zieht, dahin, wo nie irgendetwas aus dem Sein gemacht wird.[3] Kann man sagen, dass diese absolute Aufkündigung des Werks (und in gewissem Sinn der historischen Zeit, der dialektischen Wahrheit), die sich mal zum literarischen Werk eröffnet, mal in irrenden Bewegungen verschließt, die sich manchmal in dieser und in jener Weise behauptet, den Punkt bezeichnet, an dem sich Verirrung und Schöpfung gerade einander austauschen, wo zwischen dem bloßen Gerede und dem Ursprung der Sprache noch jede Sprache zögern würde, wo die Zeit, in die Zeitabwesenheit sich abkehrend, durch ihren Glanz

---

3 Ich verweise hier auf *L'espace littéraire,* wo die Kategorie der *Zerwirklichung,* der *müßigen Werklosigkeit* sich abzuzeichnen beginnt. Mir scheint, dass diese Situation bereits in der in jeder Hinsicht erschütternden Erzählung, der Louis-René des Forêts den Titel *Der Schwätzer* gegeben hat, ausgestellt wird.

das Bild und das Trugbild der Großen Wiederkehr darbieten würde, das Nietzsche einen Augenblick im Blick gehabt hat, bevor er unterging? Natürlich kann man das nicht sagen. Dennoch, wenn man sich nie sicher ist, diese Auseinandersetzung der Unvernunft und des Wahnsinns, des Wahnsinns und des Werks ausgehend von Werklosigkeit, Zerwirklichung anders definieren zu können denn als ein unfruchtbares Verhältnis, wenn man in ein und demselben Menschen, sei er Nietzsche, das Sein des tragischen Denkens und das Sein der Geisteszerrüttung, identisch und verhältnislos, nur in einer seltsamen Gegenüberstellung und in einem Schweigen, das Qual ist, belassen kann, dann gibt es ein Ereignis, das für die Kultur selbst den Wert dieser bizarren Erfahrung der Unvernunft bestätigt, wofür das Zeitalter der Klassik unwissentlich gesorgt hat (oder dessen sie sich entsorgt hat). Dieses Ereignis: Es ist die Psychoanalyse.

Auch hier sagt Michel Foucault in aller Klarheit und Tiefe, was man zu sagen beginnen muss. Während diese Gesamtheit auseinanderfällt, in welcher die Zerrüttung und die Gewalt des Geistes, die Delirien des Herzens, die einsamen Entgleisungen, alle Formen einer nächtlichen Transzendenz vereint waren, und nachdem die positivistische Psychiatrie der Geisteskrankheit einen Objektstatus aufgezwungen hat, der sie endgültig verfremdet, tritt Freud auf den Plan, und Freud versucht, »dem Wahnsinn und der Unvernunft wieder zu begegnen und stellt die Möglichkeit eines Dialoges wieder her«. Aufs Neue sucht etwas zum Sprechen zu gelangen, das seit langem verstummt war oder keine andere Sprache besaß als die lyrische Aufflammung, keine andere Form als die Faszination der Kunst. »In der Psychoanalyse handelt es sich nicht mehr um Psychologie, sondern um eben diese Erfahrung der Unvernunft, die zu verschleiern der Sinn der modernen Psychologie war.« Von daher auch die Art von Gleichgesinntheit, die sich zwischen Schriftstellern und den nach einer neuen Sprache Suchenden einstellt – eine Gleichgesinntheit, die nicht frei von Missverständnissen ist, insofern die Psychoanalytiker zögern, einige der Forderungen der sogenannten wissenschaftlichen Erkenntnis aufzugeben, die den Wahnsinn auf immer präzisere Weise in einer soliden Natur und einem zeitlichen, historischen und sozialen Rahmen ansiedeln will (in Wirklichkeit handelt es sich noch nicht um Wissenschaft).

Dieses Zögern der Psychoanalyse ist wichtig, da es eines der Probleme aufzeigt, auf die sie stößt, als müsste sie in der Konfrontation von Unvernunft und Wahnsinn auf diese Weise zwei gegensätzlichen Bewegungen Rechnung tragen: der einen, die auf den Rückweg in eine *Zeitabwesenheit* weist – Rückkehr zum Nicht-Ursprung, Eintauchen ins Unpersönliche (das ist das Wissen der Unvernunft); und der anderen, die sich im Gegenteil gemäß des Sinns einer Geschichte entwickelt und diese in einigen ihrer Momente wiederholt. Eine Dualität, die sich in bestimmten Schlüsselbegriffen wiederfindet, die von den Psychoanalytikern auf mehr oder minder glückliche Weise in Umlauf gebracht wurden. Dem muss man hinzufügen, dass die neu eingeschlagene Richtung psychoanalytischer Arbeiten mit Bezug auf Hegel, Heidegger und der sprachwissenschaftlichen Forschung vielleicht, trotz der scheinbaren Verschiedenartigkeit dieser Referenzen, ihren Sinn in einer analogen Frage findet, welcher man auch folgende Form geben kann: Wenn der Wahnsinn seine Sprache hat, auch wenn er nichts als Sprache wäre, weist diese dann nicht (ebenso wie die Literatur, wenngleich auf anderer Ebene) auf eines der Probleme hin, mit dem unsere Zeit auf dramatische Weise zu tun hat, wenn sie versucht, alle Ansprüche des dialektischen Diskurses und die Existenz einer nicht-dialektischen Sprache zusammenzuhalten, genauer gesagt, die nicht-dialektische Erfahrung einer Sprache? Eine obskure und gewaltige Debatte, die Sade nach *Rameaus Neffe* von Beginn an auf die Tagesordnung gesetzt hat, als er den Irrsinn, dem er in einer Zelle begegnete, in der sie gemeinsam eingesperrt waren, nach mehr als einem Jahrhundert vom Schweigen befreit und zur Empörung aller als Sprache und Begehren verkündete, Sprache ohne Ende, Begehren ohne Grenze, beide dargeboten in einem Einklang, der wahrlich nicht aufhört, problematisch zu sein. Dennoch kann man nur über dieses Rätsel aufgebende Verhältnis zwischen Denken, Unmöglichkeit und Sprache versuchen, die *allgemeine* Bedeutsamkeit der *singulären* Werke erneut zu erfassen, die von der Kultur zugleich verworfen und aufgenommen werden, wie sie auch Grenzerfahrungen zurückweist, indem sie sie objektiviert, Werke, die folglich einsame bleiben, fast anonym, selbst wenn man von ihnen spricht, und ich denke an eins der einsamsten unter ihnen: dasjenige, dem Georges Bataille, wie aus Freundschaft und zum Spiel, seinen Namen geliehen hat.

Das Denken und die Forderung der Diskontinuität

Die Dichtung hat eine Form; der Roman hat eine Form;[1] jene Suche aber, in welcher die Bewegung jedweder Forschung auf dem Spiel steht, scheint zu verkennen, dass sie keine hat, oder, was noch schlimmer ist, sie verweigert sich Fragen hinsichtlich der Form, die sie von der Tradition übernimmt. »Denken« kommt hier dem Sprechen gleich, ohne dass man weiß, in welcher Sprache man spricht, noch welcher Rhetorik man sich bedient, ohne überhaupt zu ahnen, welche Bedeutung die Form dieser Sprache und dieser Rhetorik an die Stelle der Bedeutung setzt, über die das »Denken« gerne entscheiden würde. Zuweilen mag man gelehrte Ausdrücke verwenden, Begriffe, die in Hinblick auf ein Spezialwissen geprägt wurden, und das ist auch legitim. Im Allgemeinen ist es jedoch so, dass sich das, was in der Forschung gesucht wird und in Frage steht, in einer Weise herausbildet, die eine Darlegung bleibt. Das Modell dafür ist der Schulaufsatz oder die akademische Abhandlung.

Diese Bemerkungen gelten vielleicht vor allem für die Neuzeit. Es gab große Ausnahmen, und man müsste zunächst an sie erinnern und dann versuchen, sie zu interpretieren. Eine Aufgabe, die eine lange Studie verdient hätte. Im Modus des Zufälligen, der zu einem nichtgelehrten Aufsatz gehört, würde ich auf die frühesten chinesischen Texte verweisen, die zu den bedeutendsten zählen, auf bestimmte Texte des hinduistischen Denkens, auf die frühe griechische Sprache, die der Dialoge eingeschlossen. In der abendländischen Philosophie richtet die *Summa* des Heiligen Thomas die Philosophie als Institution und Lehre durch ihre strenge Form ein, die Form einer bestimmten Logik und eines Modus des Fragens nämlich, der in Wirklichkeit ein Modus der Antwort ist. Demgegenüber entziehen sich die *Essais* von Montaigne dieser Forderung des Denkens, das behauptet, sein Ort sei an der Universität. Wenn bei Descartes der *Discours de la méthode* wichtig ist, und sei es nur aufgrund der Freiheit seiner Form, ist diese Form nicht mehr die einer Darlegung (wie in der

---

1   Oder besser gesagt, die Dichtung, der Roman ist Form, ein Wort, das nun, weit entfernt davon, das Mindeste zu erklären, die ganze Frage auf sich lädt.

scholastischen Philosophie), sondern beschreibt die Form, die einer forschenden Suche selbst eigen ist, einer Suche, welche Denken und Existenz in einer grundlegenden Erfahrung miteinander verbindet, da die Suche Suche nach einem Weg ist, d.h. nach einer Methode, wobei die Methode ein Verhalten bildet, die Weise, in der sich jemand, der sich befragt, verhält und vorgeht.

Lassen wir die Zeiten einfach vergehen. Ich möchte jedoch etwas anmerken, was für die unterschiedlichsten Epochen gilt: Die Form, in der das Denken dem entgegentritt, was es sucht, ist oft an den Unterricht gebunden. Auch für die Alten war das so. Heraklit lehrt nicht nur, sondern darüber hinaus ist der Sinn des *logos*, der in seinem Sprechen angeboten wird, möglicherweise in dem Wort »Lektion« enthalten: in der Sache, die zwar mehreren gegenüber formuliert, aber immer in Hinblick auf alle gesagt wird, und die eine »intelligente Konversation«, das Gespräch, das sich im Rahmen des institutionalisierten Heiligen verorten muss bilden soll.[2] Für Sokrates, Platon, Aristoteles gilt: Die Lehre die Philosophie. Was also in Erscheinung tritt, ist die sich institutionalisierende Philosophie, welche dann die Form der bereits errichteten Institution annimmt, in deren Rahmen sie sich einrichtet: die Kirche, der Staat. Das 17. und 18. Jahrhundert bestätigen das durch augenfällige Ausnahmen, die ihren Sinn auch darin haben, einen Bruch mit der Lehrphilosophie zu markieren. Pascal, Descartes, Spinoza sind Dissidenten, deren offizielle Funktion nicht darin liegt, zu lernen und zu lehren. Pascal schreibt zwar eine Apologie, eine gebundene und kohärente Rede, einen Diskurs, der dazu bestimmt ist, die christliche Wahrheit zu lehren und die Freigeister von dieser zu überzeugen, aber seine Rede manifestiert sich durch die doppelte Dissidenz des Denkens und des Todes als Irrrede, entbundener und unterbrochener Gang, der zum ersten Mal die Idee des Fragments als Zusammenhang geltend macht. Im 18. Jahrhundert ist es der Schriftsteller, der das Los der Philosophie selbst auf sich nimmt (zumindest in Frankreich). Schreiben ist Philosophieren. Der Unterricht liegt nun im intensiven Hin und Her der Briefe, die man verschickt (bereits im Jahrhundert davor), in den Pamphleten,

---

2 Jedenfalls ist das die Interpretation von Clémence Ramnoux *(Héraclite ou l'homme entre les choses et les mots)*.

die verteilt, den kleinen Schriften, die vertrieben werden. Rousseau ist schließlich der große Philosoph, und ein Teil seiner Rede ist der Veränderung der pädagogischen Gewohnheiten gewidmet, denn es lehrt nicht mehr der Mensch, sondern die Natur selbst.

Die Hochzeit der Philosophie, diejenige der kritischen und idealistischen Philosophie, wird das Verhältnis, das sie mit der Universität unterhält, verstärken. Seit Kant ist der Philosoph vor allem Professor. Hegel, in dem sich die Philosophie versammelt und erfüllt, ist ein Mensch, dessen Beschäftigung darin liegt, von einem Lehrstuhl herab zu sprechen, Vorlesungen zu verfassen und sich den Anforderungen dieser Lehrform zu unterwerfen. Ich sage das nicht in abwertender Absicht. Es ist durchaus sinnvoll, dass sich Weisheit und Universität begegnen. Und es ist klar, dass die Notwendigkeit, als Professor Philosoph zu sein, d.h. der philosophischen Forschung die Form einer kontinuierlichen und entwickelten Darlegung zu geben, nicht ohne Konsequenzen bleiben kann. Aber es gibt doch Kierkegaard? Und Nietzsche? Sicher. Auch Nietzsche war Professor, dann musste er aufgeben, einer zu sein, und dies aus verschiedenen Gründen, wovon einer enthüllend ist: Wie hätte sein reisendes Denken, das sich in Fragmenten, d.h. durch voneinander getrennte und die Trennung fordernde Behauptungen vollzieht, wie hätte *Also sprach Zarathustra* in der Lehre seinen Platz finden und sich der Notwendigkeit des universitären Sprechens anpassen können? Hier wird diese noble Weise, in Gemeinschaft zu sein und zu denken, entsprechend der Aufteilung in Lehrer und Schüler, welche die Universität (vielleicht zu Unrecht) aufrecht zu erhalten vorgibt, verweigert. Mit Nietzsche tritt etwas Ungewöhnliches zutage,[3] wie etwas Ungewöhnliches zutage getreten war, als die Philosophie sich die Maske Sades entliehen hatte, welche nicht mehr den Menschen *ex cathedra* darstellt, sondern den im Gefängnis begrabenen Menschen. Und dennoch kann der Philosoph nicht mehr vermeiden, Philosophie-Professor zu sein. Kierkegaard bringt große Akademiker hervor. Als Heidegger 1929 die

---

[3] Was sich in tragikomischer Form im letzten Brief an Burckhardt zeigt: »Lieber Herr Professor, zuletzt wäre ich viel lieber Basler Professor als Gott; aber ich habe es nicht gewagt, meinen Privat-Egoismus so weit zu treiben, um seinetwegen die Schaffung der Welt zu unterlassen. Sie sehen, man muss Opfer bringen, wie und wo man lebt.«

Frage »Was ist Metaphysik?« stellt, tut er das in einer Antrittsvorlesung an der Universität Freiburg, und er befragt darin die die Gemeinschaft der Professoren und Studenten, die von der technischen Organisation der Fakultäten (welche er dadurch übrigens in Frage stellt) gebildet wird. Und ein großer Teil seines Werkes besteht aus universitären Vorlesungen und Arbeiten.[4]

Vier formale Möglichkeiten bieten sich dem Menschen der Forschung dar: 1.) er lehrt; 2.) er ist ein Mensch des Wissens, und dieses Wissen ist an die stets kollektiven Formen der spezialisierten Forschung gebunden (an die Psychoanalyse – die Wissenschaft der Nicht-Wissenschaft –, an die Geistes- und Sozialwissenschaften und an die wissenschaftliche Grundlagenforschung); 3.) er verbindet seine Forschung mit der Behauptung eines politischen Handelns; 4.) er schreibt. Professor; Labormensch; Mensch der Praxis; Schriftsteller. Dies sind seine Metamorphosen. Hegel, Freud und Einstein, Marx und Lenin, Nietzsche und Sade.

Wenn man sagt, dass diese vier Seinsweisen seit jeher miteinander verbunden waren (dass Pythagoras lehrt, eine vereinheitlichende Theorie des Universums aufstellt und eine Art politische und religiöse Partei gründet), und wenn man so nahelegt, dass sich nie etwas ändert, dann sagt man überhaupt nichts. Lassen wir solche Verdichtungen, die ohne jede Kraft sind. Es wäre wichtiger und auch schwieriger, die alten und fortbestehenden Beziehungen zwischen Philosophie und Lehre zu befragen. Zunächst kann man antworten: Lehren ist sprechen und das Sprechen der Lehre entspricht einer ursprünglichen Struktur, der des Meister-Schüler-Verhältnisses. Einerseits geht es um das Spezifische der mündlichen Kommunikation; andererseits geht es um eine gewissen Anomalie, von der das, was man (ohne es in irgendeinem realistischen Sinne zu verstehen) den inter-relationalen Raum nennen kann, affiziert wird. Man muss verstehen, dass der Philosoph nicht nur derjenige ist, der lehrt, was er weiß; man muss auch verstehen, dass es nicht genügt, dem Leh-

---

4 Allerdings muss man sogleich hinzufügen, dass einer der sich bei Heidegger manifestierenden Züge der Philosophie sich wie folgt ausdrücken lässt: Heidegger ist im Wesentlichen ein Schriftsteller; dadurch auch für ein kompromittiertes Schreiben verantwortlich (das ist sogar einer der Maßstäbe seiner politischen Verantwortung).

rer die Rolle eines Vorbilds zuzuweisen und das Band zu seinem Schüler als ein existenzielles zu definieren. Der Lehrer stellt einen Bereich der Zeit und des Raumes dar, welcher absolut anders ist; das bedeutet, dass es durch seine Gegenwart eine Asymmetrie im Kommunikationsverhältnis gibt; dass also da, wo ein Lehrer ist, das Feld der Beziehungen nicht mehr einheitlich ist und eine solche innere Verdrehung aufweist, dass jede direkte Beziehung ausgeschlossen und sogar die Umkehrbarkeit der Verhältnisse nicht mehr gegeben ist. Die Existenz des Lehrers legt eine einzigartige Struktur des interrelationalen Raums bloß, woraus folgt, dass die Distanz des Schülers zum Schüler nicht dieselbe ist wie die Distanz des Lehrers zum Schüler – und mehr noch, dass es zwischen dem Punkt, den der Lehrer einnimmt, dem Punkt A, und dem Punkt, den der Schüler einnimmt, dem Punkt B, eine Trennung und gleichsam einen Abgrund gibt, eine Trennung, die von nun an das Maß für alle anderen Abstände und alle anderen Zeiteinheiten sein wird. Sagen wir noch genauer, dass die Gegenwart von A für B, aber infolgedessen auch für A, ein *Unendlichkeitsverhältnis* zwischen allen Dingen einführt, sowie vor allem in das Sprechen, das dieses Verhältnis eingeht. Der Lehrer ist also nicht dazu bestimmt, das Feld der Beziehungen zu vereinheitlichen, sondern dazu, es aufzuwühlen; nicht dazu, die Wege des Wissens zu erleichtern, sondern dazu, sie zunächst nicht nur schwieriger, sondern im Eigentlichen unbegehbar zu machen; was die östliche Tradition, in der die Figur des ›Meisters‹ zentral ist, sehr gut zeigt. Der Lehrer gibt nichts zu erkennen, was nicht durch das unbestimmte »Unbekannte«, das er darstellt, bestimmt bliebe, ein Unbekanntes, das sich nicht durch das Geheimnisvolle, das Ansehen, die Gelehrtheit des Unterrichtenden behaupten würde, sondern durch den *unendlichen Abstand* zwischen A und B. Nun bedeutet aber das Wissen, das sich mittels des Maßes des »Unbekannten« bildet, genauso wie die Fremdheit der Dinge, welche man bewahrt, während man sich in ihrer vertrauten Nähe aufhält und sich auf alles durch die Erfahrung der *Unterbrechung* der Verhältnisse selbst bezieht, nichts anderes, als das Sprechen und das Lernen des Sprechens zu verstehen. Das Verhältnis des Lehrers zum Schüler ist das Verhältnis des Sprechens selbst, wenn in ihm das Unermessliche zum Maß und die Irrelation zum Verhältnis wird.

Nur ist ersichtlich, dass der Sinn dieser befremdlichen Struktur von zwei Abweichungen bedroht wird. Bald schon ist das »Unbekannte« darauf beschränkt, die Summe der Dinge zu sein, die noch nicht bekannt sind (also nichts weiter als der Gegenstand der Wissenschaft selbst). Bald wird das »Unbekannte« mit der Person des Lehrers verwechselt, und dann wird dessen eigener Wert, sein Vorbildcharakter, seine Verdienste als Guru und Zaddik (seine Meister-Transzendenz) und nicht mehr die Form des inter-relationalen Raums, in dem er einen der Terme bildet, zum Wirklichkeitsprinzip erhoben. In beiden Fällen hört die Lehre auf, dem Anspruch der Forschung und ihrer Suche zu entsprechen.

*

Halten wir aus den vorherigen Bemerkungen zwei Hinweise zurück. Das Unbekannte, das in der Forschung auf dem Spiel steht, ist weder Subjekt noch Objekt. Das Sprachverhältnis, in dem sich das Unbekannte artikuliert, ist ein Unendlichkeitsverhältnis; hieraus folgt, dass die Form, in der sich dieses Verhältnis vollzieht, auf die eine oder andere Weise ein Zeichen der »Krümmung« aufweist, derart, dass die Beziehungen von A nach B niemals direkt, weder symmetrisch noch umkehrbar sind, keine Einheit bilden und nicht in derselben Zeit statthaben, also weder zeitgleich noch einander kommensurabel sind. Man sieht, welche Lösungen dieses Problems nicht angemessen wären: eine Sprache der Behauptung und der Antwort z.B., oder aber eine lineare Sprache mit einfacher Entwicklung, d.h. *eine Sprache, in der die Sprache selbst nicht mit auf dem Spiel stünde*.

Es ist allerdings frappierend und zugleich verständlich, dass die Lösungen in zwei einander entgegengesetzten Richtungen gesucht werden. Die eine enthält die Forderung einer absoluten Kontinuität und einer Sprache, die man als sphärisch bezeichnen kann (dafür hat Parmenides als erster eine Formel gefunden). Die andere enthält die Forderung einer mehr oder weniger radikalen Diskontinuität, die einer Fragment-Literatur (sie herrscht bei den chinesischen Denkern genauso vor wie bei Heraklit, und auch die platonischen Dialoge beziehen sich auf sie; Pascal, Nietzsche, Georges Bataille, René Char zeigen die Beharrlichkeit dieser Literatur; mehr noch zeigen sie die Entscheidung, die für sie gefällt wird). Man sieht schließlich gut, dass diese beiden Richtungen abwechselnd vorherrschen. Kehren wir zu dem Lehrer-Schüler-Bezug zurück, insofern er das Verhältnis symbolisiert, das in der Forschung auf dem Spiel steht. Dieses Verhältnis ist derart, dass es die Abwesenheit eines gemeinsamen Maßes einschließt, die Abwesenheit eines gemeinsamen Nenners und somit in gewissem Sinne die Abwesenheit eines Verhältnisses zwischen den Termen: exorbitantes Verhältnis. Von daher das Bemühen, entweder die Unterbrechung oder den Bruch zu markieren oder die Dichte und Fülle des Feldes, das aus Differenz und Spannung hervorgeht. Allerdings versteht man gut, wie schnell die Kontinuität zu bloßen Kontinuität einer einfachen Entwicklung, in der die Irregularität der »Krümmung« beseitigt wird, werden und wie schnell Diskontinuität sich zum bloßen Nebeneinander unterschiedlicher Terme vereinfachen kann. Die Kontinuität ist niemals kontinuierlich genug, da sie die der Oberfläche und nicht des Volumens ist, und die Diskontinuität ist niemals diskontinuierlich genug, da es ihr einzig gelingt, zu einer momentanen Diskordanz zu gelangen und nicht zu einer wesentlichen Divergenz oder Differenz.

Mit Aristoteles ist die Sprache der Kontinuität zur offiziellen Sprache der Philosophie geworden, aber zum einen ist die Kontinuität diejenige einer logischen Kohärenz, die reduziert ist auf die drei Prinzipien der Identität, des Nichtwiderspruchs und des ausgeschlossenen Dritten (infolgedessen eine Kohärenz einfacher Bestimmung), und zum anderen ist sie weder wirklich kontinuierlich noch einfach kohärent, insofern das Korpus des Wissens, das Aristoteles aufstellt, nur ein schlecht vereinheitlichtes Ganzes darstellt, eine disparate Summa zusammengetragener Darlegungen.[5] Man muss also auf die Hegel'sche Dialektik warten, damit die sich selbst erzeugende Kontinuität, die vom Zentrum zur Peripherie, vom Abstrakten zum Konkreten verläuft und die nicht mehr die Kontinuität eines synchronen Ganzen ist, sondern die »Parameter« der Dauer und der Geschichte zu Hilfe nimmt, um sich als eine Totalität in Bewegung auf endliche und unendliche Weise gemäß des Anspruchs des Zirkulären zu konstituieren, eben demjenigen Anspruch entspricht, der sich so-

---

5 Dieser Mangel, wenn es sich um einen solchen handelt, erklärt sich teilweise durch folgende Tatsache: Wir verfügen über keine Texte des Aristoteles, sondern über Vorlesungsmitschriften, »Hefte« seiner Schüler.

wohl im Prinzip des Verstandes, das sich nur mit der Identität durch Wiederholung zufrieden gibt, als auch dem Prinzip der Vernunft, das die Überschreitung durch die Negation fordert, zum Ausdruck bringt. Man sieht, dass hier die Form der Forschung und die Forschung selbst koinzidieren oder aufs Genaueste koinzidieren sollten. Zudem schließt das dialektische Sprechen das Moment der Diskontinuität nicht aus, sondern sucht es einzuschließen: Es verläuft von einem begrifflichen Punkt zu seinem Gegensatz, z.B. vom Sein zum Nichts; was aber hat *zwischen* den entgegengesetzten Termen statt? Ein Nichts, das wesentlicher ist als das Nichts selbst, die Leere des Dazwischen, ein Intervall, das sich immer mehr ausdünnt und sich in diesem Sich-Ausdünnen aufbläht, nichts als Werk und Bewegung. Natürlich wird der dritte Term diese Leere ausfüllen und das Intervall schließen; im Prinzip wird er es nicht zum Verschwinden bringen (da sonst alles sofort stillstehen würde) – im Gegenteil, indem er es erfüllt, erhält er das Intervall, verwirklicht er den Mangel genau darin, dass er fehlt, und macht aus ihm eine Macht, eine weitere Möglichkeit.

Ein formal so entscheidendes Vorgehen, dass es scheint, die Philosophie müsse in ihrer Bewegung darin ruhen. Diese Form wird indes von verschiedenen Schwierigkeiten zum Zerbrechen gebracht. Eine liegt darin, dass der Anteil der Diskontinuität sich als unzureichend herausstellt. Zwei einander Entgegengesetzte sind, weil sie nur einander entgegengesetzt sind, einander noch zu nah; der Widerspruch stellt keine entscheidende Trennung dar; zwei Feinde sind schon in einem Einheitsbezug begriffen, wohingegen die Differenz zwischen dem »Unbekannten« und dem Vertrauten unendlich ist. Von daher dominiert in der dialektischen Form am Ende immer das Moment der Synthese und der Versöhnung. Formal gesehen drückt sich diese Ausschaltung der Diskontinuität durch die Monotonie der Entwicklung in drei Schritten aus (wobei es die klassische Rhetorik der drei Redeteile ersetzt), während es in institutioneller Hinsicht in der Gleichsetzung von Staat und Vernunft sowie im Zusammengehen von Weisheit und Universität endet.

Dieser letztgenannte Zug ist nicht zweitrangig. Die Tatsache, dass der Weise akzeptiert, in dieser Institution der *Universitas*, so wie sie sich im 19. Jahrhundert bildete, zu verschwinden, ist bedeutsam. Die Universität ist nun nichts mehr als eine Summe bestimmten

Wissens, das im Lauf der Zeit keine anderen Verhältnisse mehr eingeht, als diejenigen, die sich Studienprogrammen manifestieren. Wie uns die Lehrer-Schüler-Struktur gezeigt hat, ist dem Sprechen in der Lehre nicht im mindesten eigen, sich auf einen grundlegenden Bruch zu öffnen, sondern es begnügt sich mit der ruhigen Kontinuität der Rede. Der kompetente Lehrer spricht vor einer interessierten Hörerschaft, das ist alles. Die Einebnung des Verhältnisses, das die leicht erhobene Position des Vortragenden angesichts einer Gruppe braver Studenten in die philosophische Sprache einführt, genügt, und man beginnt zu verstehen, inwieweit der Professor gewordene Philosoph eine so sichtbare Verflachung der Philosophie darstellt, dass die Dialektik unverzüglich mit dem Idealismus des Sprechens, der ihr darin zu liegen scheint, brechen muss, um zu den ernsthafteren Aufteilungen des revolutionären Kampfes überzugehen.

*

Also ist eine der Fragen, die an die Sprache der suchenden Forschung zu stellen sind, mit dieser Forderung der Diskontinuität verbunden. Wie soll man sprechen, damit das Sprechen wesentlich plural ist? Wie kann die Suche nach einer pluralen Rede bejaht werden, die nicht auf Gleichheit und Ungleichheit beruht, auch nicht mehr auf dem Vorherrschenden und dem Untergeordneten, nicht mehr auf Umkehrbarkeit und Gegenseitigkeit, sondern auf Asymmetrie und Irreversibilität, sodass zwischen einem Sprechen und einem anderen Sprechen stets ein Unendlichkeitsverhältnis als Bewegung der Bedeutung selbst impliziert ist? Oder anders noch, wie auf eine solche Weise schreiben, dass die Kontinuität der Bewegung des Schreibens auf grundlegende Weise die Unterbrechung als Sinn und den Bruch als Form intervenieren lassen kann? Wir schieben für den Augenblick die Annäherung an diese Frage auf. Wir merken einzig an, dass jede Sprache, in der es darum geht, zu befragen und nicht zu beantworten, eine bereits unterbrochene Sprache ist, mehr noch: eine Sprache, in der alles durch die Entscheidung (oder die Ablenkung) einer ersten Leere beginnt.

Aber wir merken auch an, dass das Schreiben – ob nun das des Essays oder des Romans – Gefahr läuft, sich mit einer behaupteten

Kontinuität, die in Wirklichkeit nichts anderes wäre als eine angenehm anmutende Verflechtung von Auf- und Abstrichen, zu begnügen. In dem Text, den ich gerade schreibe, folgen die Sätze ungefähr so aufeinander und sind ungefähr so miteinander verbunden, wie es sich gehört; die Unterteilungen in Abschnitte, die hier vorgenommen werden, sind bloß gewohnheitsmäßige Unterteilungen; es gibt eine durchgängige Bewegung, die dazu bestimmt ist, den Verlauf der Lektüre zu erleichtern, aber diese durchgängige Bewegung kann dennoch nicht für sich beanspruchen, eine wahrhafte Kontinuität zu sein. Erinnern wir uns daran, dass in der modernen Literatur gerade die Sorge um ein *zutiefst* kontinuierliches Sprechen bei Lautréamont, bei Proust, dann im Surrealismus, dann bei Joyce, zu offensichtlich skandalösen Werken geführt hat. Ein Exzess von Kontinuität stört den Leser und stört die Gewohnheiten des regulären Verstehens beim Lesen. Wenn André Breton den Raum unserer Bücher dem öffnet, was er »absolute Kontinuität« nennt, wenn er denjenigen, der schreibt, dazu aufruft, dem »unerschöpflichen Charakter des Gemurmels« zu vertrauen, wenn er unsere Leseweisen durcheinanderbringt, dann deshalb, weil der Geist in seiner maßvollen und methodischen Vorgehensweise nicht in der Lage wäre, der unmittelbaren Einführung der Totalität des Realen (Reales, das genau die unmögliche Kontinuität des »Realen« und des »Imaginären« ist) zu begegnen. Die *écriture automatique* würde gerne die unmittelbare Kommunikation dessen, was ist, sicherstellen; sie versichert sie nicht nur; sie ist in ihrer substanziellen Kontinuität die absolute Kontinuität dessen, was ist; sie ist sie auf imaginäre Weise; das ist eine wundersame Unmittelbarkeitssuche. (Von daher vielleicht das Missverständnis, mit dem diese Bewegung der Hegel'schen Bewegung angenähert wurde, wo es doch keinen Philosophen gibt, der einer Bevorzugung des Unmittelbaren gegenüber ablehnender eingestellt wäre als Hegel; es bleibt jedoch, dass beide die Kontinuität suchen: Doch kann sie für die surrealistische Dichtung nur unmittelbar gegeben sein; für Hegel kann sie nur erlangt werden: Sie ist produziert, sie ist ein Ergebnis.[6]) Aber man erkennt auch, in welchem Postu-

---

6   Es scheint, dass die surrealistische Forschung, insofern sie das Unbekannte durch Zufall und Spiel provoziert, ein Verhältnis hervorruft, das der Ideologie des Kontinuierlichen gegenüber fremd bleibt.

lat ein solches Streben nach absoluter Kontinuität seine Gewähr zu haben scheint. Denn die Wirklichkeit selbst – der Grund der Dinge, das »was ist« in seiner wesentlichen Tiefe – müsste absolut kontinuierlich sein, ein Postulat so alt wie das Denken.

Das ist die große parmenidische Sphäre, das ist Einsteins Modell des Universums. Woraus folgen würde, dass einzig die Modalitäten unserer Erkenntnis, die Strukturen unserer Sinne und Apparate, die Formen unserer Sprachen, mathematische und nichtmathematische, uns dazu zwingen würden, diese schöne nahtlose Haut zu zerreißen oder zu zerschneiden. Aber was heißt das? Dass man in der Diskontinuität ein Zeichen für das Unglück des Verstandes und des analytischen Verstehens sehen muss, oder allgemeiner einen Mangel unserer menschlichen Struktur, Zeichen unserer Endlichkeit? Es sei denn, wir wären uns schuldig, eine ganz andere und sehr beunruhigende Schlussfolgerung zu wagen, die sich vielleicht wie folgt formulieren lässt: Warum offenbart der Mensch, gesetzt, dass die Diskontinuität ihm zu eigen und sein Werk ist, nicht, dass der *Grund der Dinge*, dem er auf irgendeine Weise angehören muss, nicht weniger mit der Forderung der Diskontinuität zu tun hat als mit derjenigen der Einheit? Beunruhigende Schlussfolgerung, auch trübe, die wir aber sofort zu präzisieren suchen, indem wir hinzufügen: Wenn man vom Menschen als einer nichteinheitlichen Erfahrung spricht, dann heißt das nicht, dass in ihm irgendeine rohe Existenz, irgendeine dunkle Natur ihre Bleibe hätte, irreduzibel auf die Einheit und die dialektische Arbeit: Das ist hier nicht das Problem. Das heißt, dass sich möglicherweise durch den Menschen – oder nicht durch ihn, sondern durch das Wissen, das er trägt und vor allem durch die Forderung des immer schon vorgängig geschriebenen Sprechens – ein Verhältnis ganz anderer Art ankündigt, das das Sein als Kontinuität, Einheit oder Versammlung des Seins in Frage stellt: ein Verhältnis also, das sich von der Problematik des Seins ausnehmen und eine Frage stellen würde, die nicht Frage des Seins wäre. So würden wir, indem wir uns darüber Fragen stellen, die Dialektik, aber auch die Ontologie verlassen.[7]

---

7   Wenn gesetzt wird (zumeist auf implizite Weise), dass das »Reale« kontinuierlich ist, und dass einzig die Erkenntnis oder der Ausdruck die Diskontinuität einführt, vergisst man zunächst, dass das »Kontinuierliche« nichts als

---

ein Modell ist, eine theoretische Form, die sich durch dieses Vergessen als eine Erfahrung, eine bloß empirische Manifestation gibt. Jedoch ist das »Kontinuierliche« nur eine Ideologie, die sich ihrer selbst schämt, wie auch der Empirismus eine Erkenntnis ist, die sich selbst verwirft.
Ich erinnere an das, was die Mengentheorie zu setzen erlaubt hat: Entgegen einer langdauernden Behauptung gibt es eine *Unendlichkeitspotenz*, die das Unendliche über das Kontinuierliche erhebt, oder anders, das Kontinuierliche ist nichts als ein besonderer Fall der Unendlichkeit, oder, wie J. Vuillemin sagt, »das Unendliche ist die Gattung, von der das Kontinuierliche eine Art ist« *(La philosophie de l'algèbre)*.

Unterbrechung

Wie auf einer Riemann'schen Fläche

Die Beschreibung oder eher: die einfachste Definition der einfachsten Unterhaltung könnte wie folgt lauten: Zwei Menschen sprechen miteinander, sie sprechen nicht gleichzeitig, sondern nacheinander; einer sagt etwas, hält dann inne, der andere sagt etwas anderes (oder dasselbe), dann hält er inne. Die zusammenhängende Rede, die sie halten, ist aus Abschnitten zusammengefügt, die, wenn der Sprechende wechselt, unterbrochen werden, selbst wenn sie aufeinander abgestimmt sind, um sich zu entsprechen. Die Tatsache, dass diese Rede von einem zum anderen übergehen muss, entweder um sie zu bestärken oder damit ihr widersprochen wird, oder auch damit sie sich entwickelt, zeigt die Notwendigkeit des Intervalls an. Das Sprechen-Können unterbricht sich, und diese Unterbrechung spielt eine Rolle, die nachgeordnet zu sein scheint, nämlich diejenige eines untergeordneten Wechsels; eine indes so rätselhafte Rolle, dass sie als das interpretiert werden kann, was das Rätsel der Sprache selbst in sich trägt: Pause zwischen den Sätzen, Pause zwischen einem Sprechenden und dem nächsten, aufmerksame Pause der Verständigung, die die Macht jeder Redewendung verdoppelt.

Ich frage mich, ob man über die verschiedenen Bedeutungen dieser Pause ausreichend nachgedacht hat, obwohl allein sie es erlaubt, die Rede als Gespräch zu bilden und überhaupt als eine Rede. Jemand, der ohne innezuhalten spricht, wird schließlich eingesperrt werden. (Erinnern wir uns an die schrecklichen Monologe Hitlers; und jeder Staatschef, wenn er es genießt, als einziger zu sprechen und im Genuss seiner einsamen hohen Rede diese den anderen schamlos als übergeordnete und erhabene aufzwingt, hat an derselben Gewalt des *dictare* teil, der Wiederholung des herrschaftlichen Monologs.) Nehmen wir die gleichmäßigste Unterhaltung, diejenige, die am weitesten dem zufälligen Wechsel entzogen ist; selbst wenn die Rede zusammenhängend ist, so muss sie doch stets zerteilt werden, sobald der Sprecher wechselt; sie unterbricht sich von einem zum anderen: Die Unterbrechung erlaubt den Austausch. Sich unterbrechen, um sich zu verstehen; sich verstehen, um zu sprechen.

Jedenfalls ist klar, dass diese Momente des Innehaltens, die den Dialog artikulieren, ihn skandieren und Zeichen in ihn setzen, nicht immer von derselben Art sind. Es gibt ein Innehalten, das das Gespräch blockiert. Kafka wollte gerne wissen, wie oft und wann es angezeigt ist, dass, wenn acht Personen in der Absicht einer Unterhaltung zusammensitzen, jemand das Wort ergreifen muss, um nicht als schweigsam zu gelten. Aber ein solches Schweigen, selbst wenn es missbilligend wäre, kann fesselnd sein und bildet den treibenden Anteil der Rede: Ohne es würde man nicht sprechen, und man spricht stets auf die Gefahr hin, dass man sich nachträglich fragt, ob man sich nicht durch die Haltung des Gesprächspartners hat täuschen und zum Sprechen verführen lassen (wie man bei anderen Gelegenheiten dem Gastgeber vorwerfen würde, einen zum Trinken animiert zu haben – was im Übrigen zum selben Rausch führt). Und selbst wenn das Verstummen einer Weigerung gleichkommt, so ist es doch selten unvermittelt, es nimmt Teil an der Rede, es lenkt diese durch seine Nuancen in gewisse Richtungen, es arbeitet mit an der Hoffnung oder der Hoffnungslosigkeit einer letztendlichen Übereinkunft. Es ist stets ein aufgeschobenes Sprechen oder aber es trägt die Bedeutung einer beharrlich aufrechterhaltenen Differenz in sich.

*

Für jede Wortfolge ist Unterbrechung notwendig; die Unterbrechung macht die Zukunft möglich; die Diskontinuität sichert die Kontinuität des Verständnisses. Daraus wäre sicherlich einiges zu folgern. Für den Augenblick möchte ich allerdings zeigen, dass dieses Aussetzen, durch das die Rede Dialog wird, d.h. Irrrede, sich nach zwei sehr unterschiedlichen Richtungen darbietet.

Im ersten Fall ist das Innehalten-Intervall der gewöhnlichen Pause vergleichbar, die das »Nacheinander« eines Gesprächs erlaubt. Hier ist die Diskontinuität wesentlich, denn sie verspricht den Austausch, sie ist wesentlich, aber relativ: Worauf sie abzielt, ist die Versicherung einer einheitlichen Wahrheit, und sei es, dass diese spät oder nie zustande kommt, oder auf einen Schlag schon heute, eine Wahrheit, wo die zusammenhängende Rede nicht mehr aufhören wird und unaufhörlich in ihre schweigende Rückseite übergeht. In dieser Perspektive spielt die Unterbrechung, selbst wenn sie die Rede fragmentiert, sie durchkreuzt oder stört, immer noch das Spiel des gewöhnlichen Sprechens; sie verleiht nicht allein Sinn, sie legt auch den Gemeinsinn als Horizont frei. Sie ist die Atmung des Sprechens. In diese Kategorie würden sich alle Formen einordnen, die zu einer dialektischen Erfahrung der Existenz oder der Geschichte gehören – vom täglichen Geschwätz bis zu den höchsten Momenten der Vernunft, des Kampfes und der Praxis. Sich um des Verstehens willen unterbrechen.

Aber es gibt eine andere Art der Unterbrechung, die rätselhafter und schwerwiegender ist. Sie führt das Warten ein, das die Distanz zwischen zwei Gesprächspartnern bemisst, nicht mehr die reduzierbare Distanz, sondern die nicht reduzierbare. Im inter-relationalen Raum kann ich danach streben, mit jemandem auf vier verschiedene Weisen zu kommunizieren: erstens, indem ich ihn als eine objektive Möglichkeit der Welt ansehe und mit ihm gemäß den Formen der Objektivität verfahre; zweitens, indem ich ihn als ein anderes Ich ansehe, sehr anders vielleicht, dessen Differenz aber durch eine erste Identität hindurchführt, diejenige zweier Wesen, die beide über dieselbe Fähigkeit verfügen, in der ersten Person zu sprechen; drittens, indem ich nicht mehr in einer vermittelten Beziehung unpersönlichen Wissens oder persönlichen Verstehens kommuniziere, sondern in dem Bestreben einer unmittelbaren Beziehung, wobei der Selbe und der Andere vorgeben, dass sie sich ineinander verlieren oder sich einander der Nähe des Du-Sagens entsprechend annähern, welche die Distanz vergisst oder ausstreicht. Diese drei Verhältnisse haben als Gemeinsames, dass sie alle drei nach Einheit streben: Das »Ich« will sich den Anderen einverleiben (ihn mit sich identifizieren), indem es ihn zu seiner Sache macht und ihn wie eine Sache studiert, oder aber es will im Anderen ein anderes Ich-Selbst wiederfinden, entweder durch die freie Anerkennung oder die augenblickliche Vereinigung der Herzen. Bleibt noch eine weitere Möglichkeit. Dieses Mal handelt es sich nicht mehr um eine einheitsbildende Suche. Ich will als Anderen nicht mehr denjenigen oder dasjenige anerkennen, was mittels eines einzigen Maßes einem gemeinsamen Raum angehört und mit mir ein Verhältnis der Kontinuität oder der Einheit unterhält. Was jetzt auf dem Spiel steht, ist die Fremdheit zwischen uns, und nicht nur jener dunkle Anteil, der unserer gegenseitigen Erkenntnis entzogen ist und der nichts mehr ist als die Dunkelheit der

Position im Ich – die Singularität des singulären Ich – und somit eine noch sehr relative Fremdheit (denn ein Ich ist einem Ich stets nahe, selbst in der Differenz, im Wettstreit, im Wunsch und im Bedürfnis). Was jetzt auf dem Spiel steht und Bezugnahme beansprucht, ist all das, was mich vom Anderen trennt, Anderer in dem Maße, in dem ich auf unendliche Weise von ihm getrennt bin, Trennung, Sprung, Intervall, das, was ihn unendlich außerhalb meiner lässt, aber auch vorgibt, mein Verhältnis mit ihm auf diese Unterbrechung selbst zu gründen, die eine Seinsunterbrechung ist – Andersheit, durch die er für mich, man muss es wiederholen, weder ein anderes Ich ist noch eine andere Existenz, noch auch Modalität oder Moment einer universellen Existenz, noch auch Überexistenz, Gott oder Nicht-Gott, sondern das Unbekannte in seiner unendlichen Distanz.

Andersheit, die unter den Namen des Neutralen steht

Vereinfachend gesagt, findet durch die Gegenwart des Anderen, verstanden als Neutrum, eine Verzerrung im Feld der Verhältnisse statt, die jede geradlinige Verständigung oder jedes Einheitsverhältnis verhindert; eine grundlegende Anomalie, und es kommt dem Sprechen zu, sie nicht zu reduzieren, sondern zu ertragen, und sei es, ohne sie zu sagen oder ohne sie zu bezeichnen. Nun antwortet aber auf diese Kluft – die Andersheit, die Unendlichkeit zwischen uns – die Unterbrechung, die das Warten einführt, in der Sprache selbst. Wir müssen aber begreifen, dass das Innehalten hier nicht einfach und notwendigerweise durch ein Schweigen, eine freie Stelle oder eine Leere markiert ist (wie grob wäre das), sondern durch einen Wechsel in der Sprachform oder in ihrer Struktur – ein Wechsel, der auf metaphorische Weise demjenigen vergleichbar ist, mit dem aus der euklidischen Geometrie diejenige Riemanns wurde (Valéry vertraute einem Mathematiker an, dass er darüber nachsann, auf einer »Riemann'schen Fläche« zu schreiben – zu sprechen[1]). eine derartige

---

1 In dem Buch von Judith Robinson (*L'analyse de l'esprit dans les Cahiers de Valéry*) finde ich einen Hinweis darauf. Montel erzählt folgende Anekdote: »Die Mathematiker benutzen ein Werkzeug, das sie Riemann'sche Fläche nennen: Es handelt sich um einen idealen Schreibblock, der aus so vielen Blättern wie

Veränderung, dass Sprechen heißt, *aufzuhören einzig in Hinblick auf die Einheit zu denken* und aus den Wortverhältnissen ein wesentlich asymmetrisches Feld zu machen, das von der Diskontinuität beherrscht wird: Weil es darum ginge, nachdem man auf die ununterbrochene Kraft der zusammenhängenden Rede Verzicht geleistet hat, eine Sprachebene freizusetzen, auf der man nicht nur die Fähigkeit erlangen könnte, sich auf aussetzende Weise auszudrücken, sondern auch diejenige, das Aussetzen zu Wort kommen zu lassen, in einer nicht vereinheitlichenden Rede, die akzeptieren würde, weder Übergang noch Brücke zu sein, kein überbrückendes Sprechen, in der Lage, beide durch den Abgrund getrennte Ufer zu überqueren, sondern vielmehr ein Sprechen, das die Kluft auseinandertreibt, ohne sie aufzufüllen und die beiden Ufer wieder zu vereinen (ohne Verweis auf die Einheit).

*

Die Unterscheidung zwischen diesen beiden Arten von Unterbrechung, so wie ich sie gerade schematisch dargestellt habe, ist theoretisch sehr streng. Diese Unterscheidung entspricht zwei Erfahrungsweisen des Sprechens, einer, die dialektisch ist, einer anderen, die es nicht ist: Die eine, Rede des Universums, strebt zur Einheit und trägt dazu bei, das Ganze zu vollenden; die andere, Schriftrede, erträgt ein Unendlichkeits- und Fremdheitsverhältnis. Jedoch ist diese entscheidende Differenz in ihrer Entscheidung stets doppelsinnig: Wenn

---

nötig besteht, deren vollständige Ausdehnung stets null ist und die nach bestimmten Regeln aufeinander folgen. Auf diese blättrige Oberfläche schreiben sie Zahlen, von denen mehrere denselben Platz auf verschiedenen Blättern einnehmen. Im Lauf einer Unterhaltung sagte mir Valéry: ›Finden Sie nicht, dass Gespräche auf einer Riemann'schen Fläche stattfinden? Ich sage Ihnen etwas; es wird auf das erste Blatt geschrieben; aber zugleich bereite ich auf dem zweiten Blatt vor, was ich Ihnen als nächstes sagen werde; und schließlich sogar auf einem dritten Blatt, das, was darauf folgen wird. Sie Ihrerseits antworten mir auf dem ersten Blatt, während Sie zugleich auf anderen Blättern als Vorrat halten, was Sie vorhaben, mir später zu sagen‹‹. Natürlich bleibt dieses Bild höchst unbefriedigend, denn eine Rede wie diese ruft, anstatt ein wirkliches Aufklaffen der Sprache mit sich zu bringen, allein das auf, was man das Prinzip der aufgeschobenen und zurückgehaltenen Reden nennen könnte.

zwei Personen sprechen, entspricht das Schweigen, das ihnen erlaubt, gemeinsam zu sprechen, einer nach dem anderen, womöglich einzig der abwechselnden Pause der ersten Stufe, kann aber bereits ebenso gut in diesem Wechsel die Arbeit der Unterbrechung bedeuten, durch die sich das Unbekannte andeutend zeigt.[2] Aber etwas noch Schwerwiegenderes hat statt. Wenn das Sprechen-Können sich unterbricht, dann kann man niemals mit Entschiedenheit wissen, was sich ereignet: die Unterbrechung, die den Austausch erlaubt, oder diejenige, die die Rede unterbricht, um sie auf einem anderen Niveau wieder einzurichten, oder aber die negierende Unterbrechung, die, fern davon, noch das Sprechen zu sein, welches Luft holt und atmet, vorgibt – wenn es möglich ist –, es zu ersticken und für immer zu zerstören. Wissen wir zum Beispiel, auf welcher Erfahrung die Unterbrechung der Müdigkeit, des Schmerzes oder des Unglücks (diese Formen des Neutralen) beruht? Können wir sicher sein, dass sie völlig unfruchtbar ist, selbst wenn sie alles fruchtlos macht? Nein, wir sind dessen nicht sicher (und das erhöht im Übrigen die Müdigkeit und das Unglück); im selben Maße ahnen wir aber, dass, wenn der Schmerz (oder die Müdigkeit und das Unglück) eine unendliche Leere zwischen den Wesen schafft, es vielleicht aufs Höchste darauf ankommen würde, diese Leere, sie dabei leer bewahrend, zum Ausdruck zu bringen, bis an den Punkt, wo, aus Müdigkeit, Schmerz oder Unglück zu sprechen, bedeuten könnte, gemäß der Dimension der Sprache in ihrer Unendlichkeit zu sprechen. Und kann man nicht noch weiter gehen? Setzen wir eine gewissermaßen absolute und absolut neutrale Unterbrechung; setzen wir sie nicht mehr im Innern der Sphäre der Sprache, sondern jeder Rede und jedem Schweigen äußerlich und vorgängig; nennen wir sie die allerletzte und die hyperbolische. Hätten wir mit ihr die Unterbrechung erreicht, die uns, und sei es auf hyperbolische Weise, nicht nur von jeder Vernunft

---

2   Oder sagen wir es noch einfacher: Diejenigen, die sich an einem Dialog beteiligen, sprechen in geteilter Weise, nicht nur, weil jeder eine persönliche, begrenzte, von anderen unterschiedene Behauptung mit sich führt, die sich gerne zur allgemeinen machen würde (das ist der dialektische Gesichtspunkt), sondern auch, um das Sprechen als Abweichung zum Sprechen zu bringen, d.h. auch die Unterbrechung selbst, die allein mit ihrer Entscheidung die Differenz als Sprechen begründet.

(das wäre wenig), sondern von jedem Irrsinn befreite, d.h. von jener Vernunft, welche auch noch der Wahnsinn ist? Oder wären wir nicht vielmehr verpflichtet uns zu fragen, ob von einer solchen Unterbrechung – der Rohheit selbst – nicht ein Anspruch ausginge, dem man noch sprechend antworten müsste, und sogar, ob sprechen nicht immer bedeutete, das Außen jeder besonderen Sprache in die Sprache selbst einzubringen, d.h. im Innern dieses Außen zu sprechen, d.h. nach dem Maße dieses »außerhalb von« zu sprechen, das sich in jedem Wort findet und droht, es in das umzuwenden, was von jedem Sprechen ausgeschlossen ist? Schreiben, einen Kreis ziehen, in dessen Innern das Außen jedes Kreises sich einschreiben würde...

Gehen wir nicht weiter, fassen wir zusammen. Zunächst haben wir zwei große Unterscheidungen, die einer dialektischen und einer nicht-dialektischen Forderung des Sprechens nachkommen: die Pause, die den Austausch erlaubt; das Warten, das die unendliche Distanz ermisst. Mit dem Warten behauptet und bejaht sich aber nicht nur die schöne Unterbrechung, die den poetischen Akt vorbereitet, sondern auch und zu gleicher Zeit andere Formen des Aufhörens, sehr tiefgehende, sehr perverse, immer perversere, und stets so, dass, wenn man sie unterscheidet, diese Unterscheidung die Doppeldeutigkeit nicht entfernt, sondern sie ausstellt. Auch haben wir derer drei »unterschieden«: eine, wo die Leere sich zum Werk macht – die andere, wo die Leere Müdigkeit, Unglück ist – eine weitere, die allerletzte, die hyperbolische, wo das Zergehen von Werk und Wirklichkeit (vielleicht das Denken) sich zeigt. Sich unterbrechen um sich zu verstehen. Sich verstehen um zu sprechen. Schließlich, sprechend nur, um sich zu unterbrechen und die unmögliche Unterbrechung möglich zu machen.

Nietzsche und die fragmentarische Schrift

+ + Es ist relativ leicht, Nietzsches Gedanken so anzuordnen, dass sie ihre Widersprüche, sei es durch Hierarchisierung, sei es durch Dialektisierung rechtfertigen. Es gibt ein mögliches – virtuelles System, in dem das Werk seine zersprengte Form aufgibt und einer zusammenhängenden Lektüre Raum gibt. Ein nützliches, ein notwendiges Verfahren. Nun verstehen wir alles, ohne Schaden und ohne Ermüdung. Dass ein Denken wie dieses, das sich an die Bewegung einer Suche, die auch Untersuchung des Werdens ist, knüpft, sich einer Gesamtansicht soll hingeben können, das macht uns sicher. Überdies ist es notwendig. Selbst in seiner Opposition gegen die Dialektik muss es der Dialektik verbunden bleiben. Selbst losgelöst von einem einheitlichen System und gebunden an eine wesentliche Pluralität muss es noch eine Mitte bezeichnen, durch die Wille zur Macht, Übermensch, Ewige Wiederkehr, Nihilismus, Perspektivismus, tragisches Denken und andere Einzelthemen zueinander Zugang finden und sich gemäß einer einzigen Interpretation verstehen lassen: und sei's als die verschiedenen Momente einer Philosophie der Interpretation.

+ + Es gibt bei Nietzsche zwei Weisen zu reden. Die eine gehört dem philosophischen Diskurs an, dem kohärenten Diskurs, den er zuweilen durch ein Werk von großer Spannkraft, den großen Werken der Tradition vergleichbar, an seine Grenze zu führen wünschte. Die Kommentatoren restituieren diese Form. Man kann seine gestückelten Texte als Elemente dieser Gesamtheit ansehen. Die Gesamtheit wahrt ihre Ursprünglichkeit und ihre Macht. In dieser großen Philosophie finden sich, auf ihren Glutpunkt gebracht, die Annahmen eines abschließenden Denkens versammelt. Nun ist es möglich, sich zu fragen, ob sie Kant verbessert oder widerlegt, was sie Hegel schuldet, was sie ihm entzieht, ob sie dialektisch, ob sie antidialektisch sei, ob sie die Metaphysik vollende, ob sie sie ablöse, ob sie das existenzielle Denken fortsetze oder essenziell Kritik sei. All das gehört in gewisser Weise zu Nietzsche.

+ + Nehmen wir es an. Nehmen wir an, dass dieser zusammenhängende Diskurs im Hintergrund seiner geteilten Werke steht. Es bleibt doch so, dass Nietzsche sich damit nicht zufrieden gibt. Und selbst wenn sich ein Teil seiner Fragmente auf diesen vollständigen Diskurs beziehen lässt, bleibt es offenkundig, dass Nietzsche ihn – dass er die Philosophie selbst – immer schon hinter sich gelassen hat, dass er ihn eher unterstellt als ihn ausstellt, um weiter sprechen, in einer anderen Sprache sprechen zu können, nicht mehr der des Ganzen, sondern der des Fragments, der Vielheit und der Scheidung.

+ + Diese Redeform des Fragments zu erfassen, ohne sie zu verändern, ist schwierig. Selbst das, was Nietzsche über sie gesagt hat, lässt sie absichtlich verdeckt. Dass eine solche Form ihre Weigerung, System zu sein, herausstreicht, ihre Leidenschaft fürs Nichtvollendete, ihre Zugehörigkeit zu einem Denken des Versuchs und des Versuchers, dass sie an die Beweglichkeit der Suche geknüpft ist, an das wandernde Denken (das eines Mannes, der im Gehen und entsprechend der Wahrheit des Gangs denkt) –, kein Zweifel. Dass sie dem Aphorismus nahe scheint, auch das ist wahr, denn die Form des Aphorismus ist nach seiner eigenen Einschätzung diejenige, in der er exzelliert: »Der Aphorismus, die Sentenz, in denen ich als der erste unter Deutschen Meister bin, sind die Formen der Ewigkeit, mein Ehrgeiz ist, in zehn Sätzen zu sagen, was jeder andre in einem Buche sagt – was jeder andre in einem Buche nicht sagt...« Aber ist wirklich dies sein Ehrgeiz, und ist der Begriff des Aphorismus auf der Höhe dessen, was er sucht? »Ich bin nicht beschränkt genug für ein System – nicht einmal für mein eigenes.« Der Aphorismus ist die Macht, die beschränkt, die einschließt. Form, die, horizontförmig, ihr eigener Horizont ist. Man sieht, was sie an Anziehendem hat, immer in sich selbst zurückgezogen, mit etwas Düsterem, Konzentrierten, dunkel Gewaltsamen, das sie dem Verbrechen von Sade ähnlich macht – ganz im Gegensatz zur Maxime, dieser Sentenz zum Gebrauch der feinen Gesellschaft, bis zur Gefälligkeit geschliffen, während der Aphorismus so ungesellig ist wie ein Kieselstein (Georges Perros) (doch ein Stein geheimnisvollen Ursprungs, ein schwerer Meteor, der, kaum gefallen, schon verfliegen möchte). Einzige, einsame, fragmentierte Rede, doch als Fragment schon vollkommen, in dieser Zerstückelung ganz, einschlagend, ohne noch auf etwas Zerschlagenes zu verweisen. So bekundet sie die Forderung des Fragmentarischen, dem die aphoristische Form nicht zu entsprechen vermag.

+ + Die Rede des Fragments kennt kein Genügen, sie genügt nicht, sie spricht sich nicht im Hinblick auf sich selbst aus, sie hat nicht ihren Inhalt zum Sinn. Doch ebenso wenig fügt sie sich mit den anderen Fragmenten zusammen, um ein vollständigeres Denken, eine Gesamterkenntnis zu bilden. Das Fragmentarische geht dem Ganzen nicht voraus, sondern spricht sich *außerhalb* des Ganzen und nach ihm aus. Wenn Nietzsche versichert: »Es gibt nichts außer dem Ganzen«, auch wenn er uns von der Schuld unserer Partikularität zu entlasten und das Urteil, das Maß und die Verneinung zurückzuweisen meint (»man kann das Ganze nicht richten, messen, vergleichen oder gar verneinen!«) – so bleibt es doch so, dass er damit die Frage nach dem Ganzen als die einzig gültige aufstellt und die Idee der Totalität wiederherstellt. Die Dialektik, das System, das Denken als Denken des Ganzen werden wieder in ihre Rechte eingesetzt, in die Rechte dessen, was die Philosophie als abgeschlossenen Diskurs begründet. Doch wenn er sagt: »Mir scheint, dass man sich vom Ganzen, von der Einheit befreien muss, […] man muss die Welt in Stücke schlagen, die Achtung vor dem Ganzen verlieren« – so betritt er den Raum des Fragmentarischen, wagt ein Denken, das keine Einheit mehr garantiert.

+ + Die Rede, durch die sich die Forderung des Fragmentarischen bekundet, ungenügende, aber nicht durch Unvermögen ungenügende Rede, die unvollendete (weil der Kategorie der Erfüllung fremde) Rede widerspricht dem Ganzen nicht. Einerseits muss das Ganze respektiert und, wenn nicht ausgesprochen, so zumindest erfüllt werden. Wir sind Wesen des Universums und also einer noch abwesenden Einheit zugewandt. Unser Wunsch, sagt Nietzsche, »der Wunsch, uns die Welt dienstbar zu machen«. Doch es gibt ein anderes Denken und einen ganz anderen Wunsch – der in Wahrheit kein Wunsch mehr ist. Alles ist nun schon wie erfüllt, das Universum ist unser Los, die Zeit ist zu Ende gegangen, wir haben die Geschichte durch die Geschichte verlassen. Was bleibt noch zu sagen, was bleibt noch zu tun?

+ + Die fragmentarische Rede, die Nietzsches, kennt den Widerspruch nicht. Das ist das Befremdliche. Wir haben, nach Jaspers, bemerkt, dass man Nietzsche nur dann richtig versteht und seinem Denken nur dann Gerechtigkeit widerfahren lässt, wenn man immer dort, wo es mit Gewissheit etwas behauptet, die gegenteilige Behauptung aufsucht, mit der diese Gewissheit in Zusammenhang steht. Doch muss man hier von Neuem unterscheiden. Es gibt die Arbeit der Kritik: die Kritik der Metaphysik, die vor allem vom christlichen Idealismus repräsentiert wird, die aber auch in jener spekulativen Philosophie gegenwärtig ist. Die widersprechenden Behauptungen sind ein Moment der kritischen Arbeit: Nietzsche greift den Gegner an mehreren Punkten zugleich an, denn die Pluralität der Gesichtspunkte ist eben dasjenige Prinzip, welches das gegnerische Denken verkennt. Keinesfalls übersieht Nietzsche indessen, dass er da, wo er ist, von demjenigen Diskurs aus, den er zurückweist, zu denken, zu reden gezwungen ist: Er gehört diesem Diskurs noch an – wie wir, alle, ihm noch angehören; die Widersprüche hören somit auf, polemische oder auch nur kritische zu sein; sie visieren ihn selber, in seinem Denken selbst, sie sind der Ausdruck seines drängenden Denkens, das sich mit seinen eigenen Wahrheiten nicht abfinden kann, ohne sie zu versuchen, sie auf die Probe zu stellen, sie hinter sich zu lassen, später auf sie zurückzukommen. So kann der Wille zur Macht einmal das Prinzip ontologischer Auslegung sein, in dem das Wesen, der Grund der Dinge ausgesprochen ist, ein andermal die Forderung absoluter Überschreitung, die noch sich selbst als Forderung überschreitet. Einmal ist die Ewige Wiederkehr eine kosmologische Wahrheit, einmal der Ausdruck einer ethischen Entscheidung, einmal der Gedanke des als Werden verstandenen Seins, und so weiter. Diese Gegensätze sprechen eine bestimmte vielfältige Wahrheit aus und die Notwendigkeit, das Vielfältige zu denken, wenn man, dem Wert gehorchend, die Wahrheit sagen will, – aber eine Vielfalt, die noch Beziehung zum Einen hat, die noch vervielfältigte Affirmation des Einen ist.

+ + Die Rede des Fragments kennt die Widersprüche nicht, selbst wenn sie widerspricht. Zwei fragmentarische Texte mögen sich einander entgegensetzen, es setzt sich der eine nur in die Nähe des anderen, der eine ohne Beziehung zum anderen, der eine auf den anderen durch diesen unbestimmten *blanc* bezogen, der sie nicht scheidet, sie nicht vereint, sie an die Grenze führt, die sie bezeichnen und die ihr Sinn wäre, wenn sie sich dort nicht hyperbolisch der Rede der Bedeutung entzögen. Derart immer *an die Grenze* gesetzt zu sein, verleiht dem Fragment zwei verschiedene Züge: Rede der Affirmation, die nichts anderes als dieses Plus und dieses Surplus einer der Möglichkeit fremden Affirmation affirmiert – und gleichwohl keineswegs kategorisch, weder in einer Gewissheit befestigt noch in eine relative oder absolute Positivität gesetzt, noch weniger eine privilegierte Sage des Seins oder vom Sein her gesagt, eher schon sich tilgend, aus sich selbst herausgleitend, Gleiten, das sie zu sich selbst zurückführt, in das neutrale Murmeln der Auseinandersetzung.

Wo der Gegensatz nicht gegen-, sondern nebeneinandersetzt, wo die Nebeneinandersetzung zusammenfügt, was sich jeder Simultaneität entzieht, ohne jedoch aufeinander zu folgen, ist Nietzsche einer nichtdialektischen Erfahrung der Rede ausgesetzt. Nicht einer Weise zu reden und zu denken, welche die Dialektik zu widerlegen oder sich gegen sie auszusprechen bestrebt wäre (Nietzsche verfehlt nicht, Hegel bei Gelegenheit seinen Gruß zu entbieten oder gar sich selbst in ihm wiederzuerkennen, wie sehr er auch den christlichen Idealismus, der ihn trägt, denunziert), sondern einer anderen, vom Diskurs geschiedenen Rede, die nicht verneint und insofern nicht affirmiert und zwischen den Fragmenten, in der Unterbrechung und im Verharren, allemal die Grenzenlosigkeit der Differenz spielen lässt.

+ + Der Abschied, den Nietzsche dem Gedanken des Einen Gottes, das heißt dem Gotte Einheit gibt, muss ernst genommen werden. Es geht ihm nicht nur darum, die Kategorien, die das abendländische Denken beherrschen, zu bekämpfen. Es genügt auch nicht, die Gegensätze vor der Synthese, die sie versöhnen könnte, aufzuhalten, nicht einmal, die Welt in eine Vielheit von Herrschaftszentren des Lebens aufzuteilen, deren Prinzip, immer noch synthetisches Prinzip, der Wille zur Macht wäre. Etwas Gewagteres, was ihn in den Irrgarten des Umwegs zieht, bevor es ihn im Rätsel der Wiederkunft überbietet, versucht hier Nietzsche: das Denken als Affirmation des Zufalls, eine Affirmation, in der es sich notwendig – unendlich –

durch seinen Würfelfall (der ihm nicht äußerlich zufällt) auf sich selbst bezieht, Bezug, in dem es sich als plurale Rede gibt.

Der Pluralismus ist einer der entschiedensten Züge der von Nietzsche ausgearbeiteten Philosophie, doch auch da noch gibt es Philosophie und was sich mit der Philosophie nicht zufrieden gibt. Philosophischer Pluralismus, gewiss sehr bedeutsam, da er uns daran erinnert, dass der Sinn immer mehrfach ist, dass es einen Überfluss an Bedeutungen gibt und »Einer immer Unrecht hat«, während »die Wahrheit mit zweien« beginnt: deshalb die Notwendigkeit der Interpretation, die nicht Enthüllung der einzigen verborgenen und also doppeldeutigen Wahrheit ist, sondern Lektüre eines Textes mit mehrfachem Sinn, einem Sinn, der bloß im »Prozess«, im »Werden«, das die Interpretation ist, liegt. Es gibt also zweierlei Pluralismus. Der eine ist Philosophie der Zweideutigkeit, Erfahrung des vielfachen Seins. Sodann dieser befremdliche andere Pluralismus, ohne Pluralität, ohne Einheit, den die Rede des Fragments in sich als die Provokation der Sprache trägt, der, der noch spricht, nachdem alles gesagt ist.

+ + Der Gedanke des Übermenschen bedeutet zunächst nicht die Ankunft des Übermenschen, sondern bedeutet das Verschwinden von etwas, das sich Mensch nennen könnte. Der Mensch verschwindet, er ist derjenige, dem das Verschwinden wesentlich ist. So hat er sein Bestehen nur in dem Maße, in dem man sagen kann, dass er noch nicht begonnen hat. »Noch hat die Menschheit kein Ziel. Aber […] wenn der Menschheit das Ziel noch fehlt, fehlt da nicht auch – sie selber noch?« Kaum begonnen, endet sie, beginnt zu enden. Der Mensch ist immer der Mensch des Niedergangs, eines Niedergangs, der nicht Degeneration, sondern im Gegenteil Mangel ist, den man lieben kann, der in der Scheidung und der Entfernung die »menschliche« Wahrheit mit der Möglichkeit des Vergehens vereint. Der niedrigste Mensch ist der Mensch der Dauer, der Beständigkeit, derjenige, der nicht der letzte Mensch sein will.

Nietzsche spricht vom *vereinigenden, totalisierenden, rechtfertigenden Menschen*. Bemerkenswerte Ausdrücke. Dieser totalisierende und folglich auf das Ganze – sei's, dass er es aufbaut, sei's, dass er es beherrscht – sich beziehende Mensch ist nicht der Übermensch, sondern der höhere Mensch. Der höhere Mensch ist im eigentlichen

Sinne der vollständige Mensch, der Mensch des Ganzen und der Synthese. Darin liegt der »Zweck, den die Menschheit nötig hat«. Aber Nietzsche sagt auch – im *Zarathustra*: »Ihr höheren Menschen hier, seid ihr nicht alle — missgeraten?« Er ist nicht missraten, weil er gescheitert ist, er ist gescheitert, weil er gelungen ist: Er hat sein Ziel erreicht (»Wenn du an deinem Ziele bist, ... auf deiner Höhe gerade, du höherer Mensch – wirst du stolpern!«). Wir können uns fragen, was wäre, was ist die Sprache des höheren Menschen? Die Antwort ist einfach. Sie ist der gleichfalls vollständige Diskurs, der Logos, der das Ganze ausspricht, der Ernst der philosophischen Rede (das dem höheren Menschen Eigentümliche ist der Ernst der Redlichkeit und die Strenge der Wahrhaftigkeit): zusammenhängende Rede ohne Unterbrechung und ohne Leere, Rede der logischen Erfüllung, die den Zufall, das Spiel, das Lachen nicht kennt. Aber der Mensch verschwindet, nicht nur der missratene Mensch, sondern auch der höhere, das heißt geratene Mensch, in dem sich alles, das Ganze realisiert. Was bedeutet nun dieses Scheitern des Ganzen? Das Faktum, dass der Mensch verschwindet – dieser Mensch der Zukunft, der der Mensch des Endes ist –, findet seinen vollen Sinn, weil der Mensch auch als das Ganze verschwindet, das Sein, in dem das Ganze in seinem Werden sich hat sein lassen.

+ + Die Rede als Fragment steht in Beziehung auf dieses Faktum, dass der Mensch verschwindet, dieses Faktum, das rätselhafter ist, als man denkt, da der Mensch in gewisser Weise das Ewige und Unzerstörbare ist und, unzerstörbar, verschwindet. Unzerstörbares: Verschwinden. Und auch dieser Bezug ist rätselhaft. Man kann im Grenzfall verstehen – und es hat sogar etwas Selbstverständliches –, dass das, was in der neuen Sprache des Bruches spricht, nur durch die Erwartung, die Ankündigung des unzerstörbaren Verschwindens sprechen kann. Was man Mensch nennt, muss das Ganze des Menschen und die Welt als Ganzes werden, und muss, nachdem er seine Wahrheit zur universellen Wahrheit und das Universum zu seinem schon vollendeten Schicksal gemacht hat, sich mit allem, was er ist, und noch mit dem Sein selbst der Möglichkeit des Vergehens verschreiben, damit sich, befreit von allen Werten, die seinem Wissen angehören – der Transzendenz, das heißt auch der Immanenz, der jenseitigen Welt, das heißt auch der Welt, Gott, das heißt auch dem

Menschen –, damit sich die Rede des Außen affirmiert: dasjenige, was sich außerhalb des Ganzen und außerhalb der Sprache ausspricht, die als Sprache des Bewusstseins und der wirkenden Innerlichkeit das Ganze und das Ganze der Sprache ausspricht. Dass der Mensch verschwindet, ist nicht nichts, aber ein Unglück nur nach unserem Maß; das Denken kann das ertragen. Dass die Idee der Wahrheit und alle möglichen Werte und selbst die Möglichkeit von Werten überhaupt aufhören, gültig zu sein und gleichsam im Vorübergehen, durch eine leichte Bewegung, fortgetragen werden – es scheint, dass man sich daran gewöhnen und sogar freuen kann: Das Denken selbst ist diese leichte Bewegung, die sich dem Ursprung entzieht. Doch wie steht es mit ihm, dem Denken, wenn das Sein – die Einheit, die Identität des Seins – sich zurückgezogen hat, ohne doch dem Nichts Platz gemacht zu haben, dieser allzu einfachen Zuflucht? Wenn das Selbe nicht mehr der letzte Sinn des Anderen und die Einheit nicht mehr der Bezugspunkt für die Aussage des Vielfältigen ist? Wenn die Vielfalt sich ausspricht, ohne sich auf das Eine zu beziehen? Dann, dann vielleicht, lässt sich, nicht als Paradox, sondern als Entscheidung, die Forderung der fragmentarischen Rede ahnen, diese Rede, die, weit davon entfernt, einzig zu sein, sich nicht vom Einen her ausspricht und nicht das Eine in seiner Pluralität ausspricht. Sprache: die Affirmation selbst, diejenige, die sich nicht mehr aufgrund der Einheit und nicht mehr im Hinblick auf sie affirmiert. Affirmation des Unterschieds, gleichwohl nie verschieden. Plurale Rede.

+ + Pluralität der pluralen Rede: intermittierende, diskontinuierliche Rede, die, ohne bedeutungslos zu sein, nicht aufgrund ihres Darstellungs- oder auch nur ihres Bezeichnungsvermögens redet. Was in ihr redet, ist nicht die Bedeutung, die Möglichkeit, einen Sinn, und sei er mehrdeutig, zu geben oder zu entziehen. Weshalb wir uns zu der, vielleicht zu hastigen, Annahme geführt sehen, dass sie sich vom Zwischen-Zwei her anzeigt, dass sie sich wie als Wache rund um einen Ort der Divergenz aufstellt, den Raum einer Auseinander-Setzung, den sie zu umschließen sucht, doch der sie immer wieder sondert, sie von sich selber absetzt, sie mit dieser Absetzung identifiziert, unwahrnehmbare Verschiebung, in der sie immer zu sich selbst zurückkehrt, identisch, nichtidentisch.

Indessen, selbst wenn diese Form der Annäherung zum Teil begründet ist – wir können darüber noch nicht entscheiden –, müssen wir festhalten, dass es nicht genügt, Kontinuum durch Diskontinuum, Fülle durch Unterbrechung, Versammlung durch Zersprengung zu ersetzen, um uns einer Vorstellung von dieser anderen Sprache anzunähern. Oder, genauer, Diskontinuität ist nicht das bloße Gegenstück zur Kontinuität oder, wie in der Dialektik, Moment einer kohärenten Entwicklung. Die Diskontinuität oder das Verharren der Intermittenz hält das Werden nicht auf, sondern provoziert es im Gegenteil und ruft es in das ihm eigene Rätsel. Es ist dies die große Wende des Denkens, die mit Nietzsches Texten herbeigeführt wird: dass das Werden nicht das Fließen einer unbegrenzten (Bergson'schen) Dauer, nicht die Beweglichkeit einer unabschließbaren Bewegung ist. Die Zerstückelung – das Zerbrechen – des Dionysos ist das erste Wissen, die dunkle Erfahrung, in der sich das Werden in seiner Beziehung auf das Diskontinuierliche und sein Spiel entdeckt. Und die Fragmentation des Gottes ist nicht die kühne Preisgabe der Einheit und nicht die Einheit, die, sich vervielfältigend, eins bleibt. Die Fragmentation ist der Gott selbst, das, was keinerlei Bezug zu einem Zentrum hat, keinen Verweis auf einen Ursprung enthält und das folglich vom Denken, Denken des Selben und des Einen, der Theologie, wie überhaupt von keiner Form des menschlichen (dialektischen) Wissens, aufgenommen werden kann, ohne dass es verfälscht würde.

+ + Der Mensch verschwindet. Das ist eine Affirmation. Doch diese Affirmation wiederholt sich sogleich als Frage. Der Mensch verschwindet? Und was mit ihm verschwindet, das Verschwinden, das er trägt und das ihn trägt, befreit es das Wissen, befreit es die Sprache der Formen, der Strukturen oder der Zielsetzungen, die den Raum unserer Kultur definieren? Nietzsches Antwort fällt mit einer fast furchtbaren Entschiedenheit und dennoch hält sie sich auch zurück, bleibt suspendiert. Das lässt sich auf mehrfache Weise übersetzen, und zuerst durch eine Zweideutigkeit des philosophischen Ausdrucks. Wenn er zum Beispiel sagt: Der Mensch ist etwas, das überwunden werden muss; der Mensch muss das Jenseits des Menschen sein; oder, schlagender, Zarathustra selbst muss sich überwinden, oder auch der Nihilismus ist zu überwinden durch den Nihilismus, das Ideal, Ruin des Ideals, so ist es fast unvermeidlich, dass diese Forderung der Überschreitung, diese Verwendung des Widerspruchs und der Negation für eine Affirmation, die bewahrt und entwickelt, was sie tilgt, uns in den Horizont des dialektischen Diskurses zurückversetzt. Woraus man schließen darf, dass Nietzsche, weit entfernt, den Menschen zu erniedrigen, ihn noch erhöht, indem er ihm seine wahrhafte Erfüllung zur Aufgabe macht: So ist der Übermensch nur eine Form des Menschen, der, Mensch wie er, angesichts seiner selbst durch den Ruf der größten Begierde von sich selbst befreit ist. Das ist richtig. Der Mensch als Selbstzerstörung, die zugleich Selbstüberschreitung ist, der Mensch, Affirmation seiner eigenen Transzendenz –, manche Texte (die Mehrzahl) autorisieren uns, ihn unter dem Schutz des noch traditionellen, philosophischen Wissens zu verstehen und der Kommentator, der Nietzsche hegelianisiert, dürfte aus diesem Grunde nicht zurückgewiesen werden.

Und trotzdem wissen wir, dass Nietzsche einem ganz anderen Wege folgt, und sei's gegen sich selbst, und dass er sich immer, mitunter schmerzlich, des gewaltsamen Bruchs, der in der Philosophie die Philosophie auseinander-setzt, bewusst war. Überschreitung, Schöpfung, schöpferischer Anspruch, wir können uns an diesen Worten berauschen, uns ihrem Versprechen öffnen, doch schließlich sagen sie nichts als ihre Verbrauchtheit aus, wenn sie uns überhaupt noch bei uns selbst festhalten, unter dem nur ins Unendliche sich erstreckenden Himmel der Menschen. Überschreitung will sagen Überschreitung ohne Ende, und nichts ist Nietzsche fremder als eine solche Zukunft kontinuierlicher Überhöhung. Desgleichen der Übermensch – sollte er der veredelte, auf den Gipfel seines Wissens und seines Wesens geführte Mensch sein? Was ist, in Wahrheit, der Übermensch? Wir wissen es nicht, und genaugenommen weiß auch Nietzsche es nicht. Wir wissen nur, dass der Gedanke des Übermenschen bedeutet: Der Mensch verschwindet, eine Affirmation, die dann am weitesten getrieben ist, wenn sie sich zur Frage verdoppelt: Der Mensch verschwindet?

+ + Die Rede des Fragments ist nicht die Rede, in der sich schon, gleichsam punktiert – im *blanc* –, der Ort anzeigt, den der Übermensch beziehen könnte. Sie ist Rede des Zwischen-Zwei. Das Zwischen-Zwei ist nicht das Mittlere zwischen zwei Zeiten, derjenigen des schon verschwundenen Menschen – aber verschwindet er? – und derjenigen des Übermenschen, in dem die Vergangenheit auf uns zukommen soll – aber kommt er, und auf welchem Weg? Die Rede des Fragments bildet nicht das Bindeglied zwischen der einen und der anderen, eher trennt sie sie, ist, solange sie spricht und, sprechend, schweigt, der wandernde Riss der Zeit, der, von einer Unendlichkeit zur anderen, die beiden Figuren festhält, in denen das Wissen sich wendet. Indem sie derart einerseits den Bruch markiert, hindert sie das Denken, stufenweise vom Menschen zum Übermenschen überzugehen, das heißt, sie mit dem selben Maße oder auch nur mit verschiedenen Maßen zu messen, das heißt, sich selbst gemäß der Identität und der Einheit zu denken. Andererseits markiert sie mehr als den Bruch. Wenn die Idee der Überschreitung – ob nun im Hegel'schen Sinne als Aufhebung verstanden oder in Nietzsches Sinn als Schöpfung, die nicht erhält, sondern zerstört – Nietzsche nicht genügen kann, wenn Denken nicht bloß Darüberhinausgehen heißt, wenn die Affirmation der Ewigen Wiederkehr (vorerst) als Scheitern der Überschreitung zu verstehen ist –, ist es die fragmentarische Rede, die uns dieser »Perspektive« öffnet, die uns in diese Richtung zu sprechen erlaubt? Vielleicht, aber auch auf eine unerwartete Weise. Es ist nicht sie, die den »Reigen über alles Hier und Da und Dort« verkündet; sie ist nicht die Rede der Verkündigung; an sich selbst verkündigt sie nichts, repräsentiert nichts; weder ist sie prophetisch noch eschatologisch: Alles ist schon verkündigt, wenn sie sich bekundet, eingeschlossen die ewige Wiederholung des Einen, die am weitesten gehende Affirmation. Ihre Rolle ist weit befremdlicher. Es ist, als riefe sie, immer wenn das Äußerste sich ausspricht, das Denken nach Draußen (nicht ins Jenseits) und bedeutete ihm durch seine Spaltung, dass das Denken schon aus sich selbst herausgetreten, dass es außer sich ist, in Bezug – ohne Bezug – auf ein Außen, von dem es in dem Maße ausgeschlossen ist, in dem es es einzuschließen glaubt, und das es immer dann tatsächlich und notwendig umschließt, wenn es selbst sich in es einschließt. Und zu sagen, dass sie das Denken »ruft«, als verfügte sie selbst über eine absolute Äußerlichkeit, welche sie als niemals festgelegten Ort zu bewahren hätte, wäre schon zu viel gesagt. Sie sagt, im Verhältnis zu dem, was schon gesagt worden ist, nichts Neues, und wenn sie Nietzsche zu verstehen gibt, dass die *Ewige Wiederkehr* (in der sich auf ewig affirmiert, was sich affirmieren lässt) keine endgültige Affirmation sein kann, so nicht, weil sie darüber hinaus etwas zu affirmieren hätte, sondern weil sie im Modus der Fragmentation sie wiederholt.

In diesem Sinne hat sie an der Offenbarung der Ewigen Wahrheit sehr wohl teil. Die ewige Wiederkehr nennt die Zeit als ewige Wiederholung, und die Rede des Fragments wiederholt diese Wiederholung, indem sie sie aller Ewigkeit enthebt. Die ewige Wiederkehr nennt das Sein des Werdens, und die Wiederholung wiederholt es als unaufhörliches Aufhören des Seins. Die ewige Wiederkehr nennt die ewige Wiederkehr des Selben, und die Wiederholung nennt die Abkehr, den Umweg, auf dem sich das andere mit dem Selben identifiziert, um zur Nichtidentität des Selben zu werden und das Selbe in seiner Wiederkehr, die es von sich abkehrt, immer anders als es selbst werden zu lassen. Die ewige Wiederkehr, befremdlich, wunderbar skandalöse Rede, nennt die ewige Wiederholung des Einen und die wiederholt sie als die Wiederholung ohne Ursprung, den Wiederbeginn, in dem, was freilich nie begonnen hat, wieder beginnt. Und derart die Wiederholung unendlich wiederholend, macht sie sie gewissermaßen zur Parodie, aber entzieht sie auch all dem, was zu wiederholen sie Macht hätte: Denn sie nennt sie als nichtidentifizierbare, irrepräsentable, nicht wiedererkennbare Affirmation und legt sie zugleich in Trümmer, indem sie sie, als ein unbestimmtes Murmeln, im Schweigen wiederaufrichtet, das sie seinerseits zertrümmert, indem sie es als jene Rede zu verstehen gibt, welche aus der tiefsten Vergangenheit, aus der entferntesten Zukunft immer schon als die immer noch zu kommende Rede gesprochen hat.

+ + Ich möchte bemerken, dass Nietzsches Philosophie die dialektische ab-setzt – weniger indem sie ihr widerspricht, als indem sie sie wiederholt, das heißt, indem sie zentrale Begriffe oder Momente, die sie aus der Bahn bringt, wiederholt: so die Idee des Widerspruchs, die Idee der Überschreitung, die Idee der Umwertung, so die Idee der Totalität und vor allem die Idee der Zirkularität, der Wahrheit oder der Affirmation als kreisförmig.

+ + Die Idee des Fragments ist Rede nur an der Grenze. Das soll nicht heißen, dass sie erst am Ende redet, sondern sie begleitet und durchzieht allezeit jedes Wissen, jeden Diskurs mit einer anderen Sprache, die ihn unterbricht, indem sie ihn durch seine Verdopplung in ein Außen zieht, wo das Ununterbrochene spricht, das Ende, das kein Ende nimmt. In Nietzsches Spur spielt auch sie immer wieder auf den Menschen an, der, da er nicht verschwindet, verschwindet, auf den Übermenschen, der ohne anzukommen kommt, umgekehrt auf den Übermenschen, der schon verschwunden ist, auf den noch nicht angekommenen Menschen: Anspielung, die das Spiel des Versteckten und Indirekten ist. Ihr sich anvertrauen heißt, sich von allem Vertrauen ausschließen. Von allem Vertrauen: von allem Misstrauen, einschließlich der Kraft, es zu äußern. Und wenn Nietzsche sagt: »Die Wüste wächst«, so ist sie die Platzhalterin dieser trümmerlosen Wüste, nur dass sie die immer wüstere Verwüstung in der Zersprengung der Grenzen in sich zusammenzieht. Werden der Bewegungslosigkeit. Dass sie das Spiel des Nihilismus spielen und seiner Unangemessenheit die angemessene Form verleihen können – sie hütet sich, das zu dementieren. Weit jedoch lässt sie diese Macht der Negation hinter sich. Nicht dass sie sie hintertriebe, indem sie ihr Spiel mit ihr treibt. Sie lässt ihr im Gegenteil freien Lauf. Nietzsche hat erkannt – und das ist der Sinn seiner unablässigen Kritik am Platonismus –, dass das Sein Licht ist, und hat das Licht des Seins der Arbeit des größten Verdachts unterworfen.[1] Entscheidendes Moment in der Destruktion der Metaphysik und, mehr noch, der Ontologie. Das Licht gibt dem Denken die reine Sichtbarkeit zum Maßstab. Denken heißt fortan klarsehen, sich bei Einleuchtendem aufhalten, sich dem Licht unterstellen, das alle Dinge in der Einheit einer Form erscheinen lässt, heißt die Welt unter dem Himmel des Lichts, als der Form der Formen, erheben lassen, immer erleuchtet und beurteilt durch die nie untergehende Sonne. Die Sonne ist der Überfluss lebensspendender Klarheit und der Bildner, der das Leben in der Einzelheit nur einer einzigen Form festhält. Die Sonne ist die souveräne Einheit des Lichts, sie ist gut, sie ist das Gute, das oberste Eine, das uns als einzig wahrhaften Ort des Eins all das respektieren lässt, was »über« ist. Zunächst kritisiert Nietzsche an der Ontologie bloß ihre Degeneration zur Metaphysik in dem Augenblick, wo mit Platon das Licht zur Idee und aus der Idee die Herrschaft des Ideals wird. Seine

---

1 Nietzsche hat insbesondere geahnt, dass der platonische Dualismus die Erfahrung der Spiegelung voraussetzt: die des Lichtes, der Idee, und seines Reflexes, des Sinnlichen.

ersten Werke – und in fast allen seinen Werken die Erinnerung an seine ersten Vorlieben – halten den Wert der Form und, gegenüber dem dunklen dionysischen Schrecken, die ruhige Würde des Lichts fest, die uns vor dem fürchterlichen Abgrund bewahrt. Doch so wie Dionysos, indem er Apollon vertreibt, zur einzigen Macht ohne Einheit wird, in die sich alles Göttliche zurückzieht, so sucht Nietzsche nach und nach das Denken zu befreien, indem er es auf das, was sich weder als Klarheit noch als Form verstehen lässt, bezieht. Es ist dies letztlich die Rolle des Willens zur Macht. Nicht als Vermögen richtet sich die Macht des Willens zum Prinzip auf und nicht als herrschende Gewalt wird die Kraft das, was zu denken aufgegeben ist. Die Kraft entzieht sich dem Licht, doch nicht als des Lichtes beraubt, als Dunkelheit, die noch dem Tag zustrebt; sie entzieht sich, Skandal aller Skandale, jeglicher optischen Beziehung und kann, dies ist die Konsequenz, getrost nach Maßgabe und innerhalb der Grenzen einer Form wirken, immer lässt die Form – die Anordnung einer Struktur – sie entgleiten. Weder sichtbar noch unsichtbar.

+ + »Wie ließe sich Kraft oder Schwäche in Begriffen von Klarheit und Dunkelheit verstehen?« (J. Derrida). Der Form entgleitet die Kraft, aber das Formlose nimmt sie nicht auf. Das Chaos, die uferlose Indifferenz, von der jeder Blick sich abwendet, der metaphorische Ort, der die Desorganisation organisiert, dient ihm nicht als Matrize. Ohne Bezug zu Form, selbst dort nicht, wo diese in der amorphen Tiefe Deckung sucht, der Klarheit und Unklarheit gleicherweise unerreichbar, zieht die »Kraft«, die ihn auch abstößt (»Erröten vor Macht«), Nietzsche deshalb an, weil sie das Denken in Begriffen befragt, welche es zwingen, mit seiner Geschichte zu brechen. Wie lässt sich die »Kraft« denken, wie aussprechen?

Die Kraft nennt die Differenz. Die Kraft denken heißt, sie von der Differenz her denken. Das ist vorerst quasi analytisch zu verstehen: Wer von Kraft spricht, spricht jeweils ihre implizite Vielfalt aus; gäbe es eine Einheit der Kraft, so gäbe es gar keine. Deleuze hat das mit einer entscheidenden Schlichtheit ausgedrückt: »Jede Kraft steht wesentlich in Beziehung zu einer anderen Kraft. Das Sein der Kraft ist pluralisch, es wäre absurd, sie im Singular zu denken.« Aber die Kraft ist nicht nur Vielfalt. Vielfalt der Kräfte heißt voneinander unterschiedene Kräfte, die sich aufeinander durch ihre Distanz beziehen, Distanz, die sie vervielfacht und in ihnen als Intensität ihrer Differenz wirksam ist. (»Aus diesem *Pathos der Distanz* heraus haben sie sich das Recht, Werte zu schaffen, Namen der Werte auszuprägen, erst genommen: was ging sie die Nützlichkeit an!«) So ist die Distanz das, was die Kräfte scheidet, ist auch ihre Korrelation – und, bezeichnender, nicht nur was sie von außen unterscheidet, sondern was im Innern das Wesen ihrer Unterschiedenheit ausmacht. Anders gesagt: Was sie auf Distanz hält, das Außen, ist ihre einzige Innerlichkeit, das, vermöge dessen sie handeln und leiden, das »differenzielle Element«, das Ganze ihrer Realität, real nur, soweit sie nicht Realität an sich, sondern nur Beziehungen haben: Bezug ohne Enden, ohne Begriffe. Was nun ist der Wille zur Macht? »Weder ein Sein, noch ein Werden, sondern ein Pathos«: die Leidenschaft der Differenz.

Das Innere der Kraft ist Äußerlichkeit. Die derart affirmierte Äußerlichkeit ist nicht die ruhige Kontinuität des Raumes und der Zeit, eine Kontinuität, zu der uns die Logik des Logos – der Diskurs ohne *discursus* – den Schlüssel gibt. Äußerlichkeit – Zeit und Raum – ist jeweils sich selber äußerlich. Sie ist keine Entsprechung, Zentrum von Wechselbezügen, sondern führt jeden Bezug durch eine Unterbrechung ein, die nicht eint. Die Differenz ist die Zurückhaltung des Außen; das Außen ist die Ausstellung der Differenz; Differenz und Außen bezeichnen die ursprüngliche Disjunktion – den Ursprung, der der Sprung selber und immer von sich selber abgesprungen ist. Die Disjunktion, dort, wo die Fuge zwischen Zeit und Raum sich öffnend schließt, koinzidiert mit dem, was nicht koinzidiert, das Nichtkoinzidierende, das vorab sich von jeder Einheit abwendet.

So wie hoch, niedrig, vornehm, gemein, Herr, Knecht weder Sinn noch gültigen Wert beanspruchen können, sondern die Kraft erst in ihrer immer positiven Differenz affirmieren (es ist dies eine der treffenden Bemerkungen von Deleuze: dass der wesentliche Bezug einer Kraft zu einer anderen nie als negatives Element begriffen wird) –, so scheint die immer plurale Kraft, wenn nicht bei Nietzsche, so doch bei dem Nietzsche, den die fragmentarische Rede hervorkehrt, sich nur aufzudrängen, um das Denken auf die Probe der Differenz zu stellen. Einer Differenz, die von der Einheit so wenig abgeleitet ist, wie sie sie enthält. Einer Differenz, die man gleichwohl kein Erstes nennen kann, so als würde sie, da sie einen Beginn eröffnet, paradox die Einheit als Zweites erweisen. Sondern Differenz, die jeweils differiert, aufschiebt und sich nie als gegenwärtige Gabe einer Anwesenheit gibt, sich nicht in der Sichtbarkeit einer Form fassen lässt. Aufschub gewissermaßen des Unterscheidens selbst und in dieser Verdopplung, die ihr sich selbst entzieht, als Diskontinuität selbst, Differenz selbst sich affirmierend, die dort im Spiel ist, wo die Dissymmetrie als Raum am Werk ist, die Zurückhaltung und der Entzug der Zeit, die Unterbrechung als Rede und das Werden als »gemeinsames« Feld dieser drei Bezüge des Aufsprungs.

+ + Man kann unterstellen, dass, wenn das Denken mit Nietzsche die Macht als ein »Spiel von Kräften und Kraftwellen« nötig hatte, um, bereit, sich den Verlegenheiten eines offenkundigen Dogmatismus auszusetzen, die Pluralität und die Differenz zu denken, so aufgrund des Vorgefühls, dass die Differenz Bewegung ist, und genauer, dass die Differenz die Zeit und das Werden, in das sie sich einschreibt, determiniert, genauso wie die Ewige Wiederkehr voraussehen lässt, dass die Differenz sich als Wiederholung erweist und die Wiederholung Differenz ist. Die Differenz ist keine zeitlose Regel, kein starres Gesetz. Sie ist, wie etwa zur gleichen Zeit Mallarmé entdeckt, der Raum, sofern »er sich räumt und sich ausstreut«, und die Zeit: nicht als teleologische Homogenität des Werdens, sondern als Werden, sofern »es sich skandiert, sich einzieht«, sich unterbricht und sich, in dieser Unterbrechung, nicht fortsetzt, sondern fort-setzt; woraus zu schließen wäre, dass die Differenz, Zeit-Raum-Spiel, das stille Spiel der Bezüge, »die vielfältige Entbindung«, welche die Schrift anleitet, ist, und zu der kühnen Behauptung führt, dass die Differenz wesentlich schreibt.

+ + »Die Welt ist tief, und tiefer als der Tag gedacht.« Nietzsche gibt sich deshalb noch nicht damit zufrieden, die stygische Nacht anzurufen. Er verdächtigt vielmehr, fragt tiefer. Warum, sagt er, diese Beziehung zwischen dem Tag, dem Denken und der Welt? Warum sagen wir, was wir vom Tage sagen, im Vertrauen auf das lichte Denken und glauben dabei über die Macht zu verfügen, die Welt zu denken? Warum begründen für uns das Licht und das Sehen sämtliche Weisen der Annäherung – an das Denken der Welt –, mit denen wir das Denken bedacht sehen wollen? Warum wird uns die Intuition – die intellektuelle Anschauung – als die große Gabe vorgestellt, die den Menschen fehlen soll? Warum die Wesenheiten, die Ideen sehen, Gott schauen? Doch die Welt ist tiefer. Und vielleicht wird man antworten, dass man, wenn man vom Licht des Seins redet, metaphorisch redet. Doch warum unter allen möglichen Metaphern die Vorherrschaft gerade der optischen? Warum dieses Licht, das als Metapher der Quell und Rückhalt aller Erkenntnis geworden ist und alle Erkenntnis der Wirksamkeit dieser (obersten) Metapher unterworfen hat? Warum dieser Imperialismus des Lichtes?

+ + Diese Fragen sind bei Nietzsche latent, zuweilen suspendiert, wie dort, wo er die Theorien des Perspektivismus, das heißt des Gesichtspunktes ausarbeitet, eine Theorie freilich, die er zerstört, indem er sie an ihre Grenze führt. Latente Fragen, Fragen, die den Grund der Kritik an der Wahrheit, der Vernunft und dem Sein berühren. Der Nihilismus bleibt solange unbesiegbar, wie wir, die Welt dem Denken des Seins unterwerfend, die Wahrheit im Licht ihres Sinns auffassen und suchen, denn vielleicht sucht sie sich im Licht selbst zu verstellen. Das Licht leuchtet; will heißen, dass das Licht sich verbirgt, es ist dies ein boshafter Zug. Das Licht leuchtet: Was erleuchtet ist, ist gegenwärtig in einer unmittelbaren Anwesenheit, die sich entbirgt, ohne das zu entbergen, was sie zur Erscheinung bringt. Das Licht tilgt seine Spuren; selbst unsichtbar, macht es sichtbar; es gewährt die direkte Erkenntnis und sichert die erfüllte Anwesenheit, während es sich selbst ins Indirekte zurückzieht und sich als Anwesenheit aufhebt. Seine Täuschung wäre also, dass es sich in eine strahlende Abwesenheit verbirgt, die unendlich viel dunkler als irgendeine Dunkelheit ist, weil sie der Akt der Klarheit selber ist, weil sich das Werk des Lichts erst dort vollendet, wo das Licht uns vergessen lässt, dass etwas wie das Licht am Werk ist (uns in der Evidenz, durch die sie sich schützt, auch all das vergessen lässt, was sie unterstellt, diesen Bezug zur Einheit, auf die sie verweist und die ihre wahre Sonne ist). Die Klarheit: das Nicht-Licht des Lichtes; das Nicht-Sehen des Sehens. So ist das Licht (mindestens) zweifach trügerisch: weil es uns über sich selbst betrügt und uns betrügt, indem es als unmittelbar ausgibt, was es nicht ist, für einfach, was nicht einfach ist. Das Licht ist Zwielicht, nicht weil es ein helleres gäbe, ein einfaches und derart allererst wahres, sondern weil die Wahrheit des Lichts, die Wahrheit über das Licht vom Licht selbst verdunkelt wird;

erst unter dieser Bedingung sehen wir klar: unter der Bedingung, dass wir die Klarheit selber nicht sehen. Aber am konsequenzenreichsten, am schwerwiegendsten bleibt die Dopplung, durch die uns das Licht veranlasst, uns dem Akt des Sehens als der reinen Einfachheit anzuvertrauen, und uns die Vermittlungslosigkeit als das Modell der Erkenntnis vorsetzt, während es selbst nur aufgrund einer Dialektik der Illusion, in der es unsrer spottet, nur in der Verborgenheit und als Vermittlerin wirksam ist.

Es scheint, dass Nietzsche unter einem doppelten Verdacht, der einer doppelten Verweigerung nachgibt, denkt, oder genauer schreibt (sofern er sich der Forderung der fragmentarischen Schrift aussetzt): der Verweigerung gegen das Unmittelbare und der Verweigerung gegen die Vermittlung. Das Wahre, sei es uns nun durch die entwickelte Bewegung des Ganzen oder in der Einfachheit einer offenbaren Anwesenheit gegeben, sei es uns in einem zusammenhängenden Diskurs zugesprochen oder unvermittelt in einer gradlinigen, erfüllten und eindeutigen Rede affirmiert, dieses Wahre, das in gewisser Weise unvermeidlich ist –, von ihm müssen wir uns zurückzuziehen suchen, wenn wir denn, »wir, die Philosophen des Jenseits, des Jenseits von Gut und Böse«, in die Richtung aufs Unbekannte reden, schreiben wollen. Doppelter Bruch, doppelt beherrschend, da er nie vollendet gedacht werden kann, da er sich nur als Verdacht vollendet.

+ + »Und wisst ihr auch, was mir ›die Welt‹ ist? Soll ich sie euch in meinem Spiegel zeigen?« Nietzsche denkt die Welt: Das ist sein Geschäft. Und wenn er die Welt denkt, ob als »Ungeheuer von Kraft«, »diese Geheimnis-Welt der doppelten Wollüste«, »meine dionysische Welt« oder aber als Spiel der Welt, als Rätsel, das aller Rätsel Lösung ist, so ist es nicht das Sein, was er denkt. Im Gegenteil – ob zu Recht oder zu Unrecht, er denkt die Welt, um das Denken wie von der Idee des Seins so von der Idee des Ganzen zu befreien, von der Forderung des Sinns wie von der Forderung des Guten: um das Denken vom Denken zu befreien und es zu zwingen, nicht zwar abzudanken, wohl aber mehr zu denken, als es zu denken vermag, anders noch als das ihm Mögliche. Dies Mehr, dieses Surplus auszusprechen, das aller Rede vorausgeht und jeder folgt. Man kann dies Vorgehen kritisieren; man kann das, was sich in ihm anzeigt, nicht verleugnen.

Für Nietzsche haben Sein, Sinn, Zweck, Werte, Gott, der Tag und die Nacht, das Ganze und die Einheit Gültigkeit nur innerhalb des Systems der Welt, aber die »Welt« kann sich nicht denken, kann sich nicht als Sinn, als Ganzes aussprechen: noch weniger als Jenseitige Welt. Die Welt ist selbst ihr Außen: die Affirmation, die *über die Ränder* der Affirmationsfähigkeit tritt und in ihrer Diskontinuität das Spiel ihrer permanenten *Verdopplung* spielt – Wille zur Macht, ewige Wiederkehr.

Nietzsche gebraucht noch andere Formulierungen: »Die Welt ist uns vielmehr noch einmal ›unendlich‹ geworden: insofern wir die Möglichkeit nicht abweisen können, dass sie *unendliche Interpretation in sich schliesst*.« Daher die Verpflichtung zur Interpretation. Doch wer soll interpretieren? Der Mensch? Und welche Art Mensch? Nietzsche antwortet: »Man darf nicht fragen: ›wer interpretiert denn?‹ sondern das Interpretieren selbst, als eine Form des Willens zur Macht, hat Dasein (aber nicht als ein »Sein«, sondern als ein Prozess, ein Werden) als ein Affekt.«[2] Ein rätselhaftes Fragment. Es lässt sich so verstehen – und das ist Nietzsche passiert –, als müsste die Philosophie Philosophie der Interpretation sein… Die Welt muss interpretiert werden, die Interpretation ist vielfach. Nietzsche stellt sogar fest, dass »alles erkennen« wollen »das Wesen der Erkenntnis verkennen heißt«, da die Totalität ebenso wenig nach dem Maße dessen ist, was sich erkennen lässt, wie sie die Möglichkeiten der Interpretation erschöpft (Interpretieren impliziert, dass es einen endgültigen Begriff, ein Ende nicht gibt). Doch Nietzsche geht noch weiter: »Unsere Werte sind in die Dinge hineininterpretiert.« Stehen wir damit vor einem reinen Subjektivismus, für den die Dinge nur insoweit Sinn haben, als das Subjekt, das sie interpretiert, nach seinem Gutdünken ihnen Sinn verleiht? »Es gibt keinen ›Tatbestand an sich‹, sondern ein Sinn muss immer erst hineingelegt werden, damit es einen Tatbestand geben kann.« In unserem Fragment indessen setzt Nietzsche »wer?« ab,[3] entzieht dem interpretierenden Subjekt seine Autorität, erkennt Interpretation einzig als neutrales, subjekt- und

---

[2] Er sagt an anderer Stelle: »Der Wille zur Macht interpretiert«, aber der Wille zur Macht kann nicht Subjekt sein.
[3] »Ist es zuletzt nötig, den Interpreten noch hinter die Interpretation zu setzen? Schon das ist Dichtung, Hypothese.«

zusatzloses Werden des Interpretierens selber an, das kein Akt, sondern Affekt ist und deshalb über »Dasein« verfügt, ein *Dasein* freilich, das, wie Nietzsche sogleich korrigiert, ohne *Sein* ist. Interpretieren, die Bewegung des Interpretierens in ihrer Neutralität –, man darf sie durchaus nicht für ein Erkenntnismittel halten, für ein Instrument, über das das Denken verfügt, um die Welt zu denken. Die Welt ist nicht *Objekt* der Interpretation, ebenso wenig wie es der Interpretation zukommt, sich ein Objekt, und sei es unbegrenzt, zu geben, von dem sie sich unterscheiden könnte. Die Welt: die Unendlichkeit des Interpretierens – oder besser, Interpretieren: das Unendliche: die Welt. Diese drei Terme können nur in einer Nebeneinandersetzung erscheinen, die sie nicht vermischt, nicht unterscheidet, nicht zueinander in Beziehung setzt und derart der Forderung der fragmentarischen Schrift entspricht.

+ + »Wir Philosophen des Jenseits [...], die wir in Wahrheit gewitzte Interpreten und Zeichendeuter sind — wir, denen das Schicksal aufgespart blieb, als Zuschauer der europäischen Dinge vor einen geheimnisvollen und ungelesenen Text hingestellt zu sein...« Man kann verstehen, dass die Welt ein Text ist, vor dem es nur auf eine sorgsame Exegese ankommt, damit sich der rechte Sinn enthülle: Arbeit philologischer Rechtschaffenheit. Doch von wem ist er geschrieben? Und interpretiert in Bezug auf welche vorgängige Bedeutung? Die Welt hat keinen Sinn, der Sinn ist eine innerweltliche Fiktion; die Welt: das Außen des Sinns und des Un-Sinns. Hier können wir, da es sich um ein Ereignis innerhalb der Geschichte – der europäischen Dinge – handelt, annehmen, dass er so etwas wie eine Wahrheit enthält. Doch wo es sich um die »Welt« handelt? Und wenn es sich um die Interpretation handelt – die neutrale Bewegung des Interpretierens, die weder Subjekt noch Objekt hat, das Unendliche einer Bewegung, die sich einzig auf sich selbst bezieht (was noch zu viel gesagt ist, denn sie ist eine Bewegung ohne Identität), die sich jedenfalls auf nichts, was ihr vorausginge, beziehen kann und kein Ziel hat, das sie zu determinieren fähig wäre. Das Interpretieren, Sein ohne Sein, Leidenschaft und Werden der Differenz? Dann allerdings verdient der Text sehr wohl, geheimnisvoll genannt zu werden: nicht als verhehlte er ein Geheimnis als seinen Sinn, sondern weil, wenn er ein neuer Name für die Welt ist – diese Welt, Rätsel, das aller Rätsel Lösung –, wenn er die Differenz markiert, die in der Bewegung des Interpretierens im Spiel ist, und zwar als das im Spiel ist, was sie zu unterscheiden, zu verschieben und aufschiebend zu wiederholen treibt, wenn er schließlich in seiner unendlichen Zerstückelung (darin Dionysos), im Spiel seiner Fragmentation und, besser, im Übermaß dessen, was ihn abzieht, dieses Mehr an Affirmation affirmiert, das sich weder der Forderung der Klarheit beugt, noch der Form einer Form fügt, derart Text, der ebenso gewiss nicht schon geschrieben ist, wie die Welt nicht ein für alle Mal hervorgebracht, sondern von der Bewegung des Schreibens in seiner Neutralität nicht geschieden ist, er uns die Schrift gibt, oder eher: durch ihn sich die Schrift gibt als das, was das Denken, es von allem Sichtbaren und Unsichtbaren abwendend, vom Primat der als Licht oder Rückzug des Lichtes verstandenen Bedeutung befreien kann und vielleicht von der Forderung der Einheit befreien kann, das heißt vom Primat jedes Primum, denn die Schrift ist Differenz, denn die Differenz schreibt.

+ + Die Welt denkend, denkt Nietzsche sie als Text. Das ist eine Metapher? Das ist eine Metapher. Indem er die Welt so tief denkt, wie der Tag nicht reicht, substituiert er ihr eine Metapher, die den Tag in seine Rechte wiedereinzusetzen scheint; denn was ist ein Text? Eine Gruppe von Phänomenen, die sich dem Blick darbieten, und was ist Schreiben anderes, als sehen lassen, erscheinen machen, an die Oberfläche bringen. Nietzsche hat von der Sprache keine hohe Meinung. »Die Sprache ist auf die allernaivsten Vorurteile hin gebaut. Nun lesen wir Disharmonien und Probleme in die Dinge hinein, weil wir nur in der sprachlichen Form denken – somit die ›ewige Wahrheit‹ der ›Vernunft‹ glauben (z.B. Subjekt, Prädikat usw.). Wir hören auf zu denken, wenn wir es nicht in dem sprachlichen Zwange tun wollen…« Lassen wir den Einwand, demzufolge Nietzsche die Sprache noch in sprachlicher Form denunziert, beiseite. Vermeiden wir auch, den guten Glauben der Illusion, denjenigen der Kunst, in der Rede, dieser Macht der Fälschung, am Werk zu zeigen. Der erste Einwand wirft uns auf die Dialektik zurück; der zweite liefert uns an Apollon aus, der, seit langem in Dionysos zersprengt, uns, sollten wir uns je am Wahren verwunden, nicht mehr vorm Zugrundegehen bewahren könnte. »Wir haben die Kunst, damit wir nicht an der Wahrheit zugrunde gehen.« Rede, die zur tiefsten Kunstverachtung wird, sobald sie sich umwendet, um zu fragen: Aber haben wir die Kunst? Und haben wir die Wahrheit, und sei's, um an ihr zugrunde zu gehen? Und gehen wir, sterbend, zugrunde? »Aber die Kunst ist von einem schrecklichen Ernst.«

Die Welt: ein Text; die Welt, »göttliches Spiel jenseits von Gut und Böse«. Aber die Welt ist nicht das im Text Bedeutete; der Text macht die Welt nicht sichtbar, lesbar, erfassbar in der beweglichen Artikulation der Formen, Schreiben verweist nicht auf diesen absoluten Text, den wir aus Fragmenten, in den Lücken der Schrift zu rekonstruieren hätten. Auch aus den Sprüngen dessen, was sich schreibt, in den so umgrenzten Zwischenräumen, den so ausgesparten Pausen, durch die so bewahrten Schweigen, könnte sich die Welt, das also, was immer über die Ränder der Welt tritt, nicht in der unendlichen Fülle einer stummen Affirmation bezeugen. Dann nämlich müsste man, bei Strafe der Komplizität mit einem so einfältigen wie armseligen Mystizismus, lachen – sich zurückziehen und, lachend, sagen: *Mundus est fabula*. In der *Götzen-Dämmerung* präzisiert Nietzsche seinen Verdacht gegen die Sprache; es ist derselbe Verdacht wie gegen das Sein und die Einheit. Die Sprache impliziert eine Metaphysik, die Metaphysik. Sobald wir reden, binden wir uns ans Sein, sprechen wir, und bleibe es auch unausgesprochen, das Sein aus und je glänzender unsre Rede, desto mehr strahlt sie im Licht des Seins. »In der Tat, nichts hat bisher eine naivere Überredungskraft gehabt als der Irrtum vom Sein [...]: er hat ja jedes Wort für sich, jeden Satz für sich, den wir sprechen!« Und Nietzsche fügt mit einer Tiefe, die nicht aufgehört hat, uns zu überraschen, hinzu: »Ich fürchte, wir werden Gott nicht los, weil wir noch an die Grammatik glauben...« All das allerdings: »bisher«. Ist aus dieser Einschränkung zu schließen, dass wir uns an einer Wende – dieser Wende der Notwendigkeit – befinden, wo, am Ort unserer Sprache, durch das Spiel unserer Sprache, durch das Spiel ihrer bisher in die Einfalt eines Blicks zusammengezogenen und im Licht einer Bedeutung gleichgemachten Differenz, eine andere Art der Äußerung entsteht und zwar derart, dass in ihrem Hiatus, in der Disjunktion, die ihr Ort ist, diese befremdlichen, weil allzu gewohnten, unheimlichen, weil allzu heimischen Gäste zu wohnen aufhören, die zwar maskiert sind, doch ihre Masken unaufhörlich wechseln: die Gottheit in der Form des Logos, der Nihilismus in der Gestalt der Vernunft?

Die Welt, der Text, das Gewebe, die Wand ohne Vorwand, das Geflecht ohne Kette und ohne Struktur. Wenn sich die Welt Nietzsches nicht in einem Buch und am wenigsten in demjenigen darstellt, das ihm unter dem Titel *Der Wille zur Macht* vom Dünkel der Kultur aufgeredet wurde, so weil sie uns von außerhalb jener Sprache ruft, die bloß die Metapher einer Metaphysik ist, Rede, in der sich das Sein im doppelten Licht einer Repräsentation präsentiert. Daraus resultiert weder, dass diese Welt unaussprechlich wäre, noch, dass sie in einer Redensart ausgedrückt werden könnte. Er macht uns nur darauf aufmerksam, dass, wenn wir gewiss sind, sie niemals, sei's in, sei's außerhalb einer Rede, zu erfassen, das einzige Schicksal, das ihr gleichwohl zukommt, dies ist, dass die Sprache in dauernder Folge, in dauerndem Bruch und ohne anderen Sinn als eben diese Folge und eben diesen Bruch, ob sie schweigt, ob sie spricht, Spiel, das immer gespielt, immer vereitelt wird, unbegrenzt fortdauert ohne Sorge darum, ob sie etwas – die Welt – zu sagen hat, ob sie jemanden hat – den Menschen in der Gestalt des Übermenschen –, der es sagt. Als gäbe es, von der »Welt« zu sprechen, keine andere Möglichkeit als die, von sich selbst gemäß der ihr eigenen Forderung zu sprechen, die darin besteht, ohne Unterlass zu sprechen, gemäß dieser Forderung der Differenz, die das Sprechen unendlich aufschiebt. Die Welt? Ein Text? Die Welt verweist den Text auf den Text wie der Text die Welt auf die *Affirmation* der Welt verweist. Der Text: gewiss eine Metapher, doch eine, die, wenn sie nicht mehr Metapher des Seins zu sein prätendiert, dennoch die Metapher einer vom Sein befreiten Welt nicht ist: höchstenfalls Metapher ihrer eigenen Metapher.

+ + Diese Folge, die Bruch ist, dieser Bruch, der nicht unterbricht, diese Fortdauer der einen wie des anderen, der Unterbrechung ohne Halt, der Folge ohne Ankunft, weder Fortschritt einer Zeit noch Stillstand einer Gegenwart, Dauer, die nichts dauern lässt, nicht dauert, nicht aufhört, Wiederkehr und Abkehr einer Anziehungskraft ohne Zug: ist das die Welt? ist das die Sprache? die Welt, die sich nicht ausspricht? die Sprache, die nicht die Welt zu sagen hat? Die Welt? Ein Text?

+ + Bruchstücke, Fragmente, Zufall, Rätsel, Nietzsche denkt diese Worte zusammen, besonders im *Zarathustra*. Seine Versuchung ist doppelt. Er empfindet es als schmerzlich, die Menschen, unter denen er umherirrt, nur als Scherben, zerstückelt, zertrümmert, versprengt, wie auf einem Schlachtfeld oder in einem Schlachthof zu sehen; er setzt sich also vor, durch die Anstrengung des dichterischen Aktes diese Wirrwarr-, Stück- und Zufallsmenschen zusammen- und sogar zur Einheit zu bringen – zur Einheit der Zukunft: die Arbeit des Ganzen, die Erfüllung des Vollständigen.»Und das ist mein Dichten und Trachten, dass sich in eins dichte und zusammentrage, was Bruchstück ist und Rätsel und grauser Zufall.« Doch sein *Dichten*, seine dichterische Entscheidung hat noch eine ganz andere Richtung. Erlöser des Zufalls, das ist der Name, den er fordert. Was bedeutet das? Den Zufall retten heißt nicht, ihn in die Reihe der Ursachen aufnehmen; das hieße nicht, ihn retten, sondern ihn verlieren. Den Zufall retten heißt, ihn all dem zum Trotz bewahren, was hindern könnte, ihn als fürchterlichen Zufall zu bejahen, heißt den Würfelwurf nicht aufheben. Und das Rätsel entziffern (interpretieren), heißt das, einfach das Unbekannte aufs Bekannte zurückführen, oder im Gegenteil es als Rätsel noch in derjenigen Rede wollen, die es erklärt, nämlich es jenseits der Klarheit des Sinns jener anderen Sprache öffnen, welche das Licht weder beherrscht noch die Abwesenheit des Lichtes verdunkelt? So darf es nicht scheinen, als seien Bruchstücke, Fragmente die Momente eines noch unvollendeten Diskurses, sondern als diejenige Sprache, Schrift des Einbruchs müssen sie erscheinen, durch die der Zufall auf der Ebene der Affirmation aleatorisch bleibt und das Rätsel sich von der Innerlichkeit seines Geheimnischarakters befreit, um, indem es sich schreibt, sich als dasjenige Rätsel auszuweisen, das die Schrift enthält, weil sie es ist, die es immer wieder in die Neutralität ihres eigenen Rätsels zurücknimmt.

+ + Wenn Nietzsche schreibt: »Und flüchtet mein Auge vom Jetzt zum Ehemals: es findet immer das Gleiche: Bruchstücke und Gliedmaßen und grause Zufälle — aber keine Menschen!«, so zwingt er uns, von Neuem und ohne Furchtsamkeit zu fragen: ob die Wahrheit des Fragments und die Gegenwart der Menschen unvereinbar seien. Ist es, wo Menschen sind, untersagt, an der Affirmation des Zufalls festzuhalten, an der Schrift ohne Diskurs, am Spiel des Unbekannten? Was bedeutet, wenn es sie gibt, jene Unvereinbarkeit? Auf der einen Seite die Welt, menschliche Präsenz, Transparenz; auf der anderen die Anforderung, die die Erde erzittern macht, »wenn die schaffenden und neuen Reden erschallen und die Götter würfeln«. Oder, um genauer zu sein, müssten die Menschen, ungewiss in welcher Weise, verschwinden, um zu kommunizieren? Nur die Frage sei gestellt, und, in dieser Form, noch nicht einmal als Frage. Mit größerem Nachdruck, wenn man sie folgendermaßen erweitert: das Universum (das, was dem Einen zugewandt ist), der Kosmos (mit der Annahme einer physikalischen Zeit, die gerichtet, kontinuierlich, homogen, dabei irreversibel und offenbar universell, sogar ultrauniversell ist) – sollten sie nicht, weit entfernt, den Menschen durch ihre erhabene Majestät auf das Nichts zu reduzieren, das Pascal mit Schrecken erfüllte, die Wächter und die Wahrheit der menschlichen *Präsenz* sein, nicht etwa, weil die Menschen, die sie so begreifen, den Kosmos noch gemäß einer Vernunft konstruieren, die bloß die ihrige ist, sondern weil Kosmos, Universum, Ganzes wahrhaft sind allein durch die Unterwerfung unter das Licht, das die menschliche Realität, soweit sie *Präsenz* ist, repräsentiert – während dort, wo »Erkennen«, Schreiben, vielleicht auch Reden ankommt, es sich um eine ganz andere »Zeit« handelt und um eine solche Abwesenheit, dass die Differenz, die sie leitet, die Realität des Universums, das Universum als Realobjekt des Denkens verrückt, verstört, dezentriert. Anders gesagt, nicht nur der Mensch und das Kommunikationsvermögen, sein eigenes Bedürfnis, sind inkompatibel, sondern auch das Universum – Ersatz eines Gottes, Garantie der menschlichen Präsenz – und die Rede ohne Spur, aus der indessen die Schrift, und zwar als Menschen, uns ruft.[4]

+ + Interpretieren: das Unendliche: die Welt. Die Welt? Ein Text? Der Text: die Bewegung des Schreibens in ihrer Neutralität. Wenn wir diese Begriffe hersetzen und sie dabei sorgfältig auseinanderhalten, ohne sie indessen aus sich selber heraustreten zu lassen, so vergessen wir dabei nicht, dass sie immer noch einem vorläufigen Diskurs angehören, der sie in einem bestimmten Augenblick vorzubringen erlaubte. Vorausgeworfen, scheiden sie sich noch nicht vom

---

4   Erinnern wir uns der Anweisung Nietzsches: »... man muss die Welt in Stücke schlagen ...«

Ganzen. Sie prolongieren es durch den Bruch; sie sprechen diesen Folge-Bruch aus und sprechen sich vermöge dieser Trenn-Bewegung selber aus. Isoliert wie durch Zurückhaltung, die, allzu markiert, schon rückhaltlos ist; einander folgend, doch derart, dass ihre Folge keine ist, denn ohne anderen Bezug als ein Zeichen, das interpunktiert, Raumzeichen, durch das der Raum sich als Zeit der Anzeige anzeigt, verfügen sie sich auch, wie vorläufig, in eine reversibel-irreversible Gleichzeitigkeit; einander folgend, aber zusammen gegeben; zusammen gegeben, aber nebeneinander, ohne einen Zusammenhang zu ergeben; sich austauschend gemäß einer Umkehrbarkeit, die sie gleichsetzt, gemäß einer Unumkehrbarkeit, die sich jederzeit umkehren kann: derart sämtliche Lagen der räumlichen Vielfalt enthaltend und zugleich vorenthaltend. Weil sie sich schreiben; weil sie, hier durch Schrift bezeichnet, explizit, implizit die Schrift bezeichnen, von ihr her kommend, die von ihnen kommt, und zu ihr zurückkehren, als würden sie sich von ihr durch die immer schreibende Differenz abkehren.

+ + Diese nebeneinandergesetzten Worte, deren Anordnung Zeichen anvertraut ist, die Raumformen sind und aus dem Raum ein Bezugsspiel machen, bei dem die Zeit im Spiel ist: man nennt sie Interpunktionszeichen. Verstehen wir das so, dass sie nicht da sind, um Sätze zu ersetzen, denen sie stillschweigend einen Sinn entleihen könnten. (Vielleicht aber könnte man sie mit dem geheimnisvollen *sive* des Spinoza vergleichen: *deus sive natura, causa sive ratio, intelligere sive agere*, durch das sich eine Artikulation, eine insbesondere gegenüber Descartes neue Form einleitet, auch wenn es so scheint, als wäre sie ihm entliehen.) Dass sie unentschiedener, das heißt zweideutiger sind – auch das ist nicht das Wichtige. Ihr Wert ist nicht der der Repräsentation. Sie figurieren nichts außer der Leere, die sie beleben, ohne sie zu verkünden. Durch ihren Akzent halten sie in der Tat die Leere der Differenz zurück und hindern sie, ohne ihr doch Form zu verleihen, sich in der Unbestimmtheit zu verlieren. Einerseits ist Schwung ihre Rolle; auf der anderen Seite (der selben) Suspension, doch die von ihnen gesetzte Pause hat den bemerkenswerten Charakter, die Begriffe, deren Verbindung sie sichern oder verhindern, weder zu setzen noch zu versetzen: als wäre die Alternative von Positiv und Negativ, die Verpflichtung, mit der Affirmation des Seins zu beginnen, wenn man es negieren will, hier, endlich, rätselhaft genug, gebrochen. Zeichen, die wohlgemerkt nicht den geringsten magischen Wert besitzen. Ihr ganzer Wert (seien sie nun getilgt oder noch nicht erdacht, und in gewisser Weise verschwinden sie immer im Beiwerk oder Zufall einer Schrift) fällt ihnen durch die Diskontinuität zu – die Abwesenheit ohne Gestalt und ohne Grund –, deren Macht sie weniger tragen als ertragen, wo die Lücke Zäsur, sodann Kadenz und vielleicht Fuge wird. Die Leere durch die Leere artikulieren, sie als Leere strukturieren durch die Herauslösung dessen, was als befremdliche Unregelmäßigkeit sie immer schon als Leere bestimmt hat –, nach dieser Regel spielen die Raumzeichen – Interpunktion, Akzent, Skandierung, Rhythmus (Konfiguration) –, jeder Schrift vorausgehend, das Spiel der Differenz und nehmen an diesem Spiel teil. Nicht dass sie zur Übersetzung dieser Leere dienten oder dazu, sie nach dem Muster der Notenschrift sichtbar zu machen: im Gegenteil, weit entfernt, das Geschriebene auf der Ebene der von ihm zurückgelassenen Spuren oder der Formen, zu denen es sich konkretisiert, festzuhalten, besteht ihre Eigenheit eben darin, den Riss in ihm anzuzeigen, den einschneidenden Bruch (den unsichtbaren Aufriss eines Zugs), durch den das Innen sich ewig zum Außen umkehrt, während sich darin als Macht, Sinn zu geben, und als sein Ursprung die Absetzung andeutet, welche sich davon abzusetzen nicht aufhört.

+ + Differenz: die Nichtidentität des Selben, die Bewegung der Distanz, die das Werden der Unterbrechung trägt und verschleppt. Die Differenz trägt in ihrem Präfix die Abkehr, den Umweg, auf dem alle Macht, Sinn zu geben, ihren Ursprung in der Absetzung, die von ihm absetzt, sucht. Das »Scheiden, Verschieben, Aufschieben« der Differenz wird von der Schrift getragen, ohne doch je von ihr eingeschrieben zu werden; sie fordert im Gegenteil, dass diese sie im Grenzfall nicht einschreibt, dass sie, Werden ohne Einschreibung, eine Vakanz der Unregelmäßigkeit beschreibt, die keine Spur stabilisiert (vermeldet) und die, Aufriss ohne Spur, einzig durch die unaufhörliche Tilgung dessen, was sie determiniert, umschrieben wird.

Differenz: Sie kann nur Differenz der Rede sein, redende Differenz, die zu reden erlaubt, ohne selber direkt zur Sprache zu kommen – oder, in ihr ankommend, auf die Fremdheit des Neutralen in ihrer

Abkehr, in ihrem Umweg verweist, dasjenige, was sich nicht neutralisieren lässt. Rede, die sich immer im Voraus, in ihrer Differenz, der geschriebenen Forderung zuschreibt. Schreiben: Zug ohne Spur, Schrift ohne Transkription. Der Schriftzug wird also nie die Einfalt eines Zuges sein, der sich zu ziehen und dabei mit seinem Zug zu verschmelzen fähig wäre, sondern die Divergenz, von der aus der Riss-Prozess anfanglos anfängt. Die Welt? Ein Text?

Der »philosophische Diskurs«

In Erinnerung an Merleau-Ponty sowie mit ihm möchte ich mir einen Augenblick lang einige Fragen über die Sprache der Philosophie vorlegen und mich vor allem fragen, ob das, was man immer noch mit diesem Namen belegt und was vielleicht seit jeher verschwunden ist, auf direkte Weise gesprochen, geschrieben werden kann. Merleau-Ponty glaubte an die Philosophie. Er nahm ihre Tradition an, er pries sie. Und dennoch hielt er sich nicht für einen Philosophen, für den Träger und das Subjekt dessen, was bereits Hegel unter den Titel der Wissenschaft gestellt hatte: vielleicht aufgrund jener Bescheidenheit, die ihm, wenn auch nicht ohne Entscheidungskraft und Autorität, eignete, aber vor allem, weil die Philosophie voraussetzt, dass ihr Träger gelöscht wird, zumindest aber eine Veränderung der Position des philosophischen Subjekts fordert. In diesem Sinne sind sich Philosoph und Schriftsteller sehr nahe: Keiner von beiden kann hinnehmen, beim Namen genannt zu werden; nicht, weil die Unpersönlichkeit – eine bequeme Weise, sich zum Universellen zu erhöhen – ihnen genügen würde; sogar die Namenlosigkeit bleibt ihnen noch etwas Verdächtiges, gerade wenn es sich dabei bloß um ein Spiel handelt, dessen Einsatz darin liegt, den Namen zu verstecken, um ihn schließlich zur Geltung zu bringen.

Auf tautologische und also zerstörerische Weise könnte man eine Antwort erhalten, indem man schlicht Folgendes sagte: Die Philosophie ist ihr Diskurs, kohärent, historisch gebunden, begrifflich vereinheitlicht, ein System bildend und stets auf dem Wege der Vollendung; oder sie ist die Rede eines Diskurses, nicht nur mannigfaltig und unterbrochen, sondern lückenhaft, randständig, rhapsodisch, stets dasselbe wiederkäuend und jenseits des Rechts, von irgendjemandem gesprochen zu werden, es sei denn von denen, die namenlos einander folgen würden, um diesen Diskurs zu stützen und anwesend zu machen. Vielleicht ist das ein Zug, den wir zurückhalten sollten: Die Rede des philosophischen Diskurs ist zunächst *ohne Recht*. Er sagt alles oder könnte alles sagen, aber er hat nicht die Macht, es zu sagen: Es ist ein Mögliches ohne Macht. Von daher die Differenz, die ich befragen wollte, gerade weil die Differenz sehr rasch in der Frageform auftaucht: ob es sich um einen Sprechdiskurs oder einen Schriftdiskurs handelt und ob er zum Teil oder momentweise in sich zerfällt; Schrift und Sprechen sind beide ihrer Macht enthoben, insofern sie sich, und das ist meistens der Fall, dazu ermächtigen, Behauptungen aufzustellen, dazu, sich zu behaupten und zu bejahen, d.h. insofern sie sich auf ein Recht und sogar auf eine Souveränität berufen. In unserer Zeit ist es tatsächlich so, dass der Philosoph (derjenige, der kein Recht auf diesen Namen hat, es sei denn auf ironische Weise) zumeist spricht und – was bedeutet, viel zu sprechen – lehrt, sodann schriftliche Arbeiten verfasst. So war es auch bei Merleau-Ponty. Ich zweifle nicht daran, dass ihm diese Situation, in der er sich befand, in gewisser Weise sehr ungelegen war: Ich weiß es von ihm selbst. Und ich nehme Notiz von diesem Satz, den Claude Lefort zitiert und an den wir uns erinnern müssen, um einen Schritt weiter zu gehen: »Es ist fraglich, ob die Philosophie, als Versuch, das rohe oder wilde Sein zurückzugewinnen, mittels der beredten Sprache vollzogen werden kann oder ob man sie nicht in eine Verwendung nehmen müsste, die ihr die Mächtigkeit zur unmittelbaren oder direkten Bedeutung entzöge, um sie an das anzugleichen, was sie trotz allem sagen will.« Lassen wir außer Acht (als ob es so einfach möglich wäre, dies außer Acht zu lassen), was für ihn an einem bestimmten Moment und vielleicht auf rätselhafte Weise die wesentliche Versuchung darstellte: das Wort Sein und die Rückkehr zu einer Ontologie; halten wir fest, dass er die beredte Sprache zurückweist, die hier nicht die schöne, der Überzeugung fähige Sprache ist, sondern das Sprechen selbst, jenes, das die Vortragsrede hervorruft, wie auch die zweifache Gegenwart des Sprechenden und der Angeredeten oder der miteinander Redenden, und halten wir fest, dass er uns vorzuschlagen scheint, eine indirekte Ausdrucksweise zu suchen, die indes in Bezug zu etwas steht, das die Philosophie »sagen will« oder das selbst gesagt werden will. Was aber will gesagt werden, das nur auf indirekte Weise gesagt werden kann? Auch wenn wir ihn erst vor einiger Zeit anerkannt haben, kennen wir seit jeher einen Bereich, in dem das Indirekte, das Nicht-Rechte, in gewisser Weise unerlässlich ist: Diesen Bereich bilden natürlich die Literatur und die Kunst, selbst wenn man sie auf traditionelle Weise versteht; es ist der Bereich, wo gerade nichts gesagt wird, ohne dass, auf die Gefahr hin, diese zu zerbrechen, zunächst Kunst und Literatur selbst gesagt werden. Was nicht bedeutet, dass der Diskurs literarisch wäre, vielleicht deshalb, weil man aus der Literatur, die genauso radikal in Frage steht, kein Attribut machen kann. Ein wahrhaft rechtloser Diskurs, und wenn er aufgerufen wäre, etwas Rohes und Wildes wiederzuerobern, dann ist er kraft dessen erneut gesetzlos, ohne Bezug zum Gesetz überhaupt (wenn nicht ohne Regeln); stets abgewendet von dem, was er mitzuteilen hätte oder was ihn mitteilsam machen könnte.

Ich weise darauf hin, dass es hier nicht darum geht – ein überzogenes und deplatziertes Vorhaben –, zu erforschen, wo dieser Diskurs in Bezug auf andere Diskurse, insbesondere dem der Wissenschaft, seinen Ort hat und was er aussagt, und ob er etwas aussagt, ob er kritisch, metaphysisch, ontologisch, phänomenologisch sein soll, oder auch, ob er da ist, um zwischen Praxis und Theorie zu vermitteln, da er weniger auf einen bestimmten Anspruch antwortet als auf die Unendlichkeit jeden Anspruchs. Es scheint mir, dass man die Frage noch einfacher stellen müsste: Es gibt vielleicht keine Philosophie, ebenso wie man die Gültigkeit des Wortes Literatur in Zweifel ziehen kann, aber es gibt, sprechend, nicht sprechend, schreibend, nicht schreibend, in unseren modernen Gesellschaften, selbst in der bescheidensten Erscheinungsweise des bescheidensten Philosophieprofessors, jemanden, der im Namen der womöglich nicht existierenden Philosophie spricht und den leeren Platz eines Sprechens freihält, das stets anders ist als das von ihm Hervorgebrachte. Der Philosoph ist somit, was immer er sagt oder lehrt, ob er unbekannt bleibt oder zu Ruhm gelangt, dieser Philosoph, der kein Recht auf seinen Titel hat, ist immer Mensch eines doppelten Sprechens: Es gibt das, was er sagt, was bedeutsam ist, interessant, neu und dazu geeignet, die unendliche Rede dieses Diskurses zu verlängern, aber im Rücken dessen, was er sagt, gibt es etwas, das ihm das Wort entzieht, genau diese *Irrrede* ohne Recht, ohne Zeichen, illegitim, ohne Ursache für irgendetwas, schlechtes Vorzeichen und, aus diesem Grunde, obszön und stets Enttäuschung oder Bruch und zugleich das, was über jedes Verbot hinaus geht, die weiteste Überschreitung, das dem unüberschreitbaren Außen Nächste – in diesem Sinne diesem rohen oder wilden (oder irre gehenden) Etwas verwandt, auf das Merleau-Ponty anspielte. Der Philosoph hat auf gewisse Weise diesem anderen Sprechen zu antworten, dem Sprechen des Anderen, das er indes nicht auf direkte Weise zu verstehen geben kann:

Indem er darauf antwortet, weiß er, zugleich ohne es zu wissen, dass er selbst nicht nur ohne Rechtfertigung ist, ohne Gewähr und ohne Absicherung, gewissermaßen mit Nichtexistenz belegt, sondern sich stets in einem Verhältnis zu etwas befindet, das in der Gesellschaft, in der er seine »Funktion« innehat, als verboten gilt, da sein Sprechen im Wiederholen dieses unverschämten, untätigen, abweichlerischen Nicht-Diskurses besteht, Unrede, die, wie Hegel es für eine andere Verwendung vorschlug, die Entscheidung des »hereinbrechenden Abends« am helllichten Tag ist und am helllichten Tag des Tages Niedergang, und die in der angebrachten, angemessenen und kultivierten Sprache den Zusammenbruch der Sprache bedeutet. Von daher – und Merleau-Ponty hat uns dieser Möglichkeit angenähert – sucht der Philosoph einen Kompromiss, indem er seine manifeste Rede (damit sie nicht zu sehr die latente oder untergründige Rede verrät) in einer Frageposition hält: Fragen, forschen bedeutet, sich von den Vorzügen der affirmativen, d.h. behauptenden, über das Sprechen hinaus sprechenden Sprache auszuschließen, sie zu öffnen und sie in der Schwebe zu halten; eine Sprache der Befragung, die indes in der Lage ist, selbst inquisitorisch zu werden, da sie ihre Technik, ihre quasi-institutionellen Gewohnheiten, ihre eleganten Züge besitzt und stets eine Antwort antizipiert und nur um diesen Preis existieren kann. Die Irrrede, die uns sicher ständig, unausgesetzt eine Frage stellt, ist vielleicht selbst nicht auf eine Frage hin geöffnet, eher außerhalb der Bejahung und Behauptung, wie außerhalb der Negation, man würde sie neutral nennen, wenn man sie dadurch qualifizieren könnte.

Insofern die Philosophie sich um sie kümmert oder von ihr bekümmert wird, muss man vielleicht annehmen, dass sie am Ende mehr mit den Unsicherheiten und den Wechselfällen des mündlichen Geschehens in Bezug steht – mit der sogenannten Mündlichkeit; vielleicht besteht die Philosophie nur aus Sprechen, fällt mit diesem, bedroht es von innen und von außen. Wenn der Professor der Philosophie auf seine Art und an seinem stets privilegierten Ort spricht, dann häuft er sicher, selbst wenn er seinen Platz am *Collège de France* findet, Widersprüche an: Er ist da, anwesend, verleiht demjenigen Anwesenheit, was jede Anwesenheit verwirft; als Subjekt eines Sprechens ohne Subjekt erfüllt er eine Funktion, die ihm von der gesamten gesellschaftlichen Ordnung zugewiesen wurde, und da er anscheinend frei spricht, spricht er einem Schein von Freiheit gemäß und im Namen jenes Sprechens, das verboten ist, subversiv – äußerst gefährlich. Aber es geschieht auch, selbst unter und wegen diesen lächerlichen Bedingungen, dass von Zeit zu Zeit (und sei es stotternd, was kein individuelles Versagen ist, sondern die Stauung der Sprache auf nicht-sprechender Ebene) etwas auftaucht, das überrascht, erschreckt, jeden Sprechenden und alle Zuhörenden verstört und aus ihrer komfortablen Situation stößt. Das kann zu jedem Moment geschehen, ja es geschieht jeden Moment. Es ist, als ob der bescheiden oder überheblich Lehrende – derjenige, der sich für den Meister der Zeichen hält – sich um das beraubt fände, was er zu sagen hat, seiner Freiheit und jeder Freiheit entzogen, wirklich getilgt, auf die Straße geworfen in den Strom irgendwelcher Worte, und von Sturz zu Sturz stolpernd, schweigend wie bereits am Ende seines letzten Schweigens. Vielleicht ist das Sprechen auf zu natürliche Weise dem Tode nahe: Von dorther gesehen bestünde die List des Sprechens darin, auf der Höhe seiner Schwäche, seiner Fähigkeit zum Verschwinden angemessen, fortwährend dem Tode geweiht zu sein, nicht weil es das Sprechen eines Sterbenden wäre, sondern Sprechen des Sterbens selbst. Manchmal kann man das hören, und es obliegt dem Philosophen, sich durch die meisterlich beherrschte Sprache, über die er kraft des Rechtes der Kultur zu verfügen gelernt hat, zurückzuziehen, damit an seinem Platz, die Grenzen jeden Platzes übertretend, das dunkle und Abscheu erregende Gemurmel seinen Ort findet, welches das rein-unreine philosophische Sprechen ist und von dem es nichts zu sagen gibt, bis auf: »Es nimmt seinen Lauf«.

Stets gebrochener und nicht fortlaufender Lauf. Ich denke, dass Merleau-Ponty, nicht nur in seiner täglichen Lehre, sondern auf explizitere Weise, als er sich eines Tages, wenngleich alles für ihn offen vor ihm lag, gezwungen sah, auf seinem philosophischen Weg umzukehren und sich sogar dahin zu begeben, wo der Weg ungangbar wurde, diesem anderen Sprechen Raum geben konnte und es musste, dem erschreckenden Sprechen, insofern man ihm keine Aufnahme bereiten kann, ohne in gewisser Weise »der letzte Mensch« zu werden; einem Sprechen, das uns zumindest das Leben nicht einfach macht und mit dem man vielleicht nicht *leben* kann. Ich komme hier nicht umhin zu sagen, dass der Tod Merleau-Pontys, diese brutale

Weise, mit uns zu brechen, mit unserer Erwartung, so sehr entgegen seiner Höflichkeit, auch der rätselhaften Notlage und Geduld dieser Unheil verheißenden Rede schlechter Vorzeichen angehört, welche wir stets, sobald wir sprechen, gedankenlos übernehmen, umso mehr, wenn Sprechen unser Beruf ist. Der Tod selbst war, was er war: eine unverdiente Strafe, für seine Freunde das Gefühl, ihm auf einen Schlag untreu zu werden; darüber gibt es keine Worte zu verlieren. Aber das Ereignis hat spürbar gemacht, was von nun an dem Lauf der Werke angehört, was an ihnen unerfüllt und infolgedessen beendet ist. Wir wissen mit einem beinahe zerstreuten Wissen, dass niemand mit dem Sprechen zum Ende kommt; aber wenn das gesprochene Wort, das weiterhin ein noch zu sprechendes bleibt, sich in das Echo seiner selbst wandelt, Echo, das in der Leere eines Grabes widerhallt, dann ist das jene Verwandlung, zumeist voller Unglück oder schmerzhaft, jene posthume Verwendung eines Denkens, das nicht mehr untersagt ist, vielmehr ist es den Anderen überlassen, ihren Streitigkeiten, den Intrigen der intellektuellen Komödie, der Eitelkeit, des Ansehens oder des Einflusses, was uns auf die beste Weise – wenn auch wir uns uns selbst in unseren eigenen posthumen Anteil hin vorauseilen – die enteignende Macht des anderen Sprechens zu verstehen gibt, die uns jede Richtung verlieren lässt, die uns stets entweicht. Soweit es möglich war, vermochte die Freundschaft Merleau-Ponty vor den Konsequenzen seines Verschwindens zu bewahren. Aber ich werde eines der ältesten philosophischen Beispiele anführen, das Beispiel eines Menschen, der versuchte, sich mit diesem unidentifizierbaren, vagabundierenden, stets dasselbe wiederkäuenden und verstörenden Sprechen zu identifizieren, indem er sprach und nichts tat als sprechen, und somit bereit war, seinen Dämon anzuerkennen, was ihn vorzeitig in den Tod führte. In den Tod, der sich in Form der Apologie abwandte und ihn von da an durch die größtmögliche posthume Ausbeute, im Namen Platos, überleben ließ. Zweifellos ist das unvermeidbar. Wenigstens sollten wir, wenn ein Philosoph, ein Schriftsteller schweigt, aus seinem Schweigen nicht das lernen, was er gewesen ist, um es unseren Zwecken dienstbar zu machen, sondern wir sollten lernen, uns unserer selbst zu enteignen und mit ihm die unmenschliche Stummheit zu teilen. Stets verliert sich der philosophische Diskurs an einem bestimmten Moment: Vielleicht ist er nichts weiter als eine unerbittliche Weise des Verlustes und des Selbstverlustes. Auch daran erinnert uns dieses entwürdigende Gemurmel: *Es nimmt seinen Lauf.*

Wer?

Jemand, der mir über die Schulter blickt (ich vielleicht), sagt, als er diese Frage liest: *Wer kommt nach dem Subjekt?*: »Da sind Sie nun wieder in die lang vergangene Zeit zurückgekehrt, in der Sie Ihr Abitur ablegten.« – »Stimmt, aber diesmal werde ich durchfallen.« – »Was beweisen würde, dass Sie trotz allem Fortschritte gemacht haben. Erinnern Sie sich denn, wie Sie vorgehen würden?« – »Ganz traditionell, indem ich jedes einzelne Wort befrage.« – »Wie zum Beispiel?« – »Nun, ich würde zum Beispiel bemerken, dass dort *Wer?* als erstes Wort steht und nicht *Was?*, wodurch ein bestimmter Einsatz der Antwort oder eine Beschränkung der Frage postuliert werden, die nicht selbstverständlich sind; ich wäre zu wissen aufgefordert, dass das, was danach kommt, jemand ist und nicht etwas, nicht einmal ein Neutrum, angenommen, dass dieser Term sich ›bestimmen‹ ließe, während er doch nach einer Unbestimmtheit strebt, von der nichts ausgenommen ist, ein Irgendetwas nicht weniger als ein Irgendwer.« – »Ungeschickt ist es nicht, könnte aber den Prüfer irritieren.« – »Trotzdem würde ich hartnäckig bleiben und fragen, wie das ›kommt nach‹ zu verstehen wäre. Handelt es sich um eine zeitliche oder gar historische Abfolge oder um ein logisches Verhältnis (oder handelt es sich sowohl um das eine als auch um das andere)?« – »Sie meinen, dass es eine Zeit – eine Epoche – ohne Subjekt geben würde, oder aber, wie Benveniste, der dafür kritisiert wurde, sagt, dass das ›Ich-Du‹, das stets persönlich ist – sich auf eine Person bezieht –, seine Souveränität verlieren würde, in dem Sinne, dass es nicht länger das Recht hätte, sich im ›es‹ zu erkennen, welches in keiner Sprache, es sei denn aus Versehen, seine Autorität aus etwas Persönlichem bezieht: es regnet, es hat statt, es gibt, es ist nötig (um einfache, natürlich ungenügende Beispiele zu wählen). Anders gesagt, Sprache ist unpersönlich oder würde es sein, solange sich nicht jemand erhebt, um zu einer Rede anzusetzen, und sei es, um nichts zu sagen.« – »Mir kommt es vor, als ob Sie, der Fragesteller, an meiner Statt antworten würden, wo ich noch nicht einmal weiß, welche Frage mir gestellt wird. Ich wiederhole sie also: *Wer kommt nach dem Subjekt?* Und ich wiederhole sie in einer anderen Form: Was gab es vor dem Subjekt, das neueren Datums ist: immer schon das Subjekt, aber verhüllt oder verworfen, bevor es sein konnte, geworfen, ausgeworfen, gefallen oder genauer, unfähig, sich vom Sein oder vom Logos einen Platz zuweisen zu lassen.« – »Aber liegt nicht eine ungewöhnliche Eile in dieser Art, die Frage: *Wer kommt nach dem Subjekt?* und nicht: Wer wird nach dem Subjekt kommen? zu interpretieren, da Sie sich darin gefallen, eine Zeit zu suchen, in der das Subjekt nicht gesetzt worden ist, und dabei die grundlegende Entscheidung vernachlässigen, durch die von Descartes bis Husserl diese Instanz, die uns zu Modernen gemacht hat, an Wert gewann!« – »Ja, wer kommt nach dem Subjekt? Sie haben Recht, Prüfer, mich von meinen Vereinfachungen abzubringen, wenn ich scheinbar auf die gewöhnliche Zeitlichkeit zurückgreife. Das ›kommt‹, ich habe es seit den ersten Worten gespürt, stellt ein Problem dar – selbst wenn es als Gegenwart verstanden wird, ist es nur das unmittelbar drohende Bevorstehen eines ... – ich weiß nicht was (wie es von dem ›Gegen‹ der Gegenwart angezeigt wird, durch das es im Davor (vor mir) steht, in einer Dringlichkeit, die keinen Aufschub duldet und sich durch diese Verzögerung implizierende Abwesenheit im Aufschub vergrößert, zumindest solange mein Sprechen, es aussprechend, es nicht durch eine Feststellung oder eine Beschwörung in den Abgrund der Gegenwartszeit zieht).« – »Also, wenn ich Sie richtig verstehe: das ›wer kommt‹ kommt niemals, es sei denn auf willkürliche Weise, oder es ist immer schon gekommen, durch unpassende Worte, die ich irgendwo nicht ohne Verstörung gelesen zu haben mich erinnere, und wo an das Kommen dessen appelliert wird, was ohne Ankunft kommen würde und was nicht oder außerhalb des Seins eintrifft, gleichsam in der Drift.« – »Der Ausdruck Drift ist hier tatsächlich angebracht, jedoch sind meine anstrengenden Bemerkungen nicht gänzlich unnütz, sie verweisen uns auf eine Unsicherheit, die keine Formulierung zu vermeiden wüsste: ›Wer kommt‹ ist also vielleicht immer schon gekommen (gemäß des Glücks oder des Unglücks des gezogenen Kreises), und ›Wer‹ findet hier, ohne vorzugeben, das Ego in Frage stellen zu können, kein rechtes Maß, und es lässt nicht zu, dass Ich es an mich nehme: Das ›Es‹, das nicht mehr das ›es‹ des ›es regnet‹ ist und auch nicht das des ›es hat statt‹ und des ›es gibt‹, das aber nicht aufhört, *nicht* persönlich zu sein, hört vielleicht nicht auf, sich dennoch nicht mit dem Unpersönlichen ermessen zu lassen und hält uns auf der Schwelle des Unbekannten.« – »Es hält uns auf dieser Schwelle, damit wir uns dort einsetzen, während der Einsatz an dieser Stelle allerdings gerade das Verschwinden des ›wir‹ und die vielleicht unendliche Entkräftung des Subjekts bedeutet.« – »Aber verlassen wir dann nicht das abendländische Denken und suchen Schutz in der Auslegung eines einfach verstandenen Orients, indem wir das Ich-Subjekt für das Selbst (die buddhistische Leere) des Friedens und der Stille aufgeben?« – »Entscheiden Sie, ich könnte Ihnen auch einige der Antworten nennen, die mit lauter Stimme vorgetragen werden und die Sie, schweigend, nicht auszusprechen wagen, und zwar um der Wahl auszuweichen, die in der Entscheidung liegt. Seien wir mutig und nennen wir also: den Übermenschen, oder das Mysterium des Ereignisses, oder den ungewissen Anspruch der werkuntätigen Gemeinschaft, oder die Fremdheit des absolut Anderen oder vielleicht den letzten Menschen, der nicht der letzte ist.« – »Beenden Sie diese widerwärtige Aufzählung, Sie Verführer, in der sich wie in einem Traum das Anziehende und das Abstoßende miteinander vermischen, das eine nicht ohne das andere kommt.« – »Verführer, das nehme ich gerne an, wie im Übrigen jeder Prüfer einer ist, und ich Ihnen gegenüber das Privileg habe, mich zu enthüllen und Sie zudem nur zu verführen, um Ihnen einen Abweg von der Verführung aufzuzeigen.« – »Was aus dem Abweg selbst die Verführung macht.«

Und so weiter. Ich beende hier also diesen allzu bequemen Dialog und beende auch meinen Versuch, die Frage zu erhellen, obwohl ich nicht verkenne, dass ich mich ihr vergeblich entziehe, da sie sich nicht verflüchtigt hat und weiterhin das Unbehagen ihrer Notwendigkeit zum Effekt hat. »Wer also kommt nach dem Subjekt?« Hörend, es verstehend, es nicht verstehend, erlaube ich mir, von Claude Morali den Titel eines seiner Bücher zu entleihen sowie das Zitat, aus dem er ihn entnimmt: »Als hätte auf unterdrückte Weise jener Aufruf widergehallt, ein indes freudiger Aufruf, das Schreien der im Garten spielenden Kinder: ›Wer ist heute ich?‹ – ›Wem geben wir meinen Einsatz?‹ Und die freudige Antwort, unendlich: *ihm, ihm, ihm.*« Einzig Kinder können ein Lied aus dem machen, was sich der Unmöglichkeit öffnet und einzig Kinder können es freudig singen.

Seien wir, auch mit der Angst und der Schwere der Unsicherheit, von Zeit zu Zeit diese Kinder.

Maurice Blanchot

3. April 1988

Lieber René Major,

Ja, auch heute ist die Frage des Subjekts noch die Frage der Frage. Das Ich des Cogito, das transzendentale Ich Husserls, das romantische Ich der Subjektivität, die *Jemeinigkeit* Heideggers, und selbst die genealogische Infragestellung Nietzsches sind Antworten, die die Frage offen lassen. Das Ich ohne mich, das ich manchmal zur Sprache bringe, ist nur eine schwindende Figur. Der leere Ort kann uns nicht zufrieden stellen. Schon die Fragen zu stellen ist schwierig, aber notwendig.

Es versteht sich, dass der Text, den ich einst an J.-L. Nancy schickte, ganz und gar unbefriedigend ist. Wenn ich ihn aufrecht halte, dann so wie er ist, mit den allergrößten Vorbehalten.

Sollten Sie es für nützlich halten, diese schwachen Bemerkungen hier hinzuzufügen, damit es nicht zu viele Missverständnisse gibt, würde ich mich Ihrer Entscheidung fügen.

Sie wissen, wie viel Beachtung ich ihren Arbeiten schenke.

Mit meinen besten Gedanken.

Maurice Blanchot

Dank (sei gesagt) an Jacques Derrida

Nach einem so langen Schweigen (Jahrhunderte über Jahrhunderte vielleicht) werde ich wieder beginnen, über Derrida – nicht zu schreiben (was für eine Vermessenheit!), sondern es mit seiner Hilfe zu tun, und in der Überzeugung, ihn alsbald zu verraten. Eine Frage: Gibt es eine Thora oder zwei Thorot? Antwort: Es gibt zwei, weil es notwendigerweise nur eine gibt. Diese, die einzig und in jedem Falle zweifach ist (es gibt zwei Tafeln, einander zugewandt von Angesicht zu Angesicht), wird vom Finger »Gottes« (aus Unvermögen, ihn zu nennen, nennen wir ihn so) geschrieben und wieder geschrieben. Moses hätte, die Stimme transkribierend, wie ein treuer Schreiber ein Diktat verfassen können. Die Stimme hört er sicher immer noch: Er hat das »Recht« zu hören, aber nicht zu sehen (außer ein Mal den Rücken, als er eine Nicht-Gegenwart sah, zudem verhüllt).

Aber es verhält sich anders. Die Thora ist geschrieben, doch nicht nur, um aufbewahrt (im Gedächtnis behalten) zu werden, sondern auch, weil »Gott« vielleicht der Schrift eine Vorrangstellung einräumt und sich als erster und letzter Schriftsteller offenbart. (Niemand anderes außer ihm besitzt die Macht zu schreiben.) »Und mit welchem Recht schreibst du nun hier?« – »Aber ich schreibe nicht.« Was sich daraufhin ereignet, ist bekannt, obwohl es verkannt bleibt (bekannt in der Form einer Geschichte). – Während Moses ausblieb (vierzig Tage, vierzig Nächte Abwesenheit – die Anzahl der Jahre der Durchquerung der Wüste), zweifelte das Volk und verlangte nach einem anderen Herrn oder anderen Führer. Ich führe hier eine Deutung ein, die sicherlich verfälschend ist. Moses' Bruder Aaron, der die Gabe der Rede besaß, die seinem Bruder fehlte (wir werden darauf zurückkommen), behalf sich mit einer List (die List spielt eine große Rolle in der hebräischen Geschichte, wie auch in der griechischen: Die Wege verlaufen nicht gerade – das ist ein Unglück, ein Unglück, in dem für uns das Gebot liegt, das Rechte zu suchen). Aaron verlangt von jeder und jedem, Verzicht auf seine kostbaren persönlichen Schmuckstücke zu leisten: Ohrringe, Halsketten, Ringe usw. – kurz gesagt, er raubt ihnen ihre Hülle und fertigt aus dem, was ihr Eigentum war, etwas, ein Objekt, eine Gestalt, die ihnen nicht gehört. Was war das Vergehen Aarons an dieser geschickten List, zu der er sich verirrte? Er wurde Künstler, er maßte sich die Schöpfungsmacht an, selbst wenn das Bild, das er fertigte, das Misstrauen derer, die es bewunderten, hätte hervorrufen müssen (ein Kalb und ein goldenes Kalb). Anders gesagt kehren die Hebräer zu den Göttern Ägyptens zurück, des Landes, in dem sie Sklaven gewesen waren (das Kalb erinnert vielleicht an Anubis, den Schakalskopf oder den Stier Apis). Dort waren sie unglücklich gewesen, im höchsten Maße unglücklich, und sie hingen dem nostalgisch nach. Gegenwärtig waren sie frei, aber sie fühlten sich nicht in der Lage, das Gewicht dieser Freiheit, ihre Aufgabe und Verantwortung zu tragen.

Es scheint, dass Moses, allein in der Höhe mit seinen Tafeln, auf denen die souveräne und allererste Schrift geschrieben stand, von all dem nichts ahnte. »Gott« musste ihn warnen: Steig wieder hinab, steig wieder hinab, unten geschieht eine Katastrophe. Moses stieg wieder hinab – und sieht die Verheerung. Nun die Wut der Zerstörung: Das ägyptische Kalb wird zu Staub zermahlen, das Bildnis verschwindet und das kostbare Material (das Gold) wird verworfen, zerstört. Aber die Zerstörung geht noch weiter, denn Moses zerstört, zerbricht die Tafeln. Wir fragen uns: Wie ist das möglich? Wie kann Moses das Unzerstörbare zerstören: die nicht von ihm, sondern vom Allerhöchsten geschriebene Schrift? Bedeutet dies: Alles verlischt, alles muss gelöscht werden? Es hat nicht den Anschein, als würde »Gott« ihm diese Handlung, die man zu Unrecht als bilderstürmerisch bezeichnen könnte, übelnehmen. Im Gegenteil kennt die Wut keine Grenzen. Das Volk, das so oft gerettet wurde, ist bedroht, ist von Zerstörung bedroht. Mit diesem Volk, das für seine Halsstarrigkeit bereits berühmt (und gerühmt worden) ist (ein Hals, den das Joch der Sklaverei starr gemacht hat), ist nichts anzufangen. »Gott« ist ein oder zwei Mal (vielleicht öfter) versucht – Versuchung, die dazu bestimmt ist, Moses zu befallen: Die gesamte Vergangenheit abzuschaffen und mit Moses allein erneut zu beginnen, mit ihm, der das Gesetz fortleben lassen und ein neues Volk erzeugen wird (was sicher nicht bedeutet, dass sein Ursprung ein anderer wäre – ägyptisch zum Beispiel – aber dennoch anders, da er sich für alle anderen verantwortlich weiß – Ah, eine schwere Aufgabe).

Aber Moses, dieser befremdliche Mensch, fremd geworden durch seine Aufgabe und die Wahl, die er, um sie zu erfüllen, vollzog (warum hat er eine Frau in der Ferne gesucht, in einer nicht hebräischen, aus Kusch stammenden Familie, eine Äthiopierin, eine Schwarze, von Aaron schlecht, bereits ein wenig rassistisch, aufgenommen, Myriam, eine Frau, die später konvertierte (vielleicht auch ihr Vater)«? Und so lernen wir, dass die Konvertierung nach gewissen Riten rechtens ist, selbst wenn man sie nicht empfehlen darf.) Ja, Moses ist wesentlich demütig (das ist seine Kenose), er will kein Geschlecht auf diesem unglücklichen Volk begründen, das umso unglücklicher ist, als es sich vergangen hat, indem es die Schuld der Ungeduld auf sich lud – und diese Ungeduld, Tugend und Sünde derer, die nicht zu warten wissen, für die die Erlösung (der Messias) sofort kommen muss, wird eine Strafe nach sich ziehen, wenn auch nicht die Zerstörung. Danach beginnt alles von Neuem: Moses' Aufstieg, seine Abwesenheit, die Frustration und die Sühnung der vierzig Tage und vierzig Nächte, der Gehorsam gegenüber dem Befehl, die zwei symmetrischen Tafeln aus Stein zu suchen und zu meißeln (ist das nicht *art brut*?), auf welche der Finger »Gottes« aufs Neue, ein zweites Mal das Gesetz schreibt (was die Griechen den Dekalog nennen werden). Da liegt auch die Demut Gottes, die jedoch ein Schriftmysterium bildet. Da die Demut Gottes den Wiederbeginn gestattet, bleibt, dass durch das Vergehen der Menschen gleichsam keine erste Schrift statthaben kann; jede erste Schrift ist bereits zweite, ist ihre eigene Zweihaftigkeit. Von daher die endlose Diskussion über die zwei Thorot (nicht die zerbrochene und die unbeschädigte Thora – diese Suche wäre mystische Versuchung und Gefahr), die geschriebene und die gesprochene Thora: Steht die eine über der anderen, ist die erste weiß, die andere schwarz – weiß, also jungfräulich (die weiße Seite) und gleichsam nicht geschrieben oder besser nicht der Lektüre unterworfen, dieser entweichend, von einer zeitlosen Spur gebildet, ohne Alter, eine Markierung, die allen Zeiten vorausgeht, selbst der Schöpfung vorausgehend? Jedoch sind diese Markierung, diese Spur und diese weißen Stellen kryptisch, schwierig oder unmöglich für den zu lesen, der sie nicht studiert, den Schüler ohne Lehrer, den vermessenen Kenner (der ich hier bin). Die mündliche Thora steht also höher, insofern sie das Unlesbare lesbar macht, das Verdeckte enthüllt, ihrem Namen, der Lehre bedeutet, entspricht, unendliche Lektüre, die man nicht allein durchführen kann, sondern unter Anleitung eines Meisters und Lehrers, einer ganzen Generationenreihe derer, die damit beschäftigt sind, stets neue Schriftsinne ihr zu »entreißen«, ohne jedoch die erste Regel zu vergessen: Füge nichts hinzu, nimm nichts fort.

Sind wir nunmehr in die Diskussion zurückgefallen, die Jacques Derrida uns gerade nicht vergegenwärtigt hat, die wir aber – so seine Warnung –, sie auf Abstand haltend, nicht vernachlässigen sollten?

Vor dem Schriftmysterium der Tafeln hat sich Moses, wie man weiß, Fragen über die Stimme gestellt. Für ihn ist Sprechen keine Selbstverständlichkeit. Als »Gott« ihm befiehlt, zum Pharao zu sprechen, damit dieser die hebräischen Sklaven frei gibt (die Sklaverei abschafft), macht Moses das sehr unglücklich, da er (nach der Übersetzung Chouraquis) weiß und in Erinnerung ruft, dass er »von schwerem Munde, von schwerer Zunge, von unreinen Lippen« ist, also unfähig, die Sprache der Beredtheit und Rhetorik, die für die Großen dieser Welt angemessen ist, zu verwenden. Daher der göttliche Zorn. Moses wurde gerade auserwählt, weil er kein Schönredner ist, weil er Sprachschwierigkeiten hat: Ohne Beherrschung der Stimme, sicherlich ein Stotterer. Moses lässt sich also von seinem Bruder Aaron synchronisieren, der weltläufiger ist als er (es gibt immer Probleme oder Geheimnisse mit Brüdern), aber auch (ich bringe dies unter Zittern vor) nur synchronisiert sprechen kann, Worte wiederholend, und seien sie die allerhöchsten, aufgrund seines nicht physischen, sondern »metaphysischen« Stotterns.

Daher kommt ein so gewagter Satz, dass ich überzeugt bin, es handelt sich um eine Verführung. Wenn Moses »Gott« befragt, hütet er sich davor, ihn nach seinem Namen zu fragen – eine furchtbare Indiskretion, denn hätte er diesen Namen erhalten, besäße er in gewissem Sinn Autorität über Ihn, den Benannten. Nein, was er fragt, fragt er nicht für sich und auch nicht, um den, dessen Name Name ist, zu erkennen, sondern für seine Begleiter, die ihn unweigerlich fragen werden: Woher hast du deine Offenbarung, in wessen Namen sprichst du? Die Hebräer, auch als die Sklaven, die sie sind, gehorchen nicht, ohne aufgeklärt zu werden, sie wollen wissen, mit wem sie es zu tun haben. Und die Antwort, die Moses gegeben wird, die wir aber nur als die von Moses übermittelte, mit dem notwendigen Stottern ausgedrückte kennen, wird Kommentare über Kommentare provozieren. Ich zitiere (rezitiere eher): »Ich bin der, der ist« (ontologische Deutung, Erststellung und Glorifizierung des Seins ohne Seiendes: Eckhart, der geliebte Meister (oder der alte Meister) des

Rheinlands wird dem nicht zustimmen). Bald auch: »Ich bin der, der ich bin.« Diese Antwort kann nicht als Antwort, sondern muss als Antwortverweigerung gelten. Das ist eine erhabene oder enttäuschende Wiederholung, aber jetzt interveniert das vermessene Denken, und wenn das, was uns zu verstehen (oder zu lesen) gegeben ist, die Verdoppelung durch eine stotternde, durch das Stottern reiche Stimme wäre, dann würde Moses, sofern er sich auf Latein ausdrückt (warum nicht? er verfügt über so viele Zungen), sagen: *Sum, Sum.* Im Talmud wird, ohne dass auf die Singularität Moses' verwiesen wäre, gesagt: *Ein Wort wurde von Gott gesprochen, ich aber habe zwei gehört.* Aber kehren wir zu den Fragen Moses' zurück (außerhalb jeder Frage, außerhalb jeder Antwort), der keineswegs die Behauptung aufstellt, den Namen Gottes zu kennen (ich wiederhole meinerseits), sondern den Namen, auf den er sich für das störrische Volk Israels beruft. Und hier kommt eine weitere Antwort (wie sie von Meschonnic und Chouraqui übersetzt wurde): »*Sein werde ich* (hier eine große weiße Lücke, wie um Erwartung oder Unsicherheit zu markieren, aber nicht nur diese, sondern auch den Verweis auf eine nicht zeitliche Zukunft, von jeder Gegenwart ausgenommen), *der sein wird.*« (Edmond Fleg gibt uns dieselbe Übersetzung.) Gott gibt sich nicht unmittelbar als ein Subjekt, als ein loderndes »Ich«, sondern als für das hebräische Volk handelnd und abhängig von dessen Handlung, eine Handlung gegenüber Gott und gegenüber dem Nebenmenschen. Das kann man diesmal, und in diesem Fall vielleicht missbräuchlich, unter Verwendung eines griechischen Namens, die Kenose nennen: souveräne Demut. Wie wir von Rachi wissen, gibt Moses uns jedoch im selben Moment, als er: »Das ist auf ewig mein Name« hört, durch einen Vokalwechsel zu verstehen: »Mein Name muss verborgen bleiben«, was die Schicklichkeit – oder die Konventionalität – der Diskretion Moses' bestätigt. »Gott« sagt auch, wenn ich mich recht erinnere, »Gegenüber den Patriarchen habe ich mich ebenfalls nicht zu erkennen gegeben«. Nichtsdestotrotz ist der Name, der Moses offenbart wird, um Israel zu erwecken, ein so wichtiger (ein so zum Verlöschen bereiter) Name, dass man ihn nicht vergeblich aussprechen darf: selbst als gesagter nicht-gegenwärtig und als Unbekanntes angerufen – *aphonisch,* sagt David Banon, aber nicht *asemisch,* versprochener Gott, Gott des Versprechens, aber auch Gott des Entzugs des Versprechens.

Gott, sagt Levinas, ist nicht Erkenntnis, und auch nicht schlicht und einfach Nicht-Erkenntnis, er ist Verpflichtung des Menschen allen anderen Menschen gegenüber. Was den Namen betrifft, der allein der Name Yahwehs ist, wird von Chouraqui präzisiert, dass heute – in der Diaspora – niemand weiß, wie er ausgesprochen wurde, denn, fügt Levinas hinzu, das Tetragrammaton konnte allein vom ins Allerheiligste eintretenden Oberpriester am Versöhnungstag ausgesprochen werden, d.h. für das Judentum seit dem Exil, *niemals* (*Jenseits des Buchstabens*).

Jacques Derrida sagt, als er die Zwänge der Verdoppelung der Thora erläutert, der Verdoppelung, die bereits in die Weise eingeschrieben ist, in der die Thora »mit dem Finger Gottes« geschrieben wird: »Die Thora ist mit weißem Feuer auf schwarzes Feuer geschrieben.« »Das weiße Feuer, ein in unsichtbaren, dem Blick entweichenden Buchstaben verfasster Text, gibt sich im schwarzen Feuer der mündlichen Thora zu lesen, die *nachträglich* hinzutritt, um die Konsonanten zu zeichnen und die *Zeichensetzung der Vokale* zu vollziehen: Feuergesetz oder Feuerwort, wird Moses sagen.«

Wenngleich aber die steinerne Thora Gottes Inschrift ist, Inschrift, die als solche die Gebote entfaltet, eine Schrift, die nicht anders denn als Vorschrift gelesen werden kann, so steht in Exodus (24, 4) aber auch geschrieben, dass »Moses alle Worte Gottes aufschreibt« – und dies zu einer Zeit vor den Tafeln (wenn man annehmen darf, und es gibt allen Grund, daran zu zweifeln, dass es zu einem solchen Moment, dem die Gegenwart fehlt, ein Vorher und Nachher – also eine narrative Ordnung gibt). Moses hat also die Gabe der Schrift, wenngleich er nicht die Gabe der Rede besitzt – und er schreibt, weil die Alten Israels, die Weisen zuvor erklärt haben: »Alle Dinge, von denen ›Gott‹ spricht, werden wir tun.« Vielleicht verstehen sie sie nicht, oder, in der Übersetzung Chouraquis, *sie dringen nicht ein* in ihre Redlichkeit und auch nicht in ihre Wendungen und Windungen, aber das Entscheidende ist das *Tun*, und dieses Versprechen des Vollzugs versiegelt Moses' Schreiben, wird durch Moses' Schrift – Schrift und Übertrag ins Gedächtnis. Beiläufig bemerken wir hier den Unterschied, der sich zwischen Platon und Moses bildet: Für den einen ist die äußerliche, fremde Schrift schlecht, da sie dem Gedächtnisverlust durch einen Zusatz behilft und somit die Schwäche der lebendigen Erinnerung befördert (warum mich erinnern, wenn es geschrieben ist?). Für Moses ist es sicher so, dass die Schrift die Gedächtnisbildung sichert, aber sie ist auch (oder zunächst) das »Tun«, das »Handeln«, die Äußerlichkeit, die der Innerlichkeit vorhergeht oder sie einrichten wird – so wie das Deuteronomium, in dem Moses die gesamte Geschichte wieder aufnimmt, indem er »Ich« sagt, das schwierige Buch *Exodus* verdoppelt und verlängert.

Man kann sich hier eine müßige Frage stellen: Wer ist Moses? Stellen wir allen bereits gegebenen Antworten folgende an die Seite: Ein ägyptischer Prinz, der sein Volk verrät, um sich einem anderen, unglücklichen, arbeitsamen, versklavten Volk zu widmen. Halten wir das erhabene Bild, das uns die Kunst gibt, auf Distanz: der Übermensch, das hebräische Äquivalent des Solon und des Lykurg. Im Gegenteil (wenngleich er Privilegien besitzt, denn er ist der einzige, der »hinaufsteigt«, ohne in die Nähe der Himmel zu gelangen): er wird uns als Schwacher gezeigt, schlecht sprechend (von schwerfälliger Zunge), so ermüdet, dass seine Gesundheit durch die Dienste, die er leistet, ruiniert wird (sein Schwiegervater, ein Mann mit Verstand, wird ihm sagen: Mach nicht alles selber, übe nicht für die kleinen Dinge und die großen Dinge Gerechtigkeit, du wirst nicht überleben – und Moses stimmt zu). Ermüdet, als Amalek Krieg gegen die Hebräer führt, während diese kaum aus Ägypten und der Sklaverei geflohen sind und eine bunt zusammengewürfelte Truppe bilden (verwirrte Masse, Herde) bestehend vor allem aus Frauen und Kindern, den »Bälgern« wie Chouraqui sagt. Hier liegt die Bösartigkeit Amaleks, die ihn als den Auserwählten des Bösen schildert. Moses ist kein Kriegsherr. Dennoch setzt man ihn oben auf einen Hügel, wie es die Generäle tun und Napoleon selbst es tut. Aber man muss ihm helfen, wenn er Befehle gibt, welche scheinbar einfach sind: Er hebt den Arm, um gen Himmel zu weisen, und die Hebräer siegen – aber gerade sein Arm ist schwer, und man muss ihm helfen, damit er diese Geste ausführen kann – sonst sinkt sein Arm herab (das ist nicht allein Lässigkeit, es ist auch eine Lektion), und Amalek siegt.

Ist Moses ein Vermittler? Vermittler für sein Volk, das er zur Ordnung einer Gemeinschaft bildet und gegen das er wettert, wenn es schwach wird. Und dieses Volk erkennt sich nicht in ihm: »Wir wussten nicht«, sagen die Hebräer zu Aaron, der indes sein Bruder ist, »wer derjenige war, der uns führte.« Ein Anderer, trotz seiner Brüderlichkeit, seiner ständigen Fürsprachen, auch trotz seiner Bestrafungen. Ein Vermittler Gottes, dessen Befehle er weitergibt? Gott ist ohne Vermittlung, sagt, wenn ich mich nicht täusche, Levinas. Von daher ergibt sich, dass die Verantwortung Moses' frei ist und dass er, als Strafe, die zu vielen Reden, mit denen er Gott belästigt hat, ertragen muss, Anrufungsreden, Reden des Flehens für die Flüchtlinge, die vergessen, dass sie es sind und dass sie sich »niederlassen« wollen.

Man kann sich fragen, worin das »Vergehen« Moses' bestand, das Vergehen, das ihn davon abhielt, das »gelobte Land« zu erreichen. Aber schon in diesem Wunsch, anzulangen und sich zur Ruhe zu setzen, gibt es eine Hoffnung zu viel. Er kann sehen und nicht besitzen. Die für ihn vorbehaltene Ruhe ist vielleicht eine höhere. »Es ist eines der Mysterien Elohims«, die nicht zu enthüllen sind, aber fordern, sich in unendlicher Lehre, in unendlichem Studium mit ihnen zu beschäftigen. Man sagt, wenn man das Deuteronomium analysiert: Moses konnte seinen Tod nicht erzählen, aufschreiben (Skeptizismus der Kritik). Warum nicht? Er weiß (in einem Wissen, das nicht aufgeklärtes Wissen ist), dass er durch »Gott« stirbt, »nach dem Munde Gottes«: letztes, allerletztes Gebot, in dem die gesamte Sanftheit des Endes liegt – jedoch verstohlenes Ende. Der Tod, der notwendigerweise im Leben ist (seit Adam), »hat nicht hier im Leben statt« (Derrida). Und Gott, indem er sich zum Totengräber macht (Levinas) – Nähe, die nicht das Überleben verspricht – bestattet ihn im Tal, im Lande Moab, an einem Ort ohne Ort (atopisch). »Niemand kennt bis heute sein Grab«, was die Abergläubischen ermächtigt, an seinem Tod zu zweifeln, wie man am Tod Jesu zweifeln wird. Er ist tot, »aber sein Auge ist nicht trüb geworden, seine Kraft ist nicht gewichen.« Er hat einen Nachfolger, Joshua, und er hat keinen (keinen direkten Erben; er selbst hat diese direkte Weitergabe verweigert). *Noch hat sich in Israel kein Erleuchteter wie Moses erhoben.* »Noch nicht.« Verschwinden ohne Versprechen der Wiederkehr. Aber das Verschwinden des »Autors« verleiht der Lehre, Schrift (Spur vor jedem Text) noch mehr Notwendigkeit, und auch der Rede, Sprechen im Schreiben, Rede, die keine Schrift, die andernfalls tot wäre, beleben würde, sondern eine, die uns aufruft, in Richtung der Anderen zu gehen, in der Sorge um Ferne und Nähe, ohne dass es uns zu wissen gegeben wäre, dass es zunächst der einzige Weg in Richtung des Unendlichen ist.

Marcus Coelen

Nachbemerkungen und Hinweise

Die Auswahl der hier versammelten Schriften Maurice Blanchots wurde von drei unterschiedlichen Kriterien geleitet. Zunächst erschien notwendig, einige seiner wichtigen oder besonders einflussreichen Texte, die im Deutschen nicht mehr oder schwer zugänglich waren, in einer angemessenen Ausgabe zur Verfügung zu stellen (dies betrifft insbesondere »Die Literatur und das Recht auf den Tod« und »Die wesentliche Einsamkeit«). Sodann war das Anliegen, eine Art »repräsentative« Auswahl derjenigen Texte Blanchots zu bieten, die sich direkter als andere mit Namen oder Figuren der Philosophiegeschichte oder philosophischen Fragen auseinandersetzen, und dies über die große Zeitspanne seines Schreibens; die Auswahl reicht deshalb von 1947 (»Pascals Hand«) bis 1990 (»Dank (sei gesagt an) Jacques Derrida«). Schließlich hat das »Neutrale«, ein Begriff, der nicht in allen Texten auftaucht, sich aber mehr und mehr, wie das Vorwort von Jean-Luc Nancy herausstellt, als ein Brennpunkt des Denkens und Schreibens Blanchots in Auseinandersetzung mit dem Philosophischen herausgebildet hat, die Auswahl geleitet. Mit einer Ausnahme ist die Anordnung der Texte deshalb chronologisch: Die beiden Texte: »René Char und das Denken des Neutralen« und »Einklammerungen« sind aus der zeitlichen Folge gelöst und an den Anfang der Auswahl gestellt. Auch in der großen Sammlung *L'entretien infini* von 1969 sind sie in Nachbarschaft zueinander veröffentlicht und als explizite Bezugnahme auf die Frage des Neutralen stehen sie am Anfang von dessen letzten, dritten Teil, der »le neutre le fragmentaire« zum Untertitel hat.

Mit Ausnahme des fragmentarischen Polylogs der »Einklammerungen« affirmieren die hier veröffentlichten Texte Blanchots den Essay, die Form derjenigen schreibenden Bewegung, die danach strebt, dem Denken Form im Formentzug zu geben. Einem etwaigen Anspruch auf »Wissenschaftlichkeit«, der diesen Texte entgegenträte, würden sie nicht nachkommen, es sei denn auf jene exzessive Weise, die nach Maßgabe des eigenen Anspruchs formuliert ist: »Die Wissenschaftlichkeit der Wissenschaft besteht nicht in deren Reflexion über eine Wesenseinheit, sondern im Gegenteil in einer Schreibmöglichkeit die, jeweils auf unterschiedliche Weise, das Wort Wissenschaft von jedem zuvor eingerichteten Wesen und Sinn freisetzt.« (»Einklammerungen«). Für Blanchot wie für die Form des Essays überhaupt – und vieles in Adornos schriftstellerischem Manifest vom »Essay als Form« würde der Akademie heute so unverdaulich wie einst bleiben – gehört zur Ferne gegenüber der oberflächlichen »Tiefe« einer Wissenschaftlichkeit als Verfahren auch die Weise des Bezugs auf andere Texte: Selten nur wird genau und dokumentierend zitiert. Diese Eigenart ist in den Übersetzungen beibehalten. Allein in den folgenden Anmerkungen zu den einzelnen Essays finden sich einige Hinweise zu Texten, auf die sich Blanchot bezieht und die besonders wichtig erscheinen mögen; zudem sind einige Literaturhinweise gegeben.

Eine laufend aktualisierte Bibliographie zu Blanchot, die Parham Shahrjerdi, Benoît Vincent und Jérémie Majorel zu verdanken ist, kann unter http://blanchot.info/bc/ konsultiert werden. Die editoriale Gruppe *Espace Maurice Blanchot* stellt unter http://www.blanchot.fr eine Bibliographie der Schriften Blanchots zur Verfügung; sie geht auf die Arbeiten von Mike Holland, Leslie Hill und Christophe Bident zurück.

*

Jean-Luc Nancy
Das Neutrale, die Neutralisierung des Neutralen

Übersetzung von Marcus Coelen. »Le neutre, la neutralisation du neutre« ist ein Originalbeitrag Jean-Luc Nancys als Vorwort zu dieser Ausgabe. Ein Erscheinen der französischen Version ist im Jahr 2010 in der ersten Nummer der *Cahiers Maurice Blanchot* (Paris, Lyon) vorgesehen.

- Jean-Luc Nancy hat Blanchot eine Reihe von Texten gewidmet, u.a. *La communauté désœuvrée* (Paris 1983 / *Die undarstellbare Gemeinschaft*, übers. v. Jutta Legueil und Gisela Febel, Stuttgart 1988), worauf Blanchot mit *La communauté inavouable* (Paris 1983 / *Die uneingestehbare Gemeinschaft*, übers. v. Gerd Bergfleth, Berlin 2007) antwortete; Nancy hat dieses Gespräch mit *La communauté affrontée* (Paris 2001 / *Die herausgeforderte Gemeinschaft*, übers. v. Esther von der Osten, Zürich, Berlin 2008) fortgesetzt. Wichtige Abschnitte zu Blanchot und der Möglichkeit atheologischen Denkens finden sich in *La déclosion. Déconstruction du christianisme I* (Paris 2005 / *Die Dekonstruktion des Christentums*, übers. v. Esther von der Osten, Zürich, Berlin 2009). Vgl. auch »Un plaisir immense«, in: Monique Antelme u.a. (Hg.): *Blanchot dans son siècle. Actes du Colloque Cerisy-la-Salle 2007*, Lyon 2009, S. 15–24.

• Nancy bezieht sich in seiner Reflexion über das Neutrale bei Blanchot überwiegend auf *Le pas au-delà* (Paris 1973), den vorletzten längeren monographischen Text, den Blanchot veröffentlicht hat. Es folgte, neben einer Reihe von Neuveröffentlichungen und kürzeren Texten, nur noch *L'écriture du désastre* (Paris 1980 / *Die Schrift des Desasters*, übers. v. Gerhard Poppenberg und Hinrich Weidemann, München 2005). Beides sind Fragmentare, die auch zuvor Veröffentlichtes in neue Anordnungen bringen, und bilden eine Art Schriftmeditation am Rande der Philosophie; insbesondere *Le pas au-delà* ist eine schreibende Gegenwendung im Philosophischen. In seinem ersten Teil enthält der Band eine Auseinandersetzung mit Pierre Klossowski, mit dessen Nietzsche-Deutung *(Nietzsche et le cercle vicieux*, Paris 1969 / *Nietzsche und der Circulus vitiosus deus*, übers. v. Gerd Bergfleth, München 1986), sowie mit Wiederholung und Wiederkunft, welche als »L'Exigence du retour« (»*Der Zwang der Wiederkunft*«) in einem Klossowski gewidmeten Band der Zeitschrift *L'Arc* erschienen war (Nr. 43, 1970, S. 48-53).

• Die beiden Verweise auf *L'entretien infini* (Paris 1969) beziehen sich auf »L'athéisme et l'écriture – L'humanisme et le cri« (»*Der Atheismus und die Schrift – Der Humanismus und der Schrei*«, in: *Das Unzerstörbare*, übers. v. Hans-Joachim Metzger und Bernd Wilczek, München 1991, S. 238-267) und auf »Parenthèses«, der sich als »Einklammerungen« in dieser Sammlung findet.

René Char und das Denken des Neutralen

Übersetzung Marcus Coelen. »René Char et la pensée du neutre« erschien 1963 in der René Char gewidmeten Ausgabe der Zeitschrift *L'Arc* (Nr. 22, S. 9-14), sodann in *L'entretien infini* (Paris 1969, S. 439-446).

• Blanchot hat dem Dichter René Char (1907-1988) mehrere Texte direkt gewidmet: »René Char«, in: *Critique*, Nr. 5, 1946, S. 387-399 (wieder in: *La part du feu*, Paris 1949, S. 103-114); »La Bête de Lascaux«, in: *La Nouvelle Nouvelle Revue française*, Nr. 4, 1953, S. 684-693 (wieder in *La Bête de Lascaux / Das Tier von Lascaux*, übers. v. Eleonore Frey, München 1999; sowie in: *Une voix venue d'ailleurs*, Dijon 1992 / Paris 2002, S. 45-67).

- Das Satzelement »passant raviné« (etwa: »Zerfurchtes Vorübergehendes«), wobei man *passant* als adjektivisches oder nominales Partizip lesen kann, entstammt dem Prosagedicht *Allégresse*, das 1960 monographisch in Alès erschien. Dort heisst es: »Comment la peur serait-elle distincte de l'espoir, passant raviné?« Vgl. »Wie könnte die Angst von der Hoffnung geschieden sein, die ausgeplündert vorübergeht.« (Rene Char: *Die Bibliothek in Flammen und andere Gedichte*, Frankfurt/M. 1992, S. 253.) Das »Argument« findet sich in: »Das pulverisierte Gedicht«, in: *Zorn und Geheimnis*, Frankfurt/M. 1991, S. 95.

- Die Fragmente Heraklits lassen sich wie folgt nachweisen: Hermann Diels und Walther Kranz (Hg.): *Die Fragmente der Vorsokratiker*, Zürich, Hildesheim 1984: »Eins, das allein Weise« (Fragmente 32/41, ebd., S. 159f.) »das Unverhoffte«, das »unaufspürbar« und »unzugänglich« ist (Fragment 18, ebd., S. 155), »das Gemeinsame« (Fragmente 103/113, ebd., S. 174/176). Gemäß des Gebrauchs, den Blanchot von diesen Stellen macht, sind einige Adjektive nominal zu lesen. Vgl. auch Clémence Ramnoux: *Héraclite ou l'homme entre les choses et les mots*, Paris 1958, eine Studie und Heraklit-Übersetzung, die Blanchot wohl verwendet hat.

- In »L'Étrange et l'étranger« (*La Nouvelle Nouvelle Revue française*, Nr. 70, 1958, S. 673-683) nähert Blanchot das Neutrale und das (Heidegger'sche) Sein zunächst einander an. Er spricht von der »Fremdheit« als einem »›anonymen‹ Kräftefeld«, um es dann wie folgt zu charakterisieren: »(ein Kräftefeld) des Seins, das sich behauptet, indem es sich entzieht, das erscheint, indem es verschwindet, des Seins, das niemals ein Sein ist und auch keine reine Seinsabwesenheit, und das nicht einmal eins des Seins ist, das weder dieses noch jenes, also neutral, wäre, sondern die Neutralität des Seins oder die Neutralität als Sein.« (ebd., S. 681) In einer Anmerkung, die sich auf diese Ausführung bezieht, verweist Blanchot dann aber auf den Aufsatz »Liberté et commandement«, den Levinas 1953 in der *Revue de Métaphysique et de Morale* (Nr. 3, S. 264-272) veröffentlicht hat. In diesem Text habe Levinas, fährt Blanchot fort, die Behauptung aufgestellt, dass das »Sein Heideggers das Neutrale« sei. Nach der Frage, ob es sich nicht um ein »ein wenig schändliches Sein« handele, da es in seiner »dunklen Reinheit der Apotheose« verbliebe, sowie der Behauptung: »Die Philosophie Heideggers ist keine Philosophie der Entwurzelung, sondern der Verwurzelung« und weiteren, dies stützenden Zitaten Levinas', schließt Blanchot: »Ich füge noch hinzu, dass das Denken von Emanuel Levinas sich radikal trennt von einer Erfahrung des Anderen als Neutralem.«

Einklammerungen

Übersetzung von Marcus Coelen. Erschienen 1969 in *L'entretien infini* (S. 447–450 u. 456-458). Die Fragmente sind dort zu zwei Teilen gruppiert, die mit zwei Essays über René Char alternieren. Die Unterbrechung zwischen den beiden Teilen ist in unserer Übersetzung durch die geklammerten Auslassunszeichen markiert. Der erste der beiden Texte über Char ist im Folgenden wiedergegeben (vgl. »René Char und das Denken des Neutralen«); der zweite heißt »Parole de fragment« (S. 451–455). Jeweils beginnend ohne Titel aber mit der Kopfzeile »Parenthèses:« sind die beiden Teile fast gänzlich in Kursiv gesetzt.

• Dieses Fragmente bilden Blanchots ausgeführteste Meditation über das Neutrale, oder wie man genauer sagen müsste, über das Neutrale und den Neutralen sowie das Neutrum, die im französischen *le neutre* übereinander liegen, oder, um es noch genauer zu sagen, von einander neutralisiert werden. Vgl. »L'étrange et l'étranger« (*La Nouvelle Nouvelle Revue française*, Nr. 70, 1958, S. 673–683), wo sich das Neutrale zum ersten Mal als Quasi-Kategorie genannt findet.

• Der Titel »Parenthèses« spielt unter anderem auf Edmund Husserls Begriff der »Einklammerung« an, welcher Teil der »phänomenologischen Reduktion« oder *Epoché* ist. Während es bei diesen insgesamt um das Außer-Vollzug-Setzen der »natürlichen Einstellung« des Ichs und dessen »natürlich-naiven Weltglaubens« zwecks Freilegung und Theoretisierung der transzendentalen Subjektivität geht, bezieht sich das »Einklammern« und »Außer-Spiel-Setzen« als »methodisches Hilfsmittel« genauer auf das Sein oder die Wirklichkeit des Bewusstseinsgegenstandes: »eingeklammert« ist, ob dem Gegenstand Sein oder Nichtsein zukommt, um sein Phänomen-Sein freizulegen. Vgl. neben vielen anderen Ausführungen den Zweiten Teil »Theorie der phänomenologischen Reduktion« in: *Erste Philosophie* (1923/24), in: *Gesammelte Schriften*, Hamburg, 1992, Bd. 6.

• Die Kursivierung von Worten, die weder fremdsprachliche noch Titel sind, was der typographischen Konvention entspräche, sondern dadurch zu solchen werden, wurde von den Surrealisten, insbesondere von André Breton, über die bloße Hervorhebung hinaus häufig eingesetzt. Vgl. z.B. den ersten Satz des *Manifests des Surrealismus* von 1924: »So lange wendet sich der Glaube dem Leben zu, dem Zerbrechlichsten im Leben, im *realen* Leben, versteht sich, bis dieser Glaube am Ende verlorengeht.« (André Breton, *Die Manifeste des Surrealismus*, übers. v. Ruth Henry, Reinbek 1987, S. 11 / *Œuvres complètes* I, hrsg. v. Marguerite Bonnet, Paris 1988, S. 312) Der Glaube an die *Realität* einer bloßen Hervorhebung des Bekannten geht im Lesen durch dieses Verfahren am Ende verloren. Blanchot hat Breton einen wichtigen Aufsatz gewidmet, der sich ebenfalls in *L'entretien infini* findet: »Le demain joueur« (»Der Morgenspieler«) (a.a.O., S. 597-619).

- Freuds Term des *Es*, den Blanchot evoziert, ist dem *Buch vom Es* von Georg Groddeck (Wiesbaden, München 1978) geschuldet. Vgl. auch den *Briefwechsel Sigmund Freud – Georg Groddeck*, Frankfurt/M. 2008.

Pascals Hand

Übersetzung von Marcus Coelen. »La main de Pascal« wurde erstmals unter dem Titel »Note sur Pascal« in der Zeitschrift *L'arche* (Nr. 26, 1947, S. 107-121) veröffentlicht, sodann mit verändertem Titel in der Essay-Sammlung *La part du feu* (Paris 1949, S. 249-262).

- Blaise Pascal gehört, neben u.a. Johannes vom Kreuz, zu den Autoren der christlichen Theologie, die für Blanchot schon früh sehr wichtig waren und es sein Werk hindurch blieben. Für Blanchot ist der im *Memorial* Pascals notierte Moment der Gottesferne, auf welchen auch dieser Text rekurriert, von großer Bedeutung. Vgl. Blaise Pascal, »Mémorial«, in: *Œuvres complètes*, hrsg. v. Jean Chevalier, Paris 1954, S. 553f.: »Joie, Joie, Joie, pleurs de joie« (»Freude, Freude, Freude, Tränen der Freude«). Das *Memorial* war ein Pergament, darauf ein von Pascal in Erinnerung an die Nacht des 23. November 1654 verfasster kurzer Text, und in das Pergament eingefaltet ein Papier, das eine Kopie dieser ›Erinnerung‹ trug. Der Text, der den »Gott Abrahams [...] Isaaks, [...] Jakobs« anruft, und nicht den der »Philosophen und der Weisen«, notiert den mit »FEUER« betitelten Einbruch der Gottesnähe als Umkehr aus einer Gottesferne, deren Endpunkt in dieser Nacht sich wie folgt liest: »Gewissheit. Gewissheit. Empfindung: Freude, Frieden«; in einer weiteren Kopie der Pergament-Version ist hier das ›mystischere‹ Element der »Schau« [»vision«] eingefügt. Zu diesem Text und seiner Deutung vgl. Henri Gouhier: *Blaise Pascal. Commentaires*, Paris 1966, S. 11-65 und Ewald Wasmuth: *Der unbekannte Pascal. Versuch einer*

Deutung seines Lebens und seiner Lehre, Regensburg 1962, S. 85–109, dort auch eine Übersetzung des *Memorial*, S. 104f.

• Die wichtigen Zitate aus den *Pensées/Gedanken* Pascals finden sich in den verschieden Ausgaben dieser fragmentarisch gebliebenen Sammlung unter den Nummern 693, 353, 206 (Ed. Brunscvicg, Paris 1904), 198, 681, 201 (Ed. Lafuma, Luxemburg 1951) und 229, 560, 233 (Ed. Sellier, Paris 1991–1999). Die für die Übersetzung verwendete Ausgabe von Jean-Robert Armogathe: *Gedanken über die Religion und einige andere Themen*, übers. v. Ulrich Kunzmann, Stuttgart 1997, folgt Lafuma.

• Der Essay Marcel Arlands, auf den sich Blanchot bezieht, findet sich in dessen *Pascal. Introduction et choix de textes,* Paris 1946. Von Albert Béguins liegt in deutscher Übersetzung *Blaise Pascal in Selbstzeugnissen und Bilddokumenten*, übers. v. Franz Otting, Reinbeck 1959 vor. Paul Valérys Bemerkungen zu Pascal finden sich in »*Variation sur une ›Pensée‹*«, in: *Variété*, Paris 1924, sodann in *Œuvres Complètes*, Bd. 1, Paris 1957 / *Werke*, Bd. 3, hrsg. v. Jürgen Schmidt-Radefeldt, Frankfurt/M. 1989.

• Der *Essai sur le logos platonicien* (Paris 1942) von Brice Parain (1897–1971), seine *Recherches sur la nature et les fonctions du langage* (Paris 1942) und die Sammlung *L'embarras du choix* (Paris 1947), auf die Blanchot verweist, gehören zu den ersten Texten, die im Frankreich dieser Zeit Erkenntnistheorie mit Sprachreflexion verbinden. In dieser Hinsicht waren sie ähnlich einflussreich wie Jean Paulhans *Les fleurs de Tarbes ou La terreur dans les Lettres*, Paris 1936 / *Die Blumen von Tarbes und weitere Schriften zur Theorie der Literatur*, übers. v. Hans Jost Frey und Friedhelm Kemp, Basel 2009. Zu Parain verfasste Blanchot 1943 einen Aufsatz mit dem Titel »Recherches sur le langage« [»Untersuchungen über die Sprache«], in: *Faux pas*, Paris 1943, S. 102–108.

• Jean Wahls immer noch sehr lesenswerter *Tableau de la philosophie française*, Paris 1946, erschien auf Deutsch als *Französische Philosophie. Ein Abriss,* übers. v. Brigitte Beer, Säckingen 1948.

Die Literatur und das Recht auf den Tod

Übersetzung von Marcus Coelen. »La littérature et le droit à la mort« wurde erstmals in zwei Teilen in der Zeitschrift *Critique* veröffentlicht: »Le règne animal de l'esprit« (»Das geistige Tierreich«) (Nr. 18, 1947, S. 387–405) und »La littérature et le droit à la mort« (Nr. 20, 1948, S. 30–47), sodann als Schlusskapitel der Essay-Sammlung *La part du feu* (Paris 1949, S. 312–331); später auch in *De Kafka à Kafka* (Paris 1981, S. 35–61). Eine erste deutsche Übersetzung von Clemens-Carl Härle erschien in einer monographischen Ausgabe 1982 beim Merve-Verlag, Berlin und als Wiederabdruck in: *Von Kafka zu Kafka* (Frankfurt/M. 1993).

• »Die Literatur und das Recht auf den Tod« ist nach den einleitenden, titellosen Bemerkungen des Abschnitts »De l'angoisse au langage« (»Von der Angst zur Sprache«) in *Faux pas* (Paris 1943, S. 9–23) die zweite längere und ausführlichere Abhandlung zu Literatur und Philosophie, die Blanchot verfasst hat. Als originelle Zusammenführung von Hegel, Heidegger, Levinas, Mallarmé, Lautréamont, Kafka und dem eigenen literarischen Schreiben hat dieser Text Epoche gemacht. Wichtige und aktuellere Arbeiten dazu sind u.a. folgende: Rodolphe Gasché: »The Felicities of Paradox: Blanchot on the Null-Space of Literature« und Christoper Fynsk: »Crossing the Threshold: On ›Literature and the Right to Death‹«, beide in: Carolyn Bailey Gill (Hg.): *Maurice Blanchot: The Demand of Writing*, London 1996; Andreas Gelhardt: *Das Denken des Unmöglichen. Sprache, Tod und Inspiration in den Schriften Maurice Blanchots*, München 2005, und Jacques Derrida: »»Maurice Blanchot est mort««, in: Christophe Bident; Pierre Vilar (Hg.): *Maurice Blanchot, récits critiques*, Paris 2003, S. 595–624.

• Blanchot bezieht sich in seiner Lektüre Hegels insbesondere auf die ersten Seiten des Abschnitts »Das geistige Tierreich und der Betrug oder die Sache selbst« in der *Phänomenologie des Geistes* von 1807; vgl. vor allem den folgenden Abschnitt: »Was es sei, dass es tut, und ihm widerfährt, dies hat es getan und ist es selbst; es kann nur das Bewusstsein des reinen Übersetzens *seiner selbst* aus der Nacht der Möglichkeit in den Tag der Gegenwart, des *abstrakten Ansich* in die Bedeutung des *wirklichen* Seins und die Gewissheit haben, dass, was in diesem ihm vorkommt, nichts anderes ist, als was in jener schlief.« (G.W.F. Hegel: *Phänomenologie des Geistes*, hrsg. v. Gerhard Göhler, Frankfurt/M., Berlin, Wien 1973, S. 229).

- Jean Hyppolite legte seine Übersetzung der *Phänomenologie* Hegels zwischen 1939 und 1941 in zwei Bänden vor; es handelte sich um die erste vollständige französische Übersetzung von Hegels Hauptwerk ins Französische. Der von Blanchot erwähnte Kommentar *Genèse et structure de la phénoménologie de l'Esprit de Hegel* erschien 1947, und die erste Hälfte von Blanchots Text war zunächst eine »Besprechung« dieser Veröffentlichung. Sie bezog sich aber auch auf Alexandre Kojèves *Introduction à la lecture de Hegel*. Diese erschien ebenfalls 1947 und beruht im Wesentlichen auf den Mitschriften Raymond Queneaus aus Kojèves Vorlesungen von 1933–39 an der *École Pratique des Hautes Études* (vgl. die nur teilweise Übersetzung von Alexandre Kojève: *Hegel, eine Vergegenwärtigung seines Denkens,* hrsg. u. übers. v. Iring Fetscher, Frankfurt/M. 1975). Die Vorlesungen Kojèves gelten als ein für die Geschichte der französischen Philosophie des 20. Jahrhunderts grundlegendes Ereignis. Vgl. Judith Butler: *Subjects of desire. Hegelian reflections in twentieth-century France,* New York 1987, Vincent Descombes: *Le même et l'autre,* Paris 1986 / *Das Selbe und das Andere,* übers. v. Ulrich Raulff, Frankfurt/M. 1981, und, mit einer Sicht, die die Rolle Jean Wahls neben derjenigen Kojèves für die französische Hegel-Rezeption würdigt: Bruce Baugh: *French Hegel. From Surrealism to Postmodernism,* New York, London 2003.

- Das Zitat: »der kälteste, platteste Tod, ohne mehr Bedeutung als das Durchhauen eines Kohlhauptes oder ein Schluck Wassers« findet sich in der *Phänomenologie* in dem u.a. der französischen Revolution gewidmeten Abschnitt »Die absolute Freiheit und der Schrecken« (Hegel: *Phänomenologie des Geistes,* a.a.O., S. 327). Die Zitate vom Leben, das den Tod »erträgt und sich in ihm selbst erhält« und: »Aber nicht das Leben, das sich vor dem Tode scheut und von der Verwüstung rein bewahrt, sondern das ihn erträgt und in ihm sich erhält, ist das Leben des Geistes« gehören zu dem der »Durchbildung des Verstandes« als Analysieren und Scheiden, als »ungeheure Macht des Negativen« gewidmeten Abschnitt der *Vorrede* an (ebd., S. 28ff.). Die von Hegels Text abweichenden Zitate Blanchots erklären sich durch den Bezug auf die Übersetzung Hyppolites: »Mais ce n'est pas cette vie qui recule d'horreur devant la mort et se préserve pure de la destruction, mais la vie qui porte la mort, et se maintient dans la mort même, qui est la vie de l'esprit.« (Jean Hyppolite: *Phénoménologie de l'esprit,* Bd. I, Paris 1992, S. 29). Der Moment des Bewusstseins, wo es »innerlich aufgelöst worden [ist] und alles Fixe [...] in ihm gebebt« hat, findet sich im Abschnitt über »Herrschaft und Knechtschaft« (ebd. S. 113–120, hier S. 119). Kojève analysiert diese Abschnitte inbesondere in

»L'idée de la mort dans la philosophie de Hegel« (in: Kojève: *Introduction*, a.a.O., S. 529–578 / *Hegel*, a.a.O., S. 191–234). Die Stelle über: »Der Erste Akt, wodurch Adam seine Herrschaft über die Tiere konstituiert hat, ist, dass er ihnen Namen gab, d.h. sie als Seiende vernichtete« findet sich in G.W.F. Hegel: *Jenaer Systementwürfe 1*, hrsg. v. Klaus Düsing und Heinz Kimmerle, Hamburg 1986, S. 201.

• Das geflügelte Wort nach Nicolas Boileau (1636–1711) lautet im Zusammenhang »Je suis rustique et fier, et j'ai l'âme grossière / Je ne puis rien nommer, si ce n'est par son nom / J'appelle un chat un chat et Rolet un fripon.« / »Ich bin einfach und stolz mit einer groben Seele / Ich kann die Dinge nicht nennen, es sei denn bei ihrem Namen / Ich nenne eine Katze eine Katze und Rolet einen Betrüger« und findet sich in der *Satire I* von 1660 (in: Nicolas Boileau: *Œuvres complètes*, Bd. 1, Paris 1979, S. 53–69, hier: S. 28).

• Mit Jean Paulhans *Les fleurs de Tarbes ou La terreur dans les Lettres* (Paris 1936 / *Die Blumen von Tarbes und weitere Schriften zur Theorie der Literatur*, übers. v. Hans Jost Frey und Friedhelm Kemp Basel 2009) hat sich Blanchot wiederholt auseinandergesetzt. 1946 verfasste er hierzu einen Text mit dem auf Mallarmé anspielenden Titel »Le mystère dans les lettres« (»Das Mysterium in der Literatur«), der in derselben Sammlung *La part du feu* (a.a.O., S. 49–65) erschien.

• Die »Dinggefangenheit« spielt auf Francis Ponges *Le Parti pris des choses*, Paris 1942. Im Deutschen erschienen unter *Im Namen der Dinge*, übers. v. Gerd Henniger, Frankfurt/M. 1973.

• Stéphane Mallarmés Satz »Ich sage: eine Blume...« steht in folgendem Zusammenhang: »Wozu überhaupt das Wunder, ein naturhaftes Begebnis in sein, gemäß dem Spiel der Rede indessen vibrierendes Fastverschwinden, zu übertragen; wenn nicht dazu, dass, ohne das Hemmnis eines nahen oder konkreten Rückrufs, der reine Begriff daraus ergehe. // Ich sage: eine Blume! Und aus dem Vergessen, in das meine Stimme jeglichen Umriss verbannt, erhebt sich musikalisch, als etwas anderes als die bewussten Kelche, Idee selbst und lieblich, die allen Sträußen fehlende.« (*Sämtliche Dichtungen. Mit einer Auswahl poetologischer Schriften*, übers. v. Rolf Stabel, München 1995, S. 287 / Stéphane Mallarmé: *Œuvres complètes*, hrsg. v. Bertrand Marchal, Paris 2003, Bd. 2, S. 213).

- Blanchot hat sich in den vierziger Jahre mit Lautréamont (Isisdore de Ducasse), einem der Referenzautoren der Surrealisten und später der Gruppe *Tel Quel* (Kristeva, Sollers u.a.) mehrfach beschäftigt und Texte zu ihm verfasst. Es ist sicher keine Übertreibung zu sagen, dass die *Chants de Maldoror* und die *Poésies* entscheidend zur Herausbildung seines Denkens der Literatur beigetragen haben und in dieser Hinsicht einen gleichberechtigten Platz neben den Schriften Mallarmés, Hegels und Heideggers beanspruchen können. Wichtig ist vor allem der frühe Text »Lautréamont« von 1940 (in: *Faux pas*, Paris 1943, S. 197-202); sodann »De Lautréamont à Miller« von 1946, der in derselben Sammlung, *La part du feu,* (S. 160-172) erschien; »Lautréamont et le mirage des sources« (*Critique*, Nr. 25, 1948, S. 483-498); »Lautréamont ou l'espérance d'une tête«, *Cahiers d'art*, Nr.1, 1948, S. 69-71, und in erweiterter Fassung in *Les Chants de Maldoror*, Paris, 1950, S. XI-XXVI. Die meisten dieser Texte wurden in der Sammlung *Lautréamont et Sade* (Paris 1949) im gleichen Jahr wie *La part du feu* teilweise in neuer Anordnung erneut veröffentlicht. Der Essay zu Lautréamont von Paulhan aus dem Jahre 1922, auf den sich Blanchot bezieht, findet sich, wie auch einige Texte von Blanchot selbst, in der neuen »Pléiade«-Ausgabe der Werke von *Lautréamont*, hrsg. v. Jean-Luc Steinmetz, Paris 2009.

- Emmanuel Levinas' *De l'existence à l'existant* erschien wie Kojèves und Hyppolites Arbeiten zu Hegel 1947 in Paris (*Vom Sein zum Seienden*, übers. v. Anna Maria Krewani und Wolfgang Nikolaus Krewani, Freiburg, München 2008). Die Wendung »il y a«, die dort zentral ist, lässt sich und lässt sich nicht mit dem deutschen »es gibt« übersetzen. Levinas verweist im »Vorwort zur zweiten Auflage« (1990) darauf, dass es sich bei ersterer niemals um eine Übersetzung des Heidegger'schen »es gibt« gehandelt habe, dass ihm die »Großzügigkeit« und »Fülle« dieser Wendung fehle, und er verweist zudem auf die grammatikalische Unpersönlichkeit des französischen Ausdrucks, die sich auch in Wendung wie »il pleut« (»es regnet«) zeige, wenngleich dies auch im Deutschen gegeben wäre. Der Aufsatz von Levinas, auf den Blanchot ebenfalls verweist, behandelt das gleiche Thema und war ein Jahr zuvor erschienen: »Il y a«, in: *Deucalion*, Nr. 1, 1946, S. 141-154.

- Die beiden Zitate Franz Kafkas in diesem Text lauten im Zusammenhang: »Eine der wirksamsten Verführungen des Teuflischen ist die Aufforderung zum Kampf. Er ist wie der Kampf mit Frauen, der im Bett endet. Die wahren Seitensprünge des Ehemanns, die, richtig verstanden, niemals lustig sind.«

(Eintrag vom 20.10.1917 im *Oktavheft G*) Und: »Wenn ich wahllos einen Satz hinschreibe z.B. Er schaute aus dem Fenster, so ist er bereits vollkommen.« (Tagebucheintrag vom 19.2.1911, 2 Uhr nachts). Wahrscheinlich kannte Blanchot diese Texte insbesondere aus der 1945 erschienenen Ausgabe von Pierre Klossowski: Kafka: *Journal intime*, gefolgt von *Esquisse d'une autobiographie; Considérations sur le péché; Méditations*, Paris 1945.

• Blanchot bezieht sich hier auf Valérys Dialog »Eupalinos ou l'Architecte« (in: *Œuvres complètes*, Bd. 2, Paris 1960, S. 79–147 / »Eupalinos oder der Architekt«, in: *Werke*, Bd. 2, hg. v. Jürgen Schmidt-Radefeldt, Frankfurt/M. 1992, S. 7–85). Darin finden Eupalinos und Sokrates am Strand ein merkwürdiges »Ding« in Muschelform. Die Muschel zieht sich als Motiv für die Suche nach einer Darstellungsmöglichkeit des reinen Denkens durch das gesamte Werk von Valéry – ob gezeichnet in den *Cahiers* oder theoretisiert in »L'homme et la coquille«, in: ebd., Bd. 1, S. 886–906 / »Der Mensch und die Muschel«, in: ebd., Bd. 4, S. 156–180). Zitiert sei zudem ein Brief Valérys an Henri Dontenville vom 20. Januar 1934, in dem Valéry darlegt, dass der Dialog ein Auftragswerk war, dessen Vorgaben er sich zu fügen hatte: »Der Name Eupalinos stammt von mir, der ich in der *Encyclopédie Berthelot*, im Eintrag ›Architektur‹, nach einem Architektennamen suchte. Seither habe ich durch die Arbeit des Hellenisten Bidez (de Gand) gelernt, das Eupalinos, eher Ingenieur als Architekt, Kanäle grub und keineswegs Tempel erbaute; ich habe ihm meine Ideen geliehen, wie auch Sokrates und Phèdre.« (in: *Lettres à quelques-uns*, Paris 1952, S. 214f.; eigene Übersetzung).

Die wesentliche Einsamkeit

Übersetzung von Marcus Coelen. »La solitude essentielle« erschien erstmals in der Zeitschrift *Nouvelle Revue Française* (Nr. 1, 1953, S. 75–90), sodann mit unverändertem Titel als Einleitung von *L'Espace littéraire* (Paris 1955, S. 11–32). Die erste deutsche Übersetzung von Gerd Henninger erschien 1959 in der Reihe *Das neue Lot* im Verlag Karl H. Henssel in Berlin.

• Das Zitat findet sich in: Rainer Maria Rilke: *Briefe*, Bd. 3, Leipzig 1933, S. 305. »Rilke et l'exigence de la mort« [»Rilke und der Zwang des Todes«] bildet einen wichtigen Abschnitt zu Rilke in *L'espace de la littérature* (S. 151–209).

- Der Satz »Noli me legere« bildet eine offensichtliche Variante des »noli me tangere«, mit dem nach dem Johannesevangelium der wiederauferstandene Christus Maria Magdalena begegnet. Die Figur des ungläubigen Thomas, der zu dieser Begegnung gehört und der sich in den Zwilling und das Doppel aufteilt, zieht sich explizit oder implizit durch viele Texte Blanchots. Vgl. hierzu die schöne Studie von Thomas Schestag: *Mantisrelikte. Blanchot, Fabre, Paul Celan*, Basel 1998. Das »veni foras«, das an Lazarus gerichtet wird und ebenfalls an »Auferstehung« geknüpft ist, steht hiermit in Zusammenhang. Vgl., neben vielem anderen, den Roman und die Erzähung *Thomas l'obscur* (*Thomas der Dunkle*), oder den letzten Satz von *L'arrêt de mort*: »[...] und zu ihr sage ich ewig ›Komm‹, und ewig ist sie da.« (*Das Todesurteil*, übers. v. Jürg Laederach, Basel 2007, S. 107.)

- Dass der »Verfolgungsgriff« [*prise persecutrice*] ein wohlbekanntes Phänomen in der Psychopathologie sei, ist Übertreibung oder Erfindung. Es mag aber sein, dass Blanchot etwas Derartiges in seinem Medizinstudium oder seiner Assistenzzeit in der psychiatrischen Klinik *Hôpital Sainte-Anne,* Paris, in den 30er Jahren kennengelernt hat. Pierre Janets (1859–1947) *De l'angoisse à l'extase. Etudes sur les croyances et les sentiments* (Paris 1926) z.B., das eine Darstellung des »Falls« des Schriftstellers Raymond Roussel (1877–1933) enthält und dessen Titel an Blanchots Eingangssektion »De l'angoisse au langage« in *Faux pas* (Paris 1943, S. 9–23) erinnert, enthält keine Hinweise, genauso wenig wie Janets psychiatrisches Grundlagenwerk *L'automatisme psychologique. Essai de psychologie expérimentale sur les formes inférieures de l'activité humaine* (Paris 1889), in dem sich allerdings eine Reihe klinischer Beschreibungen von Schreibautomatismen oder Wahnideen von durch die eigene Hand fremdgeführtem Schreiben finden.

Das analytische Sprechen

Übersetzung von Marcus Coelen. »La parole analytique« erschien zunächst unter dem Titel »Freud« in der *Nouvelle nouvelle revue française* (Nr. 45, 1956, S. 484–496); sodann in *L'entretien infini* (Paris 1969, S. 343–354).

- Unmittelbarer Anlass des Textes war wohl das Erscheinen sowohl des ersten Bandes der von Jacques Lacan herausgegebenen Zeitschrift *La psychanalyse* als auch des Briefwechsels zwischen Freud und Fliess im selben Jahr 1956. Neben wenigen Seiten in *Michel Foucault tel que je l'imagine* (Montpellier 1986 / *Michel Foucault. Vorgestellt von Maurice Blanchot*, übers. v. Barbara Wahstler, Tübingen 1987) und den Bemerkungen zu Serge Léclaire, Donald Winnicott und der »Urszene« *[scène primitive]* in *L'écriture du désastre* (Paris 1980 / vgl. Marcus Coelen (Hg.): *Die andere Urszene*, Zürich-Berlin 2008) handelt es sich um Blanchots einzige längere schriftliche Auseinandersetzung mit der Psychoanalyse.

• Zum *Briefwechsel*, den Freud zwischen 1887 und 1902 mit W. Fließ führte und dem alle direkten Freud-Zitate entnommen sind, vgl. Sigmund Freud: *Briefe an Wilhelm Fließ. 1887–1904*, hrsg. v. Jeffrey Moussaieff Masson und Michael Schröter, Frankfurt/M. 1986. Die einzelnen Zitate aus diesem Briefwechsel in den ersten Fußnoten des Texts lassen sich nach dieser Ausgabe wie folgt nachweisen: »Ich bin zu alt...« (ebd., S. 52, Brief vom 6.10.1893); »Wir werden nicht...« (ebd., S. 230, Brief vom 3.1.1897); »Meine Selbstanalyse ist...« (ebd., S. 291, Brief vom 15. 10. 1897); »Die Analyse ist...« (ebd., S. 272, Brief vom 7.7.1897); »Eigentliche Selbstanalyse...« (ebd., S. 305, Brief vom 14.11.1897); »Mitunter schwirren...« (ebd., S. 318, Brief vom 3. 2.1897). – Blanchot bezieht sich allerdings auf die erste, sehr selektive Ausgabe von Marie Bonaparte, Anna Freud und Ernst Kris (Hg.): *Aus den Anfängen der Psychoanalyse. Briefe an Wilhelm Fliess, Abhandlungen und Notizen aus den Jahren 1887–1902*, London 1950, deren französische Ausgabe 1956 erschienen war.

• Bei der 1956 erschienenen Zeitschriftennummer *La psychanalyse: Sur la parole et le langage* handelt es sich um die erste Zusammenstellung von Arbeiten der 1953 von Jacques Lacan, Françoise Dolto u.a. gegründeten *Société française de psychanalyse*. Zum Text von Lacan, auf den Blanchot sich bezieht, vgl. Jacques Lacan: »Funktion und Feld des Sprechens in der Psychoanalyse«, in: *Schriften I*, übers. v. Norbert Haas, Weinheim, Berlin 1991, S. 71–170. Sämtliche direkten Zitate von Lacan entstammen diesem Text.

Die tiefste Frage

Übersetzung von Marcus Coelen. »La question la plus profonde« erschien zunächst in drei Teilen in der Zeitschrift *Nouvelle Revue Française* (Nr. 96, 1960,

S. 1082-1086; Nr. 97, 1961, S. 85-89 und Nr. 98, 1961, S. 12-32); sodann mit unverändertem Titel als Teil von *L'entretien infini* (Paris 1969, S. 12-32).

• Diese kritische Auseinandersetzung mit dem Pathos der Frage bei Heidegger in dieser Skizze eines die Totalisierung scheuenden Denkens verweist u.a. auf Levinas' *Totalité et infini*, das 1961 erschienen war (vgl. *Totalität und Unendlichkeit. Versuch über die Exteriorität*, übers. v. Wolfgang Nikolaus Krewani, Freiburg i. Br., München 2003).

• Bei dem »Buch von Mascolo über den Kommunismus«, das Blanchot erwähnt, handelt es sich um Dionys Mascolo: *Le communisme. Révolution et communication ou la dialectique des valeurs et des besoins,* Paris 1953. Blanchot und Mascolo kannten sich seit den 40er Jahren, als letzterer als Lektor bei Gallimard die Sammlung *Faux pas* anregte, in der Blanchot zum ersten Mal kritische Essays zu Literatur und Philosophie zusammenstellte und die 1943 erschien. Seit 1958 kam es zwischen Mascolo und Blanchot zu gemeinsamer politischer Arbeit, zunächst 1958 im Widerstand gegen De Gaulle, sodann im Projekt der *Revue internationale,* einer deutsch-französisch-italienischen literarischen und politischen Initiative (vgl. Maurice Blanchot: *Politische Schriften 1958–1993,* hrsg. u. übers. v. Marcus Coelen, Zürich, Berlin 2008; Roman Schmidt: *Die Unmöglichkeit der Gemeinschaft. Maurice Blanchot, die Gruppe der rue Saint-Benoît und die Idee einer internationalen Zeitschrift um 1900,* Berlin 2009). Blanchot schreibt selbst über seine Freundschaft mit Mascolo in: *Pour l'amitié,* Paris 1996 / Tours 2000.

• Die Übersetzungen der Stellen aus dem *König Ödipus* des Sophokles folgen der Übertragung Friedrich Hölderlins. Die Übersetzung der Zeilen: »Der ganze Weltkreis…« aus der *Phädra* Jean Racines stammt von Friedrich Schiller.

• Heideggers Wendung »Das Fragen ist die Frömmigkeit des Denkens« findet sich in *Vorträge und Aufsätze (Gesamtausgabe,* Bd. 7, Frankfurt/M. 2000, S. 36), die weiteren Zitate, wie: »Sagen heißt, griechisch…« und der Verweis auf Goethe stammen aus *Der Satz vom Grund (Gesamtausgabe,* Bd. 10, Frankfurt/M. 1997, S. 160, passim.).

Vergessen, Irrsinn

Übersetzung von Mona Belkhodja und Marcus Coelen. »L'oubli, la déraison« erschien zunächst in der *Nouvelle revue française* (Nr. 106, 1961, S. 676–686); sodann als Teil von *L'entretien infini* (Paris 1969, S. 289–299); ein Fragment findet sich auch in *L'attente l'oubli* (Paris 1962, S. 87 / *Warten Vergessen*, übers. v. Wolfgang Hübener, Frankfurt/M. 1964), einer Essay und Erzählung mischenden Meditation über das Vergessen.

• Blanchot bezieht sich im zweiten Teil des Essays auf Michel Foucaults Arbeit, die 1961 unter dem Titel *Folie et déraison. Histoire de la folie à l'âge classique* erschienen war (vgl. *Wahnsinn und Gesellschaft. Eine Geschichte des Wahns im Zeitalter der Vernunft*, übers. v. Ulrich Köppen, Frankfurt/M. 1969). Sämtliche Zitate Foucaults entstammen diesem Buch. Blanchot hat Foucault einen weiteren Text gewidmet, der 1986 unter dem Titel *Michel Foucault tel que je l'imagine* (Montpellier 1986 / *Michel Foucault. Vorgestellt von Maurice Blanchot*, übers. v. Barbara Wahstler, Tübingen 1987) erschien. Michel Foucault hatte Maurice Blanchot 1966 einen wichtigen Aufsatz gewidmet: »La pensée du dehors« (in: *Critique*, Nr. 229, S. 523–546 / »Das Denken des Außen«, übers. v. Michael Bischoff, in: *Schriften zur Literatur*, Frankfurt/M. 2003, S. 208–233). Gilles Deleuze' *Foucault* (Paris 1986 / *Foucault*, übers. v. Hermann Kocyba, Frankfurt/M. 1987) steht seinerseits in vielfachem Bezug zu diesem Verhältnis Blanchot-Foucault. Zum Netz dieser sich überkreuzenden Bezugnahmen vgl. die bemerkenswerte Studie von Eleanor Kaufman: *The Delirium of Praise. Bataille, Blanchot, Deleuze, Foucault, Klossowski*, Baltimore 2001.

• Der Selbstverweis auf den *Literarischen Raum* bezieht sich auf *L'espace littéraire* (Paris 1955) und das darin verhandelte *désœuvrement*, das sich mit »Werkzersetzung«, »Werklosigkeit« oder, wie hier, mit »Zerwirklichung« übersetzen lässt; vgl. »Die wesentliche Einsamkeit« in diesem Band.

• Louis-René des Forêts' *Le bavard*, war 1948 erschienen (*Der Schwätzer*, hrsg. v. Friedhelm Kemp, übers. v. Elmar Tophoven, München 1968).

Das Denken und die Forderung der Diskontinuität

Übersetzung von Marcus Coelen. »La pensée et l'exigence de discontinuité« erschien zunächst 1963 unter dem Titel »La pensée et sa forme«, der diesen Text gut charakterisiert, in zwei Nummern der Zeitschrift *La Nouvelle Revue Française* (Nr. 123, S. 492–496 und Nr. 124, S. 684–688) sodann unter dem hier verwendeten Titel in *L'entretien infini* (Paris 1969, S. 1–11).

• Diese Reflexionen über das Verhältnis von Dichtung und Philosophie in Bezug auf Form und Unendlichkeit bilden den ersten Aufsatz in *L'entretien infini*, einer über 600-seitigen Sammlung, die eines der Hauptwerke Blanchots ist. Ihnen geht einzig, nach einer Notiz (S. VI–VIII), die auf *L'espace littéraire, Le livre à venir* sowie den »Dissenz« von Schreiben und Buch Bezug nimmt, eine Mischung aus Fragmentanordnung und fiktionalisierendem Polylog (S. IX–XVI) voraus. Wie die Mehr- und Unstimmigkeit dieser titellosen Seiten, rekurriert der Essay auf den Titel des Buches, der den frühromantischen Topos vom ›unendlichen Gespräch‹ ernst nimmt und die ›Form‹ des Buches in Frage stellt.

• Das Buch des Altphilologen Clémence Ramnoux *Héraclite ou l'homme entre les choses et les mots* erschien 1958; ein Jahr später sein *La nuit et les enfants de la nuit dans la tradition grecque,* das als Studie zur Nacht in der griechischen Mythologie bei Hesiod und Heraklit verschiedene Kreuzpunkte mit den Schriften Blanchots aufweist.

• Nietzsches letzter Brief an Jacob Burckhardt vom 6. Januar 1889 findet sich in: *Sämtliche Briefe. Kritische Studienausgabe,* Bd. 8, hrsg. v. Giorgio Colli; Mazzino Montinari, Berlin, New York 1986, S. 577.

• Blanchot bezieht sich hier auf Heideggers Werk »Was ist Metaphysik?«, das erstmals 1939 in der Übersetzung von Henry Corbin in Frankreich erschien (Martin Heidegger: *Qu'est-ce que la métaphysique?*, übers. v. Henry Corbin, Paris 1939 / »Was ist Metaphysik«, in: *Gesamtausgabe,* Frankfurt/M. 1976, Bd. 9, S. 103–123).

• Der Verweis auf André Breton bezieht sich auf eine Passage des *Manifests des Surrealismus* von 1924, wo es über den »Wert des surrealistischen Spiels« des Schreibens heißt: »Immerhin wird sich die Interpunktion dem völlig kontinuierlichen Wortfluss *[continuité absolue de la coulée]* zweifelsohne widersetzen, obgleich sie so unerlässlich scheint wie die Bildung von Knoten auf der vibrierenden Saite. Fahren Sie so lange fort, wie Sie Lust haben. Verlassen Sie sich auf die Unerschöpflichkeit dieses Raunens *[caractère inépuisable du murmure]*.« (André Breton: *Die Manifeste des Surrealismus*, übers. v. Ruth Henry, Reinbek 1987, S. 30 / *Œuvres complètes* I, hrsg. v. Marguerite Bonnet, Paris 1988, S. 332).

• Der Verweis auf die Arbeit des Mathematikers und Philosophiehistorikers Jules Vuillemin bezieht sich auf: »Sur la notion de l'infini«, in: ders.: »*La philosophie de l'algèbre*«, Paris 1993, S. 519–532.

Unterbrechung

Übersetzung von Marcus Coelen. Ein Teil dieses Textes erschien 1964 in der Zeitschrift *La Nouvelle Revue Française* (Nr. 137, 1964, S. 869-881) unter dem Titel »L'Interruption«; dieser findet sich dann aufgeteilt in *L'entretien infini* (Paris 1969, S. 106-112) und *L'Amitié (Die Freundschaft)* (Paris 1971, S. 252-258). Hier ist der Text »*L'interruption (comme sur une surface de Riemann)*« aus *L'entretien infini* zugrunde gelegt.

• Diese Überlegungen, die auf eine »in gewissem Sinne absolute und absolut neutrale Unterbrechung« Bezug nehmen, auf eine Unterbrechung, die »nicht mehr im Innern der Sphäre der Sprache, sondern jeder Rede und jedem Schweigen äußerlich und vorgängig«, kann als sehr implizite Auseinandersetzung sowohl mit Heideggers Sprachdenken als auch mit dem Begriff der Differenz gelesen werden. Ausgehend von der poetischen Seite der Unterbrechung führt sie zudem zu einer Zerrüttung der glücklichen Verhältnisse zwischen Sprache und Handlung, wie sie in einem bestimmten Verständnis der Sprechakttheorie erscheinen.

• Das Buch von Judith Robinson-Valéry *L'analyse de l'esprit dans les Cahiers de Valéry (Die Analyse des Geistes in den Cahiers von Paul Valéry)* ist 1963 erschienen.

Nietzsche und die fragmentarische Schrift

Übersetzung von Werner Hamacher. »Nietzsche et l'écriture fragmentaire« ist zuerst 1966 erschienen in der Zeitschrift *Nouvelle Revue Française* (Nr. 168, S. 967–983), dann mit unverändertem Titel in *L'entretien infini* (Paris 1966, S. 227–255). Die hier vorliegende deutsche Übersetzung erschien in den zwei Auflagen des von Werner Hamacher herausgegeben Bandes *Nietzsche aus Frankreich* (Neuausgabe: Hamburg 2003). Diese Fragmente sind ausgehend von Nietzsche eine ausführliche Reflexion über den Begriff der Differenz und somit über den Knotenpunkt fast der gesamten französischen Philosophie mindestens der 60er und 70er Jahre.

• Die Nietzsche-Zitate sind einer großen Anzahl von Texten entnommen. Die wichtigsten sind, neben *Jenseits von Gut und Böse*, *Götzendämmerung* und insbesondere *Also sprach Zarathustra*, die Nachlassfragmente der achtziger Jahre. Sie waren 1954 in der Ausgabe von Karl Schlechta in einer neuen Ausgabe editiert worden und wurden in dieser Form Grundlage für die französische Auseinandersetzung mit dem späten Nietzsche. Die Stelle, von welcher ausgehend Blanchot sagt, dass »Nietzsche von der Sprache keine hohe Meinung« hat, ist das wichtige, »Grundlösung« überschriebene Fragment: »Wir glauben an die Vernunft: diese aber ist die Philosophie der grauen *Begriffe*. Die Sprache ist auf die allernaivsten Vorurteile hin gebaut. / Nun lesen wir Disharmonien und Probleme in die Dinge hinein, weil wir *nur* in der sprachlichen Form *denken* – und somit die ›ewige Wahrheit‹ der ›Vernunft‹ glauben (z.B. Subjekt, Prädikat usw.). / *Wir hören auf zu denken, wenn wir es nicht in dem sprachlichen Zwange tun wollen*, wir langen gerade noch bei dem Zweifel an, hier eine Grenze als Grenze zu sehn. / *Das vernünftige Denken ist ein Interpretieren nach einem Schema, welches wir nicht abwerfen können.* (*Werke in drei Bänden*, hrsg. v. Karl Schlechta, München 1954, Bd. 3, S. 862; vgl. *Kritische Studienausgabe*, hrsg. v. Giorgio Colli und Mazzino Montinari, Berlin, New York 1988, Bd. 12, S. 197f.) Das »rätselhafte Fragment«, dem Blanchot viel Gewicht gibt, der Satz von der Interpretation, hat zentrale Bedeutung für die französische Nietzsche-Interpretation, hier inbesondere auch Deleuze: »Man darf nicht fragen: ›*wer* interpretiert denn?‹ sondern das Interpretieren selbst, als eine Form des Willens zur Macht, hat Dasein (aber nicht als ein ›Sein‹, sondern als ein *Prozess*, ein *Werden*) als ein Affekt.« (*Werke in drei Bänden*, a.a.O., Bd. 3, S. 487; vgl. *Kritische Studienausgabe*, a.a.O., Bd. 12. S. 140) Den Spruch vom ›grausen Zufall‹, tut Zarathustra: »Und das ist mein Dichten und Trachten, dass sich in eins dichte und zusammentrage, was Bruchstück ist und Rätsel und grauser Zufall.« (*Werke in drei Bänden*, a.a.O., Bd. 2, S. 1139; vgl. *Kritische Studienausgabe*, a.a.O., Bd. 6, S. 348)

• Bei den Texten von Gilles Deleuze und Jacques Derrida, auf die Blanchot verweist, handelt es sich um Jacques Derrida: »Force et signification«, in: *L'écriture et la différence*, Paris 1967, S. 9–50 (»Kraft und Bedeutung«, in: *Die Schrift und die Differenz*, übers. v. Rodolphe Gasché, Frankfurt/M. 1976, S. 9–52) und Gilles Deleuze: *Nietzsche et la philosophie*, Paris 1962 (*Nietzsche und die Philosophie*, Berlin 1979); bei dem Verweis auf Karl Jaspers um dessen *Nietzsche und das Christentum*, München 1952 und *Nietzsche*, Berlin 1947.

• Bei dem Verweis auf den Aphorismus und den Dichter Georges Perros (1923–1978) handelt es sich womöglich um ein abgeändertes Zitat aus dessen »Notes sur l'aphorisme« in der Sammlung *Papiers collés* von 1960, wo es heißt: »L'aphorisme est caillou. Inexplicable. Impossible de trouver de l'homme dans ce phénomène monolythique.« / »Der Aphorismus ist ein Kieselstein. Unerklärlich. Unmöglich etwas Menschliches in diesem monolythischen Phänomen zu finden.« (Georges Perros: »Notes sur l'aphorisme«, in: ders.: *Papiers collés*, Bd. 1, Paris 1986, S. 13–20, hier: S. 14; eigene Übersetzung).

• Das Zitat Mallarmés vom Raum, der »sich räumt und sich ausstreut« (»s'espace et se dissémine«) stammt aus *Crayonné au théâtre [Im Theater gekritzelt]* (Stéphane Mallarmé: *Œuvres complètes*, hrsg. v. Bertrand Marchal, Paris 2003, Bd. 2, S. 194). Zugleich ist es ein Selbstverweis, da Blanchot diesem Zitat schon in *Le livre à venir* einen Kommentar gewidmet hatte (Vgl. Blanchot: *Le livre à venir*, Paris 1959, S. 321; vgl. *Der Gesang der Sirenen*, übers. v. Karl August Horst, München 1962, S. 319).

Der »philosophische Diskurs«

Übersetzung von Marcus Coelen. »Le ›discours philosophique‹« erschien 1971 in der Maurice Merleau-Ponty gewidmeten Ausgabe der Zeitschrift *L'arc* (Nr. 46, S. 1–4) und wurde wiederveröffentlicht in: Christophe Bident u.a. (Hg.): *Maurice Blanchot: récits critiques*, Paris 2003, S. 47–51.

- Maurice Merleau-Ponty (geb. 1908) ist 1961 gestorben. Claude Lefort ist der Herausgeber seines posthumen Werkes *Le visible et l'invisible* (Paris 1979 / *Das Sichtbare und das Unsichtbare*, übers. v. Regula Giuliani und Bernhard Waldenfels, München 2004), das neben *La phénoménologie de la perception* (Paris 1945 / *Die Phänomenologie der Wahrnehmung*, übers. v. Rudolf Boehm, Berlin 1974) Merleau-Pontys einflussreichste Veröffentlichung ist. Von 1952 bis zu seinem Tod hatte er am *Collège de France* den Lehrstuhl für Philosophie inne. Merleau-Ponty spricht vom »être brût« oder »être sauvage«, dem rohen oder wilden Sein, insbesondere in dem Aufsatz »Le philosophe et son ombre«. Dieser wurde zusammen mit weiteren, von den sich einige im Text Blanchots bemerkbar machen, wie: »Le langage indirect et les voix du silence« und »Éloge de la philosophie«, in der Sammlung *Signes* (Paris 1960) zusammengefasst; sie wurden neben anderen unter dem Sammlungstitel *Das Auge und der Geist* (Hamburg 2003) ins Deutsche übersetzt. Das Zitat Claude Lefort stammt aus dessen »Postface« zu Maurice Merlau-Ponty: *Le Visible et l'invisible*, a.a.O, S. 356.

- Die Wendung vom »hellichten Tag (als) des Tages Niedergang« verweist u.a. auf Blanchots erstmals 1949 veröffentlichten, mal als »Erzählung« bezeichneten, mal ohne generische Einordnung gelassenen Text *La folie du jour* (Paris 1986 / *Der Wahnsinn des Tages*, übers. v. Brigitta Restorff, Köln 2000). Um diesen »Wahnsinn des Tages« bildet sich ein komplexes Geflecht von Verweisen und Auseinandersetzungen, die Hegel, Hölderlin, Heideggers Hölderlin-Studien, das Syntagma der »anderen Nacht in der Nacht« [»l'autre nuit dans la nuit«] (vgl. *L'espace littéraire*, Paris 1955, S. 213–224) und die Befragung der Phänomenologie als Licht- und Erscheinungsdenken einbeziehen.

- Der Ausdruck »ça suit son cours« (»es nimmt sein Lauf« oder auch »es läuft, wie es läuft«) findet sich u. a. als Titel bei Edmond Jabès (Montpellier 1975 / *Es nimmt seinen Lauf*, übers. v. Felix Philipp Ingold, Frankfurt/M. 1981).

Wer?

Übersetzung von Marcus Coelen. »Qui?« erschien 1989 in einer von René Major besorgten Sondernummer der psychoanalytisch-philosophischen Zeitschrift *Cahiers Confrontations* mit dem Titel *Après le sujet qui vient? [Wer kommt nach dem Subjekt?]* (Nr. 20, S. 49–51).

- Der Band der *Cahiers Confrontations* enthält wichtige Beiträge von Alain Badiou, Gilles Deleuze, Gérard Granel u.a. sowie ein Interview von Jean-Luc Nancy mit Jacques Derrida unter dem Titel »›Il faut bien manger‹ ou le calcul du sujet« / »›Man muß wohl essen‹ oder die Berechnung des Subjekts«, in: Jacques Derrida: *Auslassungspunkte. Gespräche*, Wien 1998, S. 267–298. Die Auseinandersetzung mit dem Begriff des Subjekts wurde von Jean-Luc Nancy angeregt, der in seinem einleitenden Beitrag »Présentation« (in: *Cahiers Confrontations*, a.a.O., S. 5–11) das *Wer* in der Frage rechtfertigt, sogar dahingehend, dass es die Antwort der Frage markiert.

- Der Verweis auf den Linguisten Émile Benveniste bezieht sich auf dèssen »La Nature des pronoms« in: *Problème de linguistique générale*, Bd. 1, Paris 1966, S. 251–257 / »Die Natur der Pronomen«, in: *Probleme der allgemeinen Sprachwissenschaft*, übers. v. Wilhelm Bolle, München 1974, S. 279–286.

- Das Buch von Claude Morali ist *Qui est moi aujourd'hui?*, Paris 1984. Blanchot zitiert sich hier zunächst selbst aus *Le pas au-delà*, Paris 1973, S. 16. Man kann hier ein Echo vernehmen von Louis-René des Fôrets' Erzählung *La chambre des enfants* (Paris 1960 / *Das Kinderzimmer*, übers. v. F. Kemp, München 1991).

Dank (sei gesagt) an Jacques Derrida

Übersetzung von Marcus Coelen. »Grâce (soit rendue) à Jacques Derrida« ist 1990 in der Zeitschrift *Revue philosophique de la France et de l'étranger* (Nr. 2, S. 167–173) erschienen. Wiederveröffentlicht in: Christophe Bident u.a. (Hg.): *Maurice Blanchot: Récits critiques* (Paris 2003, S. 53–59) sowie in den Jacques Derrida gewidmeten *Cahiers de l'Herne* (Nr. 83, 2004, S. 465–468).

- Abgesehen von *Une voix venue d'ailleurs: Sur les poèmes de Louis-René des Forêts* (*Ein Stimme von woanders her: Über die Gedichte Louis-René des Forêts*), der 1992 monographisch erschien (Plombières-les-Dijon; wiederveröffentlicht Paris 2002), handelt sich um den letzten längeren Text Maurice Blanchots.

- Der Band der *Revue philosophique de la France et de l'étranger*, in der dieser Text erschien, ist Derrida gewidmet und versammelt unter der Leitung von Catherine Malabou kritische Hommagen von u.a. Rudolf Bernet, Gérard Granel,

Michel Haar, Jacques Taminiaux, David Farrell Krell, Roger Laporte und Nicole Loraux. Die Meditationen Derridas über den Tod, auf die Blanchot anspielt, sind bekanntlich zahlreich, vgl. vor allem *Apories*, Paris 1996 / *Aporien*, übers. v. Michael Wetzel, München 1998. Im Hintergrund sind auch die Texte Derridas über Levinas, zumindest: »Gewalt und Metaphysik« (1964), in: *Die Schrift und die Differenz*, übers. v. Rodolphe Gasché, Frankfurt/M., 1972 und »Eben in diesem Moment in diesem Werk findest du mich« (1980), in: Michael Mayer, Markus Hentschel (Hg.): *Levinas. Zur Möglichkeit einer prophetischen Philosophie*, Gießen 1990, S. 42–83.

• Zur Frage der zwei Torot, der schriftlichen und der mündlichen Torah, sowie zur Geschichte dieser Idee im jüdischen Schrifttum vgl. u.a. Peter Schäfer, »Das Dogma von der mündlichen Torah im rabbinischen Judentum«, in: ders.: *Studien zur Geschichte und Theologie des rabbinischen Judentums*, Leiden 1978, S. 153–197. Die Deutung, dass ›Gottes Schrift auf den Tafeln schwarzes Feuer auf weißem‹ ist, findet sich im Genesis-Kommentar des Midrasch *Tanchuma*. Sie gab dem Buch einer Literaturwissenschaftlerin, die eine moderne Sicht der jüdischen Hermeneutik in Midrasch, Talmud und Kabbala darin entwickelt, seinen Titel. Vgl. Betty Rojtman: *Black fire on white fire: an essay on jewish hermeneutics* (London, Los Angeles 1998), das 1986 unter dem Titel *Feu noir sur feu blanc: essai sur l'herméneutique juive* in Frankreich erschienen ist.

• Das Sehen Gottes, dass nur als Rückenansicht möglich sei, verweist auf Ex. 33, 23: »Hebe ich dann meine Hand weg, / siehst du meinen Rücken, / aber mein Antlitz wird nicht gesehen.« (Buber-Rosenzweig). Die Übersetzung mit »Rücken« als dem Angesicht kontrastiertes Körperteil ist allerdings so weit verbreitet wie umstritten. Ein verbales Element verweist eher auf zeitliche Bedeutungen wie »im Nachhinein«, »im Späteren« oder »im Vorübergegangenen« (vgl. Christoph Dohmen, »Exodus 19–40«, in: *Herders Theologischer Kommentar zum AT*, Freiburg 2004, 345ff.). Luther übersetzt diese Stelle deshalb auch mit: »... wirstu mir hinden nach sehen«, und er deutet dort einen Verweis auf den kommenden Christus hinein. Für Levinas sind die Stelle und ihre Auslegung ebenfalls zentral, und er sieht im ›Rücken‹ eine Niederschrift der »Spur« des Anderen (vgl. insbes. den frühen Aufsatz »La trace de l'autre«, in: *En découvrant l'existence avec Husserl et Heidegger*, Paris 1967). Vgl. auch Levinas' seinerseits direkte Bezugnahme auf Blanchot im Zusammenhang des »Anderen« und der »Nachträglichkeit«: »Antlitz und erste Gewalt. Ein Gespräch über Phänomenologie und Ethik«, in: *Spuren. Zeitschrift für Kunst und Gesellschaft*, Nr. 20, 1980,

S. 29–34: »Blanchot sagt, Zusammen und Noch Nicht. Das kann nie zu Ende gedacht werden: Zusammen und Noch Nicht. Das ist ein Ausgang durch Worte, aber eigentlich ist dies das Phänomen, dass ich für den Anderen sterben kann. Sicher, er ist vorübergegangen, aber auch: er überlebt, er lebt weiter, er ist in diesem Sinne die Zukunft. Er ist nicht vorbeigegangen in seine Vergangenheit, die nie meine Gegenwart war. Und daher gibt es eine gewisse Anarchie in dieser Vergangenheit. […] Für das Beginnen der Zukunft gibt es zwei Worte: *avenir*, das ist das, was ankommen wird, und *future*. Gott ist *future*, jedenfalls so, wie ich ihn als Anderen denke. Kein Gott, der ein Happy End versichert.« (33f.) Von daher bezieht sich Blanchots Hinweis, dass bei Levinas Gott nicht als »Erkenntnis, und auch nicht schlicht und einfach (als) Nicht-Erkenntnis, (sondern als) Verpflichtung des Menschen gegenüber allen anderen Menschen« zu verstehen ist, auf Levinas' philosophisch-theologisches Werk insgesamt. Der Gedanke zum Tetragrammaton, dem nicht auszusprechenden Gottesnamen YHWH, findet sich in Emmanuel Levinas: *Au delà du verset*, Paris 1982 / *Jenseits des Buchstabens*, übers. v. Frank Miething, Frankfurt/M. 1996.

• Blanchots Moses-Deutung bezieht sich hauptsächlich auf Ex. 3–5, 19–24 und 32–34. Der Verweist auf Moses' Stottern findet sich auch ähnlich bei Freud in »Der Mann Moses und die monotheistische Religion«: »Moses soll ›schwer von Sprache‹ gewesen sein, also eine Sprachhemmung oder einen Sprachfehler besessen haben […].« (in: Sigmund Freud: *Gesammelte Werke*, Bd. 16, S. 101–251, hier: S. 132). Die Einführung des christologischen Begriffs der *Kenose* in Bezug auf Moses mag überraschen, ironisch oder gar gewaltsam klingen. Es gibt allerdings einen Deutungsstrang, der den paulinischen Begriff der Kenose – die Selbst-Erniedrigung Christi – als Matrix des Idealismus versteht und so eine Bahn in die moderne Philosophie legt. Zu Kenose in philosophischer und theologischer Hinsicht vgl. Martin Seils, Art. »Kenose«, in: *Historisches Wörterbuch der Philosophie*, Bd. X, Sp. 813–815; Johannes Webster, »Kenotische Christologie«, in: *Religion in Geschichte und Gegenwart*. Vierte, völlig neu bearbeitete Auflage, Bd. IV, Sp. 929–931; von einem wichtigen Schelling-Spezialisten Frankreichs, Xavier Tilliette, den Aufsatz: »L'Exinanition du Christ: théologies de la kénose«, in: *Le Christ visage de Dieu »Les quatres fleuves«: Cahiers de recherche et de réflexion religieuses* 4, Paris 1975, S. 48–59. Zu Hegel und Kenose vgl. Elio Brito, *La Christologie de Hegel. Verbum Crucis*, Paris 1983 und sowie vor allem Catherine Malabou, *L'avenir de Hegel*, Paris 1996, S. 131–134. Auch der Heidegger-Exeget Jean Beaufret verweist in seinen *Notes sur la philosophie en France au XIXe siècle* (Paris 1984) darauf, dass Hegels Philosophie als ein

»ausgeführter Kommentar des ›semet ipsum exinanivit‹ (er hat sich selbst entleert) des Paulus« verstanden werden kann (S. 53).

• Die Bibel-Übersetzung von André Chouraqui: *La Bible*, ist 1989 erschienen; sie versucht, die hebräische Syntax dem Französischen zu unterlegen. Der Schriftsteller und Philosoph Edmond Fleg übersetzte Teile der Bibel (*La Bible. Le Livre de la Sortie d'Égypte*, Paris 1963 und *Le Livre du commencement*, Paris 1946) und verfasste eine Version der Moses-Legende: *Moïse*, Paris 1928 / *Moses*, München 1929. Levinas hat ihm einen Aufsatz gewidmet, der sich Flegs Neufassung einer Midrasch-Erzählung widmet: »Une nouvelle version de ›Jésus raconté par le Juif errant‹ d'Edmond Fleg«, in: *Difficile liberté*, Paris 1963, S. 148-151. Die Arbeit des Judaisten David Banon, die mit Blanchots Überlegungen in Verbindung stehen, findet sich u.a. in dessen: *La lecture infinie. Les voies de l'interprétation midrachique* [*Die unendliche Lektüre. Die Interpretationswege des Midrasch*], Paris 1987.

• Den Ausspruch Gottes im brennenden Busch »Ich bin der, der ich bin« gegenüber Moses: »Éhyèh asher éhyèh« umgibt ein Gestrüpp von Übertragungs- und Deutungsfragen. Die ontologisierenden Übersetzungen, die sich an Vorgaben des Griechischen und Lateinischen orientieren: »eimi to on« [»ich bin das seiende«] oder »ego sum qui sum« [»ich bin derjenige, der ist«] verbinden, wenn man wie Pascal spricht, den Gott der Philosophen und den sprechenden Gott der Bibel. Deren Trennung oder Nicht-Trennung bleibt bis heute, bis z.B. in die Frage des Verhältnisses von Psychoanalyse zum »Sprechen Gottes« wichtig. So hat Jacques Lacan diese Vermischung vermieden, indem er »Je suis ce que je suis« [»Ich bin was ich bin«] oder an einer anderen Stelle »Je suis qui je suis« [»Ich bin wer ich bin«] übersetzt. Auch hier ist Gott verjüngt auf seine eigene Aussage, genau auf die Aussage des Aussagenden, die sich als Mangel an allem Weiteren als dieses Markierung markiert. Vgl. dazu Solal Rabinovitch, »Penser l'athéisme dans la psychanalyse« [»Den Atheismus in der Psychoanalyse denken«], in: *Carnets de l'École de psychanalyse Sigmund Freud*, Nr. 73, 2009, S. 65-77; François Balmès: *Dieu, le sexe et la vérité*, Toulouse 2007. Die Übersetzung von Chouraqui »Èhiè ashèr èhiè! – Je serai que je serai!« (»Sein werde ich, der ich sein werde«, Chouraqui: *La Bible*, a.a.O., S. 120) rechtfertigt sich dadurch, dass die Imperfekt-Form des Verbs im Hebräischen futurische Bedeutung annehmen kann. Der Begriff »asemisch« findet sich bei Nicolas Abraham und Maria Torok: *Le Verbier de l'homme aux loups*, Paris 1976 / *Kryptonymie. Das Verbarium des Wolfsmanns*, übers. v. W. Hamacher, Frankfurt/M. 1979.

Danksagungen

An Britta Günther für ihre unschätzbaren Lektüren und Umschriften.
An Agatha Frischmuth und Franziska Schottmann für ihre wertvolle Hilfe.
An Michael Heitz und Sabine Schulz für ihr Vertrauen und ihre Großzügigkeit.
An Marie-Claire Ropars-Wuilleumier – in memoriam – für ihre anspruchsvolle Stimme zu Blanchot, vor Jahren, anwesend.

Jean-Luc Nancy
Zum Gehör

Aus dem Französischen von Esther von der Osten
64 Seiten, Franz. Broschur
ISBN 978-3-03734-102-5
€ 14,90 / CHF 27,90

Wie unterscheidet sich Lauschen vom bloßen Hören? Was macht Zuhören aus? Was sind die spezifischen Register der akustischen Wahrnehmung und worin besteht der eminente Selbstbezug bei dieser Sinneswahrnehmung? Welcher Raum kann den Sinnen, kann Klang und Sinn gemein sein?

In einem virtuosen Essay lotet Jean-Luc Nancy das Verhältnis zwischen Klang, menschlichem Körper und dessen Gespanntheit auf diesen Sinn und den Sinn überhaupt aus, ist der Körper – so Nancy – doch selbst eine Echo-Kammer, deren innere Schwingungen und äußere Gespanntheit sich einander verschränken.

In Zeiten der rasanten Ausdifferenzierung der Musik und der klanglichen Künste und Techniken blieb die Philosophie bislang weitgehend durch visuelle Kategorien geprägt. Nancys Überlegungen zu Rhythmus und Timbre, Klang und Schall, Resonanz und Geräusch, Stimme und Instrument, Schrei, Ruf und Gesang entfalten einen bislang noch kaum ermessenen Denkraum, in den eine zukünftige Philosophie einzutreten hätte.

Marcus Coelen (Hg.)
Die andere Urszene

140 Seiten, Broschur
ISBN 978-3-03734-035-6
€ 18,00 / CHF 32,90

Die Seele des Wolfsmanns zersprang in tausend Stücke, als ein Traum ihm den einst erblickten Akt der Eltern wiederholte. Ein Kind wird angesichts des bloßen Himmels der Abwesenheit Gottes, des nackten »Es gibt« gewahr. Jemand ohne Alter erfährt, gedächtnislos, ohne diese Erfahrung zu machen, die Verheerung des Außen. Ein anderer erwartet angstvoll einen Zusammenbruch, da ihm diese Furcht der einzige Modus ist, den bereits erfahrenen, aber nie erlebten Tod in Erinnerung zu rufen. Und viele arbeiten daran, das tyrannische Wesen, das sie als Kind einst waren und dessen Souveränität ihr Leben bedroht, abzutöten.
In einer Konstellation, in deren Mitte ein Fragment Maurice Blanchots Rätsel aufgibt, bezeugen die Texte dieser Sammlung einen weitergehenden Entzug: Entzug des Erlebens einer Erfahrung, die dennoch insistiert, indem sie dem Leben ihre Schriftzüge verleiht; Entzug der Möglichkeit, mit dieser »anderen Urszene« – sei es im gesicherten Modus der Unmöglichkeit oder mit der Figur des Todes – in Denken und Gedächtnis in Beziehung zu treten. Sowohl die theoretische und praktische »Arbeit« der Psychoanalyse als auch die »Potentialitäten« des zeitgenössischen Denkens erfahren in dieser Szenerie ohne Ursprung die Zeichen dessen, was der Negativität, die sie an ihren Ursprung setzen, entgeht: Eine andere, sanfte, unnachgiebige Affirmation des Unmöglichen.

Inhalt: Marcus Coelen: Die unerlebte Erfahrung • Maurice Blanchot: Eine Urszene • Philippe Lacoue-Labarthe: Zerregung • Maurice Blanchot: ...absolute Leere des Himmels... (Aus einem Brief an Roger Laporte) • Maurice Blanchot: Eine Urszene [Narziß] • Maurice Blanchot: Ein Kind wird getötet • Philippe Lacoue-Labarthe: Agonie: beendet, nicht zu beenden • Donald Winnicott: Die Angst vor dem Zusammenbruch • Serge Leclaire: Pierre-Marie oder Das Kind • Michael Turnheim: Kommen und Gehen des Todes • Philippe Lacoue-Labarthe: Nachwort

Maurice Blanchot
Politische Schriften 1958-1993

Aus dem Französischen übersetzt und kommentiert von Marcus Coelen
192 Seiten, Franz. Broschur
ISBN 978-3-03734-005-9
€ 19,90 / CHF 35,90

Maurice Blanchot – oft mit dem Klischee des Einsamen assoziiert – begleitete den Großteil seines literarischen und philosophischen Schaffens mit einem radikalen politischen Engagement, das von der Notwendigkeit eines gemeinsamen Denkens bewegt war. Gerade die Idee der Gemeinschaft – nicht reduzierbares Sein mit dem Anderen im Denken, Schreiben, Handeln – setzte er jeder Form fusionistischer, nationaler oder gar nationalistischer Politik entgegen.
Seit 1958 wird dieses Denken im Öffentlichen manifest: zunächst in der Weigerung vor dem Unakzeptablen der Machtübernahme De Gaulles; dann in der bedingungslosen Erklärung zur Unterstützung der Befehlsverweigerer und Fahnenflüchtigen des Algerienkriegs; über die intensive Arbeit am Internationalismus einer europäischen politisch-literarischen Zeitschrift von unerhörtem Format und im kollektiven und anonymen Schreiben in den Tagen des Mai '68; zu Stellungnahmen im medialen Diskurs zum »Fall Heidegger« und zur Erinnerungspolitik der Vernichtung der europäischen Juden; bis schließlich in der bis zuletzt aufrecht erhaltenen Weigerung, die Idee des Kommunismus den politischen Ereignissen zu opfern.

Der Band dokumentiert die politischen Texte Blanchots aus den Jahren 1958 bis 1993 und will die Untrennbarkeit seines philosophischen und literarischen Denkens vom Politischen deutlich machen